本书为 2023 年度山东省重点研发计划（软科学）一般项目的阶段性成果
课题主持人：石岩；课题编号：2023RKY01016
课题名称：山东数实融合对经济增长的驱动机理、门槛效应及深化路径

数实融合的经济赋能、财务评价及管理路径

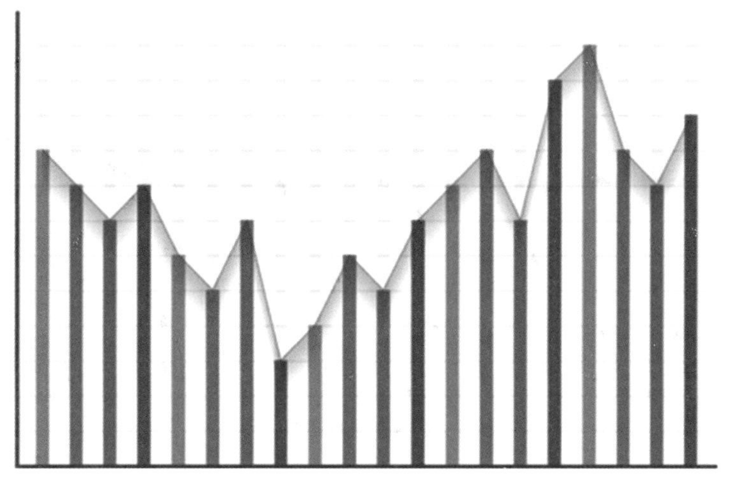

石 岩　彭 徽　朱 钰 ◎著

中国财经出版传媒集团

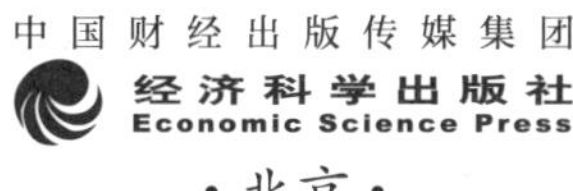

·北京·

图书在版编目（CIP）数据

数实融合的经济赋能、财务评价及管理路径 / 石岩，
彭徽，朱钰著. -- 北京：经济科学出版社，2024. 8.
ISBN 978-7-5218-6268-3

Ⅰ. F124

中国国家版本馆 CIP 数据核字第 20249AC570 号

责任编辑：李 雪 袁 溦
责任校对：隗立娜 王苗苗
责任印制：邱 天

数实融合的经济赋能、财务评价及管理路径
SHUSHI RONGHE DE JINGJI FUNENG、CAIWU PINGJIA JI GUANLI LUJING
石 岩 彭 徽 朱 钰 著
经济科学出版社出版、发行 新华书店经销
社址：北京市海淀区阜成路甲 28 号 邮编：100142
总编部电话：010-88191217 发行部电话：010-88191522
网址：www.esp.com.cn
电子邮箱：esp@esp.com.cn
天猫网店：经济科学出版社旗舰店
网址：http://jjkxcbs.tmall.com
固安华明印业有限公司印装
710×1000 16 开 20 印张 225000 字
2024 年 8 月第 1 版 2024 年 8 月第 1 次印刷
ISBN 978-7-5218-6268-3 定价：90.00 元
（图书出现印装问题，本社负责调换。电话：010-88191545）

前　言

数字经济时代，数实融合是新质生产力的核心支撑。围绕数字产业和实体产业之间的投入产出关系，尚待构建数实融合的测度方法，亟须探索数实融合对新质生产力的驱动机制。研究思路围绕“提出问题、分析问题与解决问题”展开。从中国数实融合的发展历程出发，研究数实融合的模式，并利用投入产出方法，提出数实融合的量化逻辑和测度体系。进一步，通过实证检验和多角度发展评价，探索数实融合对新质生产力的驱动机制，进而揭示问题并提出优化政策建议。

研究内容分为六个部分：（1）基于中国数实融合的现实困境和文献综述，提出推进数实融合面临的理论和实际问题；（2）通过典型案例研究，分析数字产业融入实体产业和实体产业融入数字产业的融合模式；（3）提出数实融合的测度逻辑，即融合量度、融合强度和融合效度，构建数实融合的测度体系，并进行动态测算和比较；（4）通过助力降本增效、推动产业升级、驱动科技创新、优化市场配置和促进绿色发展五个层面，分析数实融合对经济增长的赋能机制，并进行实证检验；（5）从宏观和微观视角评估数实融合的发展，包括宏观发展水平评价和企业财务绩效评价；

（6）通过揭示数实融合发展中的问题，结合先进国家和地区经验，提出针对性的政策建议。

研究发现：（1）数实融合程度的测度可以通过分析产业间的投入产出关系，构建融合量度、融合强度和融合效度的测度体系；（2）数实融合通过助力降本增效、推动产业升级、驱动科技创新、优化市场配置和促进绿色发展五个方面赋能经济增长；（3）通过因子分析法构建的融合发展指数发现，中国的数实融合发展指数在全球69个国家中排名第三；（4）数实融合对企业财务绩效具有显著的提升效应。

本书由烟台大学石岩、烟台大学彭徽和中共辽宁省委党校朱钰共同撰写。共计十一章22.5万字，其中，石岩负责撰写15万字，彭徽负责撰写2万字，朱钰负责撰写5.5万字。本书的完成得益于诸多专家、学者的研究工作，特别是烟台大学经济管理学院研究生张效彦、季文慧和刘佳。在此，笔者表示衷心的感谢。

作　者

2024年8月

目　　录

第 1 章

问题提出和研究安排

1.1 问题提出

2024 年 7 月中国共产党第二十届中央委员会第三次全体会议审议通过《中共中央关于进一步全面深化改革、推进中国式现代化的决定》，提出“健全促进实体经济和数字经济深度融合制度”①。随着信息通信技术的快速发展，数字经济已经成为全球经济复苏和增长的重要引擎。而数字经济和实体经济之间又存在密切的关系，二者相互支持、相互促进，共同推动着经济的发展与变革。因此，数字经济和实体经济相融合发展是现代经济发展不可或缺的一部分，并且对于推动传统产业转型升级、促进经济可持续发展和增强综合国力具有极为重要的意义。在现代新发展阶段，数实融合对于推动高质量发展，构建现代经济发展体系具有重要的

---

① 中共二十届三中全会在京举行［N］. 人民日报，2024－7－19（1）.

决定性作用，数实融合程度也体现了一个国家的经济发展能力。

从国际看，2014 年，欧盟提出“数据价值链战略计划”，随后又推出欧洲工业数字化战略，助推数字经济和实体产业相融合。2016 年，美国商务部发布了《数字经济议程 2016》，其中明确指出数字经济是实现繁荣和保持竞争力的关键，以数字经济推动整体经济提速发展。2020 年，日本通过推动“数字新政”努力提升自身数字化水平和数字经济竞争力，来应对中小企业危机和人口老龄化问题。

我国早在 G20 杭州峰会《G20 数字经济发展与合作倡议》中提出进一步释放数字经济潜力。2024 年的政府工作报告中提出，制定支持数字经济高质量发展政策，积极推进数字产业化、产业数字化，促进数字技术和实体经济深度融合①。要有效推动数字经济和实体经济融合，就需要让新一代数字技术，如移动互联网、第五代移动通信技术（5G）、云计算、大数据、物联网等，与实体经济相互融合。即数字技术代表着数字化融合的未来方向，需要与传统实体经济有机结合。

但是在全球数实融合蓬勃发展的背景下，我国的数字经济和实体经济深度融合仍面临众多问题。这些问题表现在以下两个方面：第一，数实融合过程中存在融合规模不均衡现象，在 2023 年《中国数字经济发展研究报告》中，我国 2022 年的服务业数字经济渗透率为 44.7%，工业数字经济渗透率为 24.0%，农业数字经济渗透率为 10.5%，农业与数字经济融合规模有待提升；第二，

① 中国政府工作报告［R/OL］．（2016－9－29）．www. gov. cn.

数实融合与经济增长存在背离现象，如 2023 年海南省数字经济发展指数为 130.7，位列全国第 11 位，但经济总量仅为 0.76 万亿元，排名第 28，数实融合对经济增长的赋能机制有待探索。故此，中国数实融合的测度体系、赋能机制和发展评价，都亟待研究。

1.2　基本概念

实体产业：指实际存在于现实世界中的产业，包括物质和服务的生产、流通以及相关经济活动的行业。这些行业包括但不限于农业、工业、交通、通信、商业服务、建筑、文化产业等，它们是直接创造物质或服务价值的实体经济部门。

数字产业：指以信息为加工对象，以数字技术为加工手段，以产生各种数字化产品与服务为主要业务活动的产业。在数字产业中，信息和数字技术是生产和交换价值的主要基础，涵盖了诸如互联网、软件开发、数字媒体、电子商务等领域。数字产业的发展对于推动经济的数字化转型和产业的创新发展起着重要的作用。

产业融合：指不同产业之间的融合和互补，通过整合资源、技术、人才等要素，实现各产业之间的协同发展。产业融合的目的是提高产业效率，促进新技术的应用和创新，推动产业结构的优化和升级。这种跨界融合有助于推动经济增长，提高产业竞争力，推动产业发展朝着更加智能、绿色和可持续的方向发展。

数实融合：首先，数实融合可以理解为数字技术和实体产业融合，是指通过数字技术的应用，将传统实体产业和数字产业进行融合，以实现更高效的生产和运营模式，推动产业变革和创新。其次，数实融合也被认为是数字经济和实体经济的融合，数字经济相对于数字技术来说它的概念范畴更为广泛，包括数字技术以及对数字技术的应用实践（何德旭等，2024）。本书主要基于投入产出的视角，分析数字经济和实体经济的融合，进而研究数实融合对于经济增长的影响效应。

1.3 研究思路和技术路线

1.3.1 研究思路

以问题为导向，本书依据“提出问题、分析问题和解决问题”的思路展开：第一，基于现实困境和文献综述，提出数实融合面临的理论和现实问题；第二，立足中国数实融合的发展历程，探索数实融合的融合模式；第三，结合投入产出方法，提出数实融合量化逻辑和测度体系，并进行测度比较；第四，探索数实融合对经济增长的赋能机制，并进行实证检验；第五，从融合发展的宏观视角和企业绩效的微观视角，对数实融合进行发展评价；第六，揭示数实融合赋能经济增长的问题，并提出相应政策建议。

第一部分，提出问题。基于中国数实融合的现实困境和文献综述，提出进一步推进数实融合面临的理论和现实问题。

第二部分，数实融合的融合模式。结合文献研究和典型案例，分别立足注入数字技术和提供产业支撑两个视角，揭示数字产业融入实体产业和实体产业融入数字产业的融合模式。

第三部分，数实融合的测度和比较。数实融合程度可表现为产业间的投入和产出关系。结合投入产出方法，提出数实融合程度的测度逻辑，即融合量度、融合强度和融合效度（以下简称“融合三度”），进而构建数实融合程度测度体系，进一步对中国数实融合程度进行测算和比较。

第四部分，赋能经济增长的机制和实证。围绕助力降本增效、推动产业升级、驱动科技创新、优化市场配置和促进绿色发展五个层面，揭示数实融合对经济增长的赋能机制，并基于扩展的 CD 生产函数，进行实证检验和异质性分析。

第五部分，数实融合的发展评价。一方面，开展宏观视角的数实融合发展水平评价，通过构建数实融合发展水平评价体系，比较各国和各省间数实融合发展水平的差异；另一方面，进行微观视角的数实融合财务绩效评价，分析和验证数实融合对企业财务绩效的促进作用。

第六部分，数实融合赋能经济的问题和建议。基于数实融合的宏观和微观评价结果，围绕融合量度、融合强度和融合效度三个层面，揭示数实融合的赋能问题。并参照发达国家和省份先进经验，调研企业发展实践，提出提升数实融合赋能经济增长的对策建议。

1.3.2　技术路线

结合研究思路，技术路线如图 1 - 1 所示。

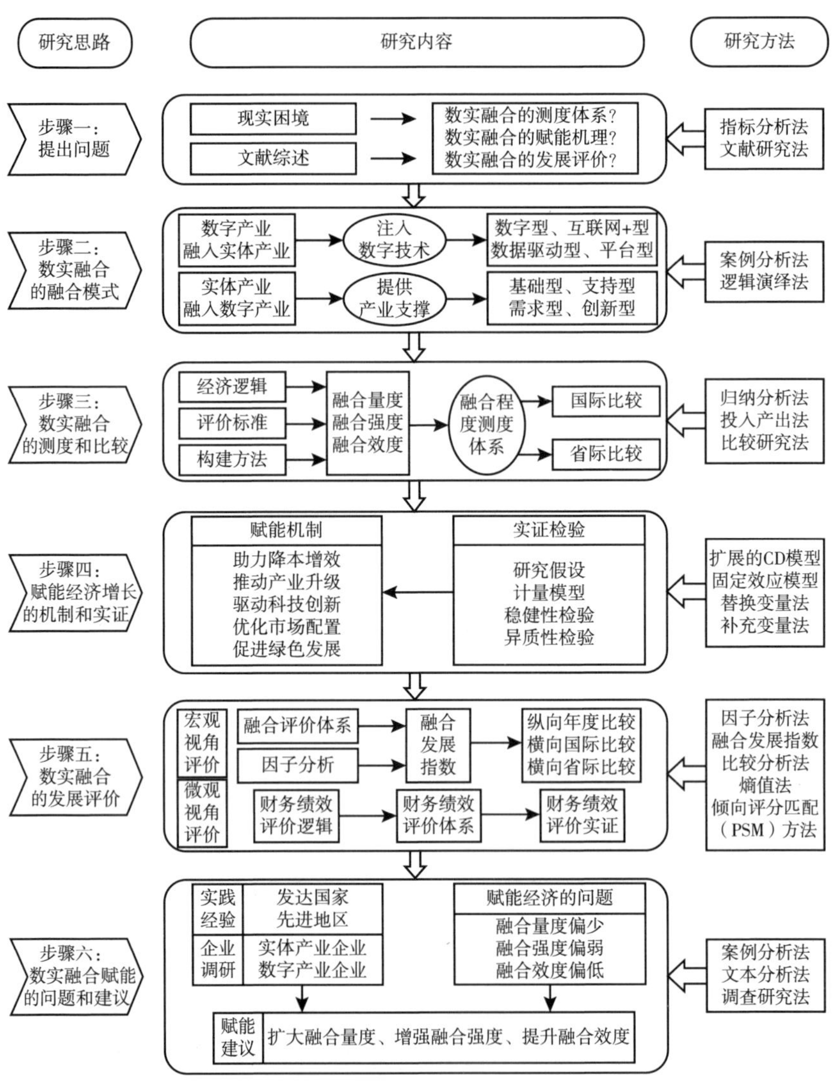

图1－1　技术路线

1.3.3　研究方法

对应研究内容和技术路线图，阐述各部分研究方法。

第一部分：（1）指标分析法，通过数实融合相关指标分析，揭示数实融合发展的现实困境；（2）文献研究法，通过数实融合的理论和实证文献研究，揭示数实融合研究的不足，并提出研究问题。

第二部分：（1）案例分析法，通过数实融合典型案例，揭示数实融合的融合模式；（2）逻辑演绎法，立足注入数字技术和提供产业支撑，演绎分析数实融合的融合模式。

第三部分：（1）归纳分析法，依据产业之间的投入产出关系，归纳数实融合的融合量度、融合强度和融合效度，进而提出融合程度测度体系；（2）投入产出法，依据历年投入产出表，测算融合三度的发展动态；（3）比较研究法，对中国数实融合程度进行国际和省际比较。

第四部分：（1）扩展的 CD 模型和固定效应模型，结合数实融合的赋能机制，扩展传统 CD 模型，并选择固定效应模型，开展实证检验；（2）替换变量法和补充变量法，针对固定效应模型，运用上述方法，开展稳健性检验。

第五部分：（1）因子分析法和融合发展指数，基于融合三度指标，通过因子分析法构建融合发展指数；（2）比较分析法，结合融合发展指数，对中国数实融合发展水平进行国际和省际比较；（3）熵值法和 PSM 方法，运用熵值法，构建财务绩效评价体系，实证检验数实融合对企业财务绩效的影响效应，并采用 PSM 方法进行稳健性检验。

第六部分：（1）案例分析法，分析典型案例，总结数实融合发展经验；（2）文本分析法，针对数实融合先进国家和地区的政策文本，进行文本分析，揭示数实融合的宏观调控政策；（3）调查研究法，调查企业深化数实融合的现实困难，进而提出相关政策建议。

1.4 研究安排

本书聚焦三个问题：数实融合应如何测度？数实融合对经济增长的赋能机制为何？应如何评价数实融合的发展？由此，构成本书的三个研究目标：一是，围绕融合量度、融合强度和融合效度，构建数实融合程度的测度体系；二是，结合产业链、价值链和创新链的融合效应，揭示数实融合对经济增长的赋能机制；三是，立足融合发展水平和融合发展绩效，开展数实融合发展的宏观评价和微观评价。

围绕上述三个问题和研究目标，本书研究安排如下：

第 1 章，问题提出和研究安排。从现实情况的难点和痛点出发提出数实融合的问题，揭示本书的研究意义和研究目的，形成研究目标，提出基本概念，指明本书的研究思路、技术路线以及研究安排。

第 2 章，文献综述与研究创新。针对数实融合对经济增长产生的影响进行相关文献和资料收集，并从理论分析和实证分析两大视角进行文献综述，阐述现有研究的不足，提出本书的创新点和边际贡献。

第 3 章，中国数实融合的发展历程。数实融合新视角强调从数字经济的角度出发，研究中国数实融合的发展历程，产业数字化从农业数字化、工业数字化和服务业数字化三个方面进行分析，数字产业化从通信业、软件和信息技术服务业、电子信息制造业、互联网和相关服务四个部分进行探索。

第 4 章，数实融合的融合模式。首先，根据数字产业和实体产业的相互融合、相互渗透，将融合模式分为数字产业融入实体产业的融合模式和实体产业融入数字产业的融合模式两大类进行研究。其次，第一大类基于技术应用视角分为数字型融合模式、互联网 + 型融合模式、数据驱动型融合模式和平台型融合模式；第二大类基于实体经济对于数字经济的支撑视角分为提供基础型融合、支持型融合、需求型融合和创新型融合四大融合模式。

第 5 章，基于投入产出方法的数实融合测度体系。首先，提出数实融合的衡量体系（融合量度、融合强度及融合效度），并界定融合三度的内涵以及计算公式。其次，依据中国投入产出表，测算实体产业对数字产业的融合程度，从总体和细分部门两方面进行分析。

第 6 章，中国数实融合程度的国际和省际比较。首先，根据经济实力与规模、技术发展与创新、政策支持和市场环境、国际合作与交流等发展状况，选取中国、德国、印度、日本、韩国、美国六个国家，进行国际比较。其次，依据研究主题、研究内容以及现有的研究情况，根据覆盖性、代表性、前沿性等原则，选取北京、山东、广东、辽宁、四川、湖北、陕西七个省份，依据不同的维度和指标，进行省际比较。

第 7 章，数实融合对经济增长的赋能机理。通过现有文献对数实融合对经济增长产生效应的研究以及数实融合现实存在的问题，本章从助力降本增效、推动产业升级、驱动科技创新、优化市场配置以及促进绿色发展五个方面探讨数实融合对经济增长的赋能机理。

第 8 章，数实融合驱动经济的实证检验。基于现代经济增长理论模型构建基准回归的计量模型，采用 2011 ~ 2020 年全球 74 个国家的面板数据，运用 Stata 软件进行实证分析，并通过了稳定性检验并进行了异质性分析，从而证明数实融合的确对经济具有驱动效应。

第 9 章，宏观视角的数实融合发展水平评价。基于融合量度、融合强度和融合效度的数实融合经济效应分析及其实证检验，构建三个融合度的发展评价指标体系，并运用探索性因子分析方法测算数实融合发展指数，对中国各省和世界各国的数实融合发展进行评价比较。

第 10 章，微观视角的数实融合财务绩效评价。以国有资产监督管理委员会（以下简称“国资委”）《企业绩效评价标准值》为依据，围绕盈利能力、营运能力、偿债能力和发展能力构建企业财务绩效（解释变量），并结合国泰安数据库中关于上市公司数字化转型文本数据（被解释变量），评价数实融合的微观绩效。

第 11 章，数实融合赋能经济的问题和建议。首先，基于融合量度、融合强度及融合效度三大指标分析数实融合在推进经济发展过程中存在的问题及成因。其次，基于这三大指标提出“完善治理体系、加深层次融合、突破核心技术”等推进数实融合的相关思考与建议，以期为深化数实融合的政策决策提供相关依据。

第 2 章

文献综述和研究创新

2.1 文献综述

2.1.1 数实融合的理论分析

从数字产业化与产业数字化的特征、数实融合的路径和数实融合的效应三个方面系统梳理近年来数实融合理论研究的新进展。

2.1.1.1 数字产业化与产业数字化的特征

数实融合新视角强调从数字经济的角度出发，充分发挥数字产业的优势，将数字产业与传统产业相结合，实现经济高质量发展与可持续发展。而数字产业的蓬勃发展带来了数实融合的两个发展方向——产业数字化与数字产业化。

数据成为企业竞争投资的新焦点，企业也因此完成了动态能力的重构，使得产业数字化发展下的产业组织和产业结构表现出更多动态性特征（郑江淮和杨洁茹，2024）。同时，产业数字化也具有互补性。这种互补性为经济创造了巨大的价值（Calvino and Fontanelli，2023）。在经济发展过程中，产业数字化将表现出“极化”的发展特点，这种“极化”特点将会引申到劳动力市场中。并且，数字技术又可以有效减少重复性、标准化岗位对普通劳动力的需求（Cerqueira et al.，2023）。

从数字产业化视角，数字产业化是以数据资源价值化、整合数字技术和经济社会发展进程为特征的，其可以促进生产效率和服务绩效的提升（唐欣和许永斌，2023）。数字产业化具有支撑性与创造性。数字产业化关注数字技术的基础性支撑和数字产业的价值创造（United Nations Conference on Trade and Development，2019），其是数字经济背景下推进新型工业化的基础，可以为产业数字化发展提供数字技术、产品、服务、基础设施和解决方案（任保平，2023）。

2.1.1.2 数实融合的效应

在宏观层面，数字经济与实体经济的融合，立足于数字产业与实体产业的融合，这种产业融合将导致产业发展基础、产业之间关联、产业结构演变、产业组织形态和产业区域布局等方面的根本变化（江小涓，2018）。数字经济带来实体经济高质量发展新机遇，在实现动力转换、业务流程变革等方面有显著的驱动效应。实体经济通过数字化转型，带来产出增加和效率提升，叠加了数字经济内涵；重新排列和整合自身价值创造过程，在原产业中驱动了全新的价值创造方式并实现了“创造性破坏”（赵振和彭毫，2018）。在微观层面，数字经济的发展，主要通过提升吸收能力和缓解融资约束两条渠道促进实体企业创新（冯苑和聂长飞，2023）。数实产业技术融合有助于拓展企业知识宽度，提升技术创新质量（Nambisan et al.，2017），从而提升企业全要素生产率；从竞争能力强化视角看，数实产业技术融合能够强化企业对融合技术扩散的吸收能力，提升产品竞争力，从而提升企业全要素生产率（黄先海和高亚兴，2023）。同时，数字产业的快速发展带来了数字技术的快速突破，人工智能、云平台、大数据等新兴技术的广泛应用加快了对传统产业发展模式的全面改造（Curran and Leker，2011）。其拓展了传统产业的业务范围，融合产生了新的产业模式和新业态。进一步地，数字技术能够弥补传统产业的发展短板，通过融合激发产业发展的新动能并形成产业集聚。这种产业间协同集聚有利于克服鲍莫尔（Baumol）成本病，降低交易成本与提高生产率，尤其在数字经济背景下助推了价值链的提升（孙正等，2022）。

2.1.2　数实融合的实证分析

数实融合的实证分析，主要包含数实融合程度的测算、数实融合的评价以及数实融合的实证检验三个方面。

2.1.2.1　数实融合程度的测算

目前对于数实融合的测度尚未明确统一的方法，不同学者对数实融合程度测度的侧重各有不同。常用的融合测度方法有以下三种：

一是技术系数法，如赫芬达尔（Herfindahl）指数法、专利系数法和熵指数。系数法通过测算产业间的技术融合来近似地描述产业间的融合度，其仅考虑了技术层面的融合（刘川，2014；于泽，2020）。二是综合指标法，如利用数字经济与制造业融合水平的测度模型，构建直接融合度、完全融合度、融合互动度指标（石博涵，2023）。也有学者从数字基建、数字应用与数字创新三个维度选取数字经济评价指标，从实体结构、实体效益、实体环境、实体创新四个维度选取实体经济评价指标，最终得到“数实融合”协调发展评价指标体系（高培培，2024）。部分学者则构建数字耦合度来测算数实融合的程度，其主要方法是：分别构建数字经济与实体经济的指标体系，进一步衡量两者之间的耦合度（梁小甜和文宗瑜，2022；唐欣和许永斌，2023）。三是投入产出法。该方法主要衡量由于产业渗透而形成的产业融合，能较好反映产业间的关联关系。如基于历年中国投入产出表，可以通过投入产出法计算产业的中间需求率、中间投入率、影响力系数、感应度系数等相关指标，从而对产业关联和产业波及效应进行分析（祝合良和王明雁，2018）。并且，通过投入产出模型，可以测算直接融合度与综合融合度，其可以反映实体产业与数字产业融合程度，其评价指数更为客观（Szalavetz，2003；任文龙，2024）。

2.1.2.2 数实融合的评价

对于数实融合程度的评价，目前在方法上主要利用综合评价方法进行分析，其主要包括：熵值法、层次分析法、灰色关联分析、因子分析法等；并利用综合评价方法对数实融合的特征、发展水平、区域差异、核心因素等进行评价。基于灰色关联度和空间关联网络方法，可以测度我国 31 个省份的数字经济水平，探究我国数字经济与实体经济的变化关系，从而发现数字经济发展快的省份更能体现数字经济的正向促进作用，与实体经济的耦合协调程度更高（李林汉等，2022）；采用熵值法，测度出数字经济与实体经济发展水平和融合水平，探究出中国数字经济与实体经济融合水平呈现逐年持续上升的增长趋势，但其整体水平依然相对较低（张帅等，2022）；基于主成分分析法，可以测算出 2011 ~ 2019 年中国城市层面的数字经济发展水平，并结合中国制造业上市公司数据分析出数字经济发展对制造业升级的影响效应与作用机制，以及升级效应的实现条件和空间溢出效应，研究发现数字经济发展水平的提升有利于制造业升级（黄赜琳，2022）；基于层次分析法与 CRITIC 权重法相结合的主客观组合赋权法等，通过构建数字经济与农业融合发展评价指标体系，可以对数字经济与农业融合的发展水平、区域差异、时空演化以及空间关联进行测度与分析（王定祥等，2023）。

2.1.2.3　数实融合的实证检验

目前，学者们主要实证检验数实融合水平对宏观要素和微观企业的作用机理。从宏观层面看，有学者对包括中国在内的主要国家制造业各行业与信息产业的融合度进行了比较分析，同时利用面板数据回归的方法分析了信息产业与制造业的融合对制造业产业绩效的影响（徐盈之和孙剑，2009）。也有学者实证检验了数实融合对国内绿色创新的影响和作用机制，并且通过异质效应分析表明：数实融合对绿色创新的促进作用在东部地区最大、中部地区次之，西部地区和东北地区不显著（史丹和孙光林，2023）；并且，基于“创造性毁灭”机制，建立了引入数字技术发展因素的多部门熊彼特（Schumpeter）内生增长动态随机一般均衡模型，分析了数字技术与金融部门的深度融合在短期内因融资约束缓解而显著带动了高技术产业发展，促进了产业结构转型升级，加快了经济增长动能转换（田秀娟和李睿，2022）。从微观层面看，有学者从微观视角测度企业的数实产业技术融合行为，并以中国上市公司为样本，研究其对企业全要素生产率的影响及作用机制（黄先海和高亚兴，2023）；也有学者利用机器学习方法刻画微观企业数字化水平，并在构建数理模型的基础上实证考察了企业数字化转型对企业分工的影响及其机理。其不仅揭示了数字技术的发展对企业边界的影响机理及经济后果，也为数字经济与实体经济的融合效果提供了微观证据（袁淳等，2021）；一些微观企业层面的研究也发现，产业数字化转型能够显著提升企业业绩、创新产出和公司治理效率等（Prajogo and Olhager，2012；Paunov and Rollo，2016；刘淑春等，2021）。

2.2 研究不足

综上所述，现有研究已经取得一系列理论和实证成果：第一，随着以互联网、云计算、大数据、人工智能等为代表的新一代数字技术的快速发展，数字技术与传统产业逐渐实现融合，数实融合的两个发展方向——数字产业化与产业数字化，特征显著地发展并如火如荼地深化；第二，在理论研究中，对数实融合的路径以及数实融合的效应已多有探索；第三，在实证研究中，文献多使用技术系数法、综合指标法和投入产出法对数实融合的程度进行测度，并依据研究对象的不同、宏观微观的各自侧重，从不同视角实证检验了数实融合的作用机理以及异质性层面的分析。

但现有研究尚存在以下五点不足：

第一，虽然数字产业化与产业数字化蓬勃发展，但现有文献多立足于对两者特征的分析，少有对数字产业化与产业数字化历程的梳理，因此缺少时间连续性与理论系统性。

第二，现有研究多聚焦于产业融合模式与数实融合的路径，少有从数字经济与实体经济双向作用维度解释数字经济与实体经济之间是如何融合的，数实融合的具体融合模式有待探索。

第三，现有研究立足于说明数实融合对经济的方方面面存在赋能效应，但数实融合促进经济增长的赋能机理有待分类探讨。

第四，目前关于数实融合量化研究的文献相对较少，且已有文献研究视角不同，选取的指标差别较大，尚未形成较为一致的评估标准，难以测度到较为全面的融合程度，难以研判出较为客观的指标贡献度。

第五，实证解释力度受制于单一实证方法的局限，如回归模型仅能揭示变量间的因果关系，但不能进行变量间数量比较。尚待运用多种实证方法探索数实融合与经济发展之间的逻辑关系，形成统一的逻辑框架和指标体系。

2.3 研究创新

一是基于投入产出方法，提出数实融合程度的测度体系。多见于文献的技术系数法和综合指标法，虽能在一定程度上反映数实融合程度，但存在指标选取主观性和量化结果片面性的局限。投入产出表可反映数字产业与实体产业之间的投入和产出关系。基于投入产出方法，依据数实融合中产业投入规模、产业产出贡献和高技术投入占比的分析视角，提出融合量度、融合强度和融合效度，进而构建数实融合程度的测度体系。

二是结合产业链、价值链和创新链的三链融合视角，揭示数实融合对经济增长的赋能机制。现有文献多从新产业、新业态和新模式等层面关注数实融合的赋能机制，上述视角侧重“赋能结果”，而忽视“融合效应”。本书立足三链融合的视角，围绕数实融合过程中产业链、价值链和创新链的融合效应，进而从助力降本增效、推动产业升级、驱动科技创新、优化市场配置和促进绿色发展五个层面揭示数实融合的赋能机制，并进行实证检验。

三是依据融合三度，优化数实融合发展水平的宏观评价方法。本书运用融合量度、融合强度和融合效度，依据经济合作组织（OECD）数据库中69个国家2011～2020年投入产出表，通过因子分析法，构建融合发展指数，进而进行评价和比较。与现有评价方法相比，该方法优化体现为：（1）评价数据来源于OECD，更为权威和全面；（2）评价数据基于连续的投入产出表，可进行动态评价；（3）各国间投入产出表的统计口径一致，可开展跨国比较。

四是，立足财务绩效，创新性提出数实融合的微观评价方法。受限于数据的可获得性，鲜有微观评价方法，难以解释“部分企业消极参与数实融合”的现实困惑。本书以国资委《企业绩效评价标准值》为依据，围绕盈利能力、营运能力、偿债能力和发展能力构建企业财务绩效（解释变量），并结合国泰安数据库中关于上市公司数字化转型文本数据（被解释变量），评价数实融合的微观绩效。

第3章

中国数实融合的发展历程

数实融合新视角强调从数字经济的角度出发，充分发挥数字技术的优势，将数字技术与传统产业相结合，实现产业升级、创新和可持续发展。而数字技术的腾飞带来了数实融合的两个发展方向——产业数字化和数字产业化。产业数字化和数学产业化是实体经济在发展过程中融入数字经济的重要途径，因此本书将从这两个方向展开叙述。

3.1 产业数字化发展历程

产业数字化的目的是通过数字化转型提高传统产业的效率和质量，同时为新兴产业的发展提供支持和保障。因此，本书通过将产业数字化划分为农业数字化、工业数字化、服务业数字化三个方面进行分析。

3.1.1　农业数字化

在农业数字化过程中，首先要应用数字技术，提高经济主体的感知力；其次提高实体农业与数字经济的融合程度，延长产业链，推动传统农业转型升级；最后必须符合农业的特点，遵循其发展规律。因此，本书从农村网民规模、农村电子商务发展、农业生产数字化发展三个方面进行分析。

3.1.1.1　农村网民规模

农村网民规模是判断农业数字化的一个重要指标，但是由于农村网络普及时间较晚，整体的数据统计也是在 21 世纪初期，所以本书选取了中国经济金融研究（CSMAR）数字经济研究数据库提供的农业数字化中的 2006 ~ 2022 年农村网民规模情况进行分析，如表 3 – 1 所示。

表 3 – 1　　　　2006 ~ 2022 年农村网民规模情况

年份	网民规模（亿人）	互联网普及率（%）	农村网民规模（亿人）	农村网民规模占整体网民比例（%）	农村网民增速（%）	农村互联网普及率（%）
2006	1. 37	10. 5	0. 23	16. 87	0	3. 1
2007	2. 10	16. 0	0. 53	25. 06	0	7. 4
2008	2. 98	22. 6	0. 85	28. 39	60. 8	12. 3
2009	3. 84	28. 9	1. 07	27. 80	26. 3	15. 5
2010	4. 57	34. 3	1. 25	27. 30	16. 9	18. 6

续表

年份	网民规模（亿人）	互联网普及率（%）	农村网民规模（亿人）	农村网民规模占整体网民比例（%）	农村网民增速（%）	农村互联网普及率（%）
2011	5.13	38.3	1.36	26.50	0	20.7
2012	5.64	42.1	1.56	27.60	14.6	23.7
2013	6.18	45.8	1.77	28.60	13.5	28.1
2014	6.49	47.9	1.78	27.50	1.0	28.8
2015	6.88	50.3	1.95	28.40	9.5	31.6
2016	7.31	53.2	2.01	27.40	2.7	33.1
2017	7.72	55.8	2.09	27.00	4.0	35.4
2018	8.29	59.6	2.22	26.70	6.2	38.4
2019	9.04	64.5	2.55	28.20	14.9	46.2
2020	9.89	70.4	3.09	31.30	—	55.9
2021	10.32	73.0	2.84	27.60	1.7	57.6
2022	10.67	75.6	3.08	28.90	—	61.9

资料来源：CSMAR 数字经济研究数据库。

通过对表 3－1 的数据分析，可以得出网民的规模呈快速增长趋势，从 2006～2022 年网民增长了 9.3 亿人，其中农村网民人口由 0.23 亿人增长至 3.08 亿人，体现出农村网民规模的快速扩大；与此同时互联网的普及率也大幅提升，由最初的 10.5% 增至 75.6%，增长了 65.1%，这其中的农村互联网普及率在 2022 年已达到 61.9%。但是农村网民规模增速是减缓的，在 2008 年农村网民增速达到最大，随后增长速度都低于 30%，到 2021 年农村网民增速只有 1.7%。这可能是农村网民的规模已经达到一定程度所致。可见，在农业数字化过程中，农村网民规模不断增大，互联网的普及率不断提高，更容易促进农民主体对于数字经济的了解和应用，增强其对于数字经济的敏感度，从而加速农业经济的转型升级。

3.1.1.2 农村电子商务发展

(1) 农村电子商务的兴起。

随着农村网民规模的扩大，农村电子商务也快速发展。农村电子商务打破了时间和地点的局限性，农民可以借助网络平台销售自己的农产品，拓宽农产品的销售渠道。除此之外，农村电子商务比一般的商业经营成本低，比如土地、劳动力、技术等成本均相对较低。在大城市，要想发展商业，对于商家来说房租会占一大部分成本，而且城市中的劳动力成本也很高。相比之下，农村发展电子商务可以使用自己的房子，农村劳动力价格也低，从而大大减少了经营成本。在技术上，由于互联网的发展，信息沟通更加方便和快捷，可以实现农产品生产与市场需求的协调。总之，农村电子商务的兴起使得农民更加容易获得市场信息，促进农产品的合理配置，延长产业链，为农村经济和生产、生活方式的发展提供新的动力，从而推动实体农业的发展。

(2) 农村电子商务的发展阶段。

农村电子商务的发展时间大致可以分为三个阶段，农村电子商务起步阶段（1994 ~ 2005 年）、农村电子商务发展阶段（2006 ~ 2013 年）和农村电子商务建设阶段（2014 年至今）。

首先在起步阶段，1994 年，国家经济信息化联席会在第三次会议上提出要全面建立农业综合管理和服务信息系统，即“金农工程”，主要是将专家系统、地理信息系统应用到农业改革中，这为农村电子商务的发展提供了条件。其次在发展阶段，政府缺少一些相关的规范和激励政策，市场也存在不正当竞争等问题，农村电商的相关政策需要进一步完善。最后在建设阶段，农村电子商务规模进一步扩大，相关的法律规范也逐步完善。

本书选取 CSMAR 数字经济研究数据库提供的农业数字化中的 2013～2022 年农村电子商务规模数据进行分析，如表 3－2 所示。

表 3－2　　2013～2022 年农村电子商务规模

年份	全国网络零售额（万亿元）	农村网络零售额（万亿元）	农村网络零售额同比增长（%）	农村实物商品网络零售额（亿元）	农村实物商品网络零售额同比增长（%）	农产品网络零售额（亿元）	农产品网络零售额同比增长（%）
2013	1.85	—	—	—	—	—	—
2014	2.79	0.18	—	—	—	—	—
2015	3.88	0.35	96.1	—	—	—	—
2016	5.16	0.89	153.4	5792.4	—	1589.0	50.0
2017	7.18	1.24	39.1	7826.6	35.1	2436.6	53.3
2018	9.01	1.37	30.4	10946.3	30.9	2305.0	33.8
2019	10.63	1.70	19.1	13000.0	21.2	3975.0	27.0
2020	11.76	1.79	8.9	16300.0	10.5	—	—
2021	13.09	2.05	11.3	—	—	4221.0	2.8
2022	13.79	2.17	3.6	19900.0	4.9	5313.8	9.2

资料来源：CSMAR 数字经济研究数据库。

由表 3－2 分析可知，我国农村电子商务从 2014 年开始进入新的发展建设阶段，这一年的农村网络零售额是 0.18 万亿元，实现了新的突破。2015～2016 年，农村网络零售额同比增长都达到 90%以上，原因在于国家出台了一些有利于农村电子商务发展的政策，加强了农村电子商务的基础设施建设，促进了农村电商的快速发展。2016～2022 年，农村实物商品网络零售额呈持续增长趋势，由 5792.4 亿元增长至 19900 亿元，但是它的同比增长是下降的，由 35.1%下降至 4.9%，说明农村实物网络零售整体的规模不断扩大，但是增长速度变得相对缓慢。从这个表中也可以得出农产品网络零售是不断增加的，它的增长速度也是呈下降趋势。可见，在经济发展过程中，由于数字经济与实体农业相结合，也就是农村电子商务的应用促进了农村实物商品的销售，同时也提高了农产品的销量。

3.1.1.3　农业生产数字化发展

农业数字化不仅涉及农村互联网规模和农村电子商务，还会涉及农业生产方面的数字化。农业生产数字化是指在数字技术应用到传统的农业生产方面，深入渗透到农业产业链的各个环节，推动农业生产经营方式发生变革并促进农业经济发展的过程。农业生产数字化可以由多个指标进行衡量，比如智慧农业、农作物耕种收综合机械化率、智能化牧场等。

（1）智慧农业。

智慧农业的发展分为 4 个阶段：“电脑农业”“精准农业”“数字农业”和“智慧农业”。“数字农业”主要是通过将相关的计算机技术、自动化技术、通信和网络技术等高新技术与农学、生态学、土壤学等基础学科有机结合，更加精准地监测农产品的生长过程，使农业生产更加合理高效。

最后“智慧农业”的发展不仅应用于农业的生产过程，也贯穿于农业的加工、销售等各个领域，提高了农业生产的效率，降低农业的发展成本，同时促进市场信息的传达，有利于保护生产者和消费者的利益，进一步促进农业生产数字化的发展。

（2）农作物耕种收综合机械化率。

农作物耕种收综合机械化率指农作物机耕、机播、机收三项作业水平按 4∶3∶3 比例加权的和，是反映农业机械化程度的代表性指标。该指标反映了我国农业机械化水平，当农作物耕种收综合机械化率超过 70%，表示进入了以机械化为主导的新阶段，推动农业机械化向数字化、智能化的方向转型。本书选取了 2019 ~ 2021 年全国农业机械化发展统计公报的数据进行分析，如表 3 - 3 所示。

表 3 - 3　2019 ~ 2021 年八大农作物耕种收综合机械化率　单位：%

作物	2019 年	2020 年	2021 年
小麦	96.36	97.19	97.29
水稻	83.73	84.35	85.59
玉米	88.95	89.76	90.00
大豆	85.52	86.70	87.04
油菜	56.88	59.91	61.92
马铃薯	46.55	48.07	50.76
花生	60.63	63.96	65.65
棉花	81.18	83.98	87.25

注：2020 年全国农作物耕种收综合机械化率达 71.25%，较上年提高 1.23 个百分点，2021 年全国农作物耕种收综合机械化率达 72.03%，较上年提高 0.78 个百分点。

资料来源：2020 ~ 2021 年全国农业机械化发展统计公报。

从表 3 -3 中可以直观地看出我国的八大农作物的耕种收综合机械化率是不断提高的，这说明了我国的农业机械化水平在不断提高，而且全国农作物耕种收综合机械化率已经达到 70% 以上，产品溯源、智能灌溉、智能温室、精准施肥等数字农业新模式得到广泛推广，大幅提高了农业生产效率，体现了农业机械化在不断向数字化方向发展。

（3）智能化牧场。

智能化牧场就是运用现代物联网技术管理的牧场，属于农业生产数字化的一个指标。由于对智慧牧场缺乏一定的数据统计，本书以伊利牧场为例，说明智能化牧场反映农业生产数字化。2017 年，伊利主导的乳业智能制造标准研究项目获得国家批准，2021 年，伊利自主研发的智慧牧场大数据分析应用平台 3.0 版上线，推动行业进一步转型升级。“伊利智慧牧场大数据分析应用平台 3.0”的智能系统能够及时提供牧场的全部信息，让管理者做出科学决策，让牧场管理更加精准、便捷。伊利牧场的智能化发展为国家智慧牧场的建设指引方向，为国家奶业振兴提供科技助力。

3.1.2　工业数字化

工业数字化是指将传统工业生产过程中的各种信息、数据通过数字化技术的手段进行实时获取、记录、交互、分析、共享、应用等一系列过程，以提升企业的生产效率、质量、安全、服务和能耗等方面的综合竞争力。党的二十大报告指出，要“坚持把发展经济的着力点放在实体经济上，推进新型工业化，加快建设制造强国、质量强国、航天强国、交通强国、网络强国、数字中国”。工业数字化的实现离不开企业对科技创新投入和政府的政策支持。本书将从企业数字化、工业互联网方面进行分析。

企业数字化是指企业合理引用并利用数字技术改进生产流程、优化经营管理模式、推动结构升级的活动。制造业企业要加大企业科技的投入，提高企业的创新能力，不断开发新产品，才有助于促进企业转型升级。

工业数字化可以分为三个方面：生产数字化、管理数字化和业务数字化。

生产数字化是指企业可以实现生产过程的自动化、多元化和智能化，最终实现生产效率的提高。在企业生产的过程中，利用大数据等操控生产线流程，提高生产效率和质量，并利用数字化生产管理系统监控生产过程，降低生产损失。

管理数字化是指企业在运行过程中广泛应用信息技术，改变传统的企业管理模式，提高企业的管理效率和管理能力。企业在管理数字化过程中，利用新媒体等平台吸收企业人员及外部人员的意见，不断优化企业的组织结构，结合自身情况对规章制度进行创新，利用现代管理模式，提高自身的管理水平。

企业不仅需要生产、管理数字化，也需要业务数字化。在进口原材料时，利用互联网等大数据对比进口价格和质量，选择性价比最高的原材料；在销售时，采用线下线上相结合的销售方式，拓宽销售渠道，利用大数据提高销售能力，增加企业的营业收入。

本书针对企业数字化选取了 CSMAR 数字经济研究数据库提供

的工业数字化中的2004～2022年规模以上工业企业科技活动情况进行分析，如表3－4所示。

表3－4　　2004～2022年规模以上工业企业科技活动情况

年份	R&D[①]活动企业数（个）	R&D活动企业所占比重（%）	R&D经费内部支出（亿元）	R&D经费支出与营业收入之比（%）	R&D项目数（项）	R&D项目经费内部支出（亿元）	企业办研发机构数（个）	企业办研发机构经费支出（亿元）	新产品开发项目数（个）	新产品开发经费支出（亿元）	新产品销售收入（亿元）
2004	17075	6	1105	0.6	53641	921	17555	842	76176	966	22809
2008	27278	7	3073	0.6	143448	2902	26177	2635	184859	3676	57027
2009	36387	9	3776	0.7	194400	3186	29879	2984	237754	4482	65838
2011	37467	12	5994	0.7	232158	5052	31320	3957	266232	6846	100583
2012	47204	14	7201	0.8	287524	6231	45937	5233	323448	7999	110530
2013	54832	15	8318	0.8	322567	7295	51625	5942	358287	9247	128461
2014	63676	17	9254	0.8	342507	8163	57199	6258	375863	10123	142895
2015	73570	19	10014	0.9	309895	9147	62954	6794	326286	10271	150857
2016	86891	23	10945	0.9	360997	10064	72963	7665	391872	11766	174604
2017	102218	27	12013	1.1	445029	11990	82667	8956	477861	13498	191569
2018	104820	28	12955	1.3	472299	12334	83115	10321	558305	14987	197094
2019	129198	34	13971	1.3	598072	14237	95459	12176	671799	16986	212060
2020	146691	37	15271	1.4	714527	—	105094	13584	788125	18624	238074
2021	169224	38	17514	1.3	824637	—	120367	16879	958709	22653	295567
2022	175619	37	19362	1.4	—	—	136836	18161	1093975	25540	327983

注：①R&D（research and development），可译为“研究与开发”。
资料来源：CSMAR数字经济研究数据库。

通过对表3－4进行分析可以得出，从整体上看我国的企业创新活动呈上升趋势，有R&D活动企业数由17075个增加到175619

个，R&D项目数由53641项增加至824637项，新产品开发项目数由76176个增加到1093975个，R&D经费内部支出占营业收入的比重越来越大，新产品销售收入由22808.58亿元增长至327983亿元，可见，企业对于科技研发的投入促进了营业收入的增加，提高了企业的创新能力，从而在整体上有利于我国加快工业数字化的发展。

3.1.3 服务业数字化

服务业数字化是产业数字化发展的重要组成部分，是服务业转型升级的重要途径。服务业数字化是将数字技术应用到传统服务业中，利用互联网+等大数据提高服务业的质量，推动传统服务业转型升级。中国互联网协会发布的《中国互联网发展报告(2022)》显示，2021年中国数字经济规模达到45.5万亿元，占国内生产总值（GDP）的比重达39.8%。服务业在我国经济发展中已占据半壁江山，深入研究其数字化转型，既具有理论意义，也具有现实价值。本书将从数字金融和电子商务两方面对服务业数字化进行分析。

3.1.3.1 数字金融

数字金融通俗来说就是传统金融加上互联网的一种形式。数字金融包括互联网支付、移动支付、网上银行、金融服务外包及网上贷款、网上保险、网上基金等。由于互联网的发展，人们追求便捷快速的生活方式，传统金融业受到一定程度的冲击。为了适应现代社会发展，数字金融应运而生。数字金融发展分为两个阶段：起源阶段和发展阶段。

本书选取了 CSMAR 数字经济研究数据库提供的数字金融中 2014～2021 年中国互联网金融发展情况进行分析，如表 3－5 所示。

表 3－5　　2014～2021 年中国互联网金融发展情况

指标	2014 年	2015 年	2016 年	2017 年	2018 年	2019 年	2020 年	2021 年
互联网财产保险保费收入（亿元）	505.70	768.36	502.29	493.49	695.38	838.62	797.95	862
互联网财产保险保费收入同比增长（%）	—	51.91	－34.63	－1.75	40.91	20.60	－4.85	8
互联网车险保费收入（亿元）	483.39	716.08	398.94	307.19	368.73	274.52	220.60	224
互联网车险保费收入同比增长（%）	—	48.14	－44.29	－23.00	20.03	－25.55	－19.64	1
互联网非车险保费收入（亿元）	22.31	52.28	103.36	186.30	326.65	564.09	577.35	639
互联网非车险保费收入同比增长（%）	—	134.35	97.69	80.25	75.34	72.69	2.35	11

资料来源：CSMAR 数字经济研究数据库。

通过对表 3－5 进行分析，可以得到 2014～2021 年中国的互联网金融发展各保险保费收入并不是一直呈增长趋势，互联网财产保险保费收入 2014～2015 年是上升的，但是在 2015 年后出现大幅下降趋势，一直到 2017 年，由 768.36 亿元下降至 493.49 亿元。究其原因可能是受经济波动的影响或是政府政策对人民的保险投资产生了影响。2017～2021年，互联网财产保险保费收入虽然在2020年有所下降，但是总体来说是上升的，由2017年的493.49亿元增长至2021年的862亿元，这说明互联网与财产保险融合相对来说是比较紧密的。互联网车险保费收入的变化在2018年之前与互联网财产保险保费收入变化是相似的，但是在2018年之后，互联网车险保费收入呈下降趋势，体现了互联网车险保险业务出现不良发展趋势，逐渐萎缩。与它截然相反的是，互联网非车险保险保费收入一直呈增长趋势。由表4－3可知，互联网非车险保费收入的增长速度是下降的，其同比增长由134.35%下降至11%。总体来说，互联网保险发展情况并不是很好，数字金融的发展还需要国家出台相关的政策对其进行支持，从而促进数字金融的进一步发展。

此外，本书针对互联网金融从其风险角度选取了CSMAR数字经济研究数据库的数据进行分析，如表3－6所示。

表3－6　　互联网金融风险分析技术平台监测数据

年份	2017	2018	2019	2020	2021
累计收录互联网金融网站数（个）	1091048	2104164	4130396	791773	935184
最近一周互联网金融活跃用户（亿人）	8.86	17.08	33.52	11.91	7.58
本月累计发现存在异常的互联网金融网站（个）	295830	570289	1119207	296020	253088
系统预警过的高危网站（个）	9870	19035	37365	8460	8460

续表

年份	2017	2018	2019	2020	2021
发现互联网支付累计交易额（万亿元）	4900	9450	18550	4200	4200
发现P2P网络借贷累计交易额（万亿元）	109.2	210.6	413.4	93.6	93.6
发现互联网众筹累计交易额（亿元）	5600	10800	21200	4800	4800
累计发现互联网金融网站漏洞（个）	24990	48195	94605	21420	21420
累计发现互联网金融网站攻击（万次）	104675	201873	396270	4864	89721
累计发现互联网金融仿冒网站（万个）	67.34	129.87	254.93	57.72	57.72

资料来源：CSMAR数字经济研究数据库。

通过对表3－6分析可得，我国的互联网金融网站漏洞、攻击、仿冒等问题随着互联网网站个数有所变化。国家在2020年出台了有关互联网严厉的监管政策，对互联网金融网站进行整顿，从而为互联网金融发展提供良好的市场环境，有利于促进数字金融的发展。

3.1.3.2　电子商务

在互联网快速发展的时代，电子商务是服务业数字化的一个重要方向，也是服务业中的重要产业。在当前我国致力于数字经济和实体经济融合的大背景下，推动电子商务的发展对于加快我国产业数字化发展、促进传统产业转型升级和实现高质量发展具有重要意义。本书将从中国的电子商务发展历程和各地区电子商务的发展状况两方面进行分析。

（1）中国电子商务发展历程。

电子商务发展大致可以分为三个阶段：初创阶段（1997～2002年）、快速发展阶段（2003～2007年）和创新发展阶段（2008年至今）。

在初创阶段（1997～2002年），随着中国互联网的快速发展，中国化工网、8848、阿里巴巴、易趣网、当当网等知名电子商务网站也随之发展起来。然而，由于我国在这一时期的信息技术发展水平较低，公众对电子商务的了解仍然不足。再加上互联网泡沫等原因，电子商务网站发展受阻。但是，这一时期的经验为我国电子商务的发展奠定了基础。

在快速发展阶段（2003～2007年），国家出台了多项促进电子商务发展的重要措施，比如《国务院办公厅关于加快发展电子商务的若干意见》《电子商务发展“十一五”规划》等，从政策层面为电子商务的发展指明了方向。除此之外，随着各大网站的建设，电子商务的基础设施也逐渐完善，电子商务迎来新的发展机遇。

在创新发展阶段（2008年至今），经历国际金融危机后，随着电子商务企业的增多，竞争越来越激烈，各个企业不断创新发展，以至于我国电子商务初步形成了具有中国特色的网络交易方式，平台化局面初步成型。在市场的激烈竞争下，我国的电子商务模式越来越丰富多样。

本书选取 CSMAR 数字经济研究数据库的中国电子商务发展情况进行分析，如表3－7所示。

表3－7　　　　　　中国电子商务发展情况

年份	2014年	2015年	2016年	2017年	2018年	2019年	2020年	2021年	2022年
电子商务交易额（万亿元）	13.37	20.80	26.10	29.16	31.63	34.81	37.21	42.3	43.83
电子商务交易额同比增长（%）	28.6	27	19.8	11.7	8.5	6.7	4.5	19.6	3.5
网上零售交易额（万亿元）	2.79	3.88	5.16	7.18	9.01	10.63	11.76	13.09	13.79
网上零售交易额同比增长（%）	49.7	33.3	26.2	32.2	23.9	16.5	10.9	14.1	4
实物商品网上零售额（万亿元）	—	3.24	4.19	5.48	7.02	8.52	9.76	10.80	11.96
实物商品网上零售额同比增长（%）	—	31.6	25.6	28	25.4	19.5	14.8	12	6.2
实物商品网上零售额占社会消费品零售总额的比重（%）	—	10.8	12.6	15	18.4	20.7	24.9	24.5	27.2
电子商务服务业营业收入（万亿元）	—	—	2.45	2.92	3.52	4.47	5.45	6.40	6.79
电子商务服务业营业收入同比增长（%）	—	—	23.7	19.3	20.3	27.2	21.9	17.42	6.10
电子商务交易平台服务营业收入（亿元）	—	—	4000	5027	6626	8412	11500	13900	15400
农村网络零售额（万亿元）	0.18	0.35	0.89	1.24	1.37	1.70	1.79	2.05	2.17
农村网络零售额同比增长（%）	—	96.1	153.4	39.1	30.4	19.1	8.9	11.3	3.6
跨境电子商务零售进出口总额（亿元）	—	—	—	902.4	1347	1862.1	16900	19237	21100

续表

年份	2014 年	2015 年	2016 年	2017 年	2018 年	2019 年	2020 年	2021 年	2022 年
跨境电子商务零售进出口总额同比增长（%）	—	—	—	80.6	50	38.3	31.1	18.6	9.8
电子商务从业人员（万人）	—	—	3760.4	4250	4701	5125.7	6015.33	6728	6937.2
电子商务从业人员同比增长（%）	—	—	15.52	13	10.60	8.29	17	11.80	3.11

资料来源：CSMAR 数字经济研究数据库。

由表 3－7 可知，2014～2022 年，电子商务交易额一直呈上升趋势，由 13.37 万亿元增长至 43.83 万亿元，与此相关的网上零售交易额、实体商品网上零售额和农村网络零售额都呈现直线上升趋势：网上零售交易额由 2.79 万亿元增长至 13.79 万亿元；实物商品网上零售额由 3.2424 万亿元增长至 11.96 万亿元；农村网络零售额由 0.18 万亿元增长至 2.17 万亿元。这体现了我国电子商务规模是不断扩大的。同时，电子商务从业人员由 3760.4 万人增长至 6937.2 万人，电子商务服务业营业收入由 2.45 万亿元增长至 6.79 万亿元。由此可得，电子商务的发展对我国人口就业有一定的帮助，同时也促进了服务业的发展，提高了服务业对整体经济的贡献率。

但是电子商务交易额同比增长并不是呈上升趋势，由表 3－7 可知，虽然同比增长是正值，但是 2014～2019 年，电子商务交易额由 28.6% 下降至 6.7%，增长幅度是越来越小的，原因在于有关电子商务的法律法规并不是特别完善，消费者权益保障存在欠缺，交易的安全性也存在问题。综上可知，电子商务的发展规模是不断扩大的，但是其增长速度是下降的，所以加强电子商务运行体系建设，完善电子商务的法律法规，对于促进服务业数字化发展也具有重要意义。

（2）各地区电子商务的发展状况。

由于各地区的经济发展速度和水平不一样，电子商务的发展状况也是不同的，本书采用 CSMAR 数字经济研究数据库中各地区电子商务发展情况的数据并对其进行分析，如表 3－8 所示。

表 3－8　　2022 年中国各地区电子商务交易信息

地区名称	地区代码	有电子商务交易活动企业数（个）	有电子商务交易活动企业比重（%）	电子商务销售额（亿元）	电子商务采购额（亿元）
中国*	156	141680	10.3556	302219.5349	149228.3363
北京市	110000	10061	24.7205	36792.4607	21284.8628
天津市	120000	1982	7.7707	6974.9485	4385.8139
河北省	130000	2669	6.7612	3524.8380	2061.0275
山西省	140000	1498	5.8114	5629.4142	1768.8569
内蒙古自治区	150000	921	8.0101	4466.6158	2863.8389
辽宁省	210000	1919	6.3984	6702.3900	3438.3441
吉林省	220000	603	4.7838	608.8811	331.2378
黑龙江省	230000	792	5.5794	1180.0492	676.0001
上海市	310000	6111	11.8492	39597.7927	24329.0314
江苏省	320000	14897	9.6258	22553.5920	10566.5197
浙江省	330000	13539	10.9812	18144.1056	5841.2445
安徽省	340000	5877	11.2489	8780.3883	3944.2232
福建省	350000	6587	10.3219	8465.1856	2240.7561

续表

地区名称	地区代码	有电子商务交易活动企业数（个）	有电子商务交易活动企业比重（%）	电子商务销售额（亿元）	电子商务采购额（亿元）
江西省	360000	4337	9.7918	3908.2530	1275.1110
山东省	370000	12676	12.8220	24263.8107	11298.1992
河南省	410000	3850	5.6274	5947.0201	3205.5964
湖北省	420000	5018	9.4995	8356.7215	4157.3758
湖南省	430000	4671	9.3675	6070.1410	3244.4398
广东省	440000	21827	11.7565	47419.7229	23038.6946
广西	450000	2318	8.6966	3703.8411	1634.5461
海南省	460000	735	13.3104	1585.8994	498.7840
重庆市	500000	3265	12.3273	14206.3286	4338.4678
四川省	510000	6136	10.6974	9092.5130	5430.7317
贵州省	520000	1655	8.7878	3520.4584	994.5265
云南省	530000	2077	9.4101	2326.2628	912.3272
西藏自治区	540000	126	8.3499	174.7160	33.2416
陕西省	610000	2968	10.0870	4034.5040	2208.7111
甘肃省	620000	855	7.6716	1174.1894	1136.1880
青海省	630000	305	12.1951	820.0149	315.7800
宁夏回族自治区	640000	358	8.5056	468.6039	341.5456
新疆维吾尔族自治区	650000	1047	6.1275	1725.8726	1432.3134

注：* 中国数据中不包含港澳台地区。
资料来源：CSMAR 数字经济研究数据库。

由表 3－8 可以得出，首先，广东省电子商务活动企业个数最多，达到 21827 个；其次是江苏省、浙江省、山东省、北京市依次递减，这五个地区都处于我国的东部地区，可见，东部地区的电子商务企业最多。中部地区有河南省、安徽省、湖北省、江西省、山西省、湖南省，这六个省份的电子商务企业活动数低于东部地区，但是相对于东北地区黑龙江省、辽宁省、吉林省这三个省份来说是多的。其次，北京市有电子商务交易活动企业比重最高，达到将近 25%，而上海市、浙江省、安徽省、广东省、海南省、重庆市、四川省、陕西省、青海省平均在 10% 左右，吉林省有电子商务活动企业所占比重最少，只占 4.7838%，体现每个地区的电子商务的发展情况是存在较大差异的。再次从电子商务的销售额来看，广东省的电子商务销售额最多，达到 47419.7229 亿元，接下来依次是上海市、北京市，均在 35000 亿元以上。而电子商务销售额最少的是西藏自治区，只有 174.716 亿元。总体上看，我国东部发达地区的电子商务发展状况最好，中部地区比西部地区的省份要好一些，电子商务的发展还是会随着地区经济发展水平的不同而有差异。总之，各地区电子商务的发展情况也能反映出数字经济和实体经济在不同地区的融合程度。

综上所述，本书探讨产业数字化主要从农业数字化、工业数字化和服务业数字化三个方面进行分析。

在农业数字化中，采用了农村网民规模、农村电子商务发展和农业生产数字化发展三个指标来评价。首先，农村网民规模是随着经济发展不断扩大的，可以反映出农民与数字化的关系十分密切；其次，通过叙述农村电子商务的发展阶段以及采用国泰安数据库的数据说明农村经济在发展过程中通过对数字技术的应用创造了农村新的经济发展方式，促进了农村经济的发展；最后在农业生产上通过应用数字技术使我国农业发展具有新业态，本书主要通过智慧农业、农作物耕种收综合机械化率及智能化牧场进行了说明。

在工业数字化中，主要采用企业数字化和工业互联网两个指标来评价。企业数字化中的企业在本书中主要指制造企业，通过生产、管理和业务三个方面和数字技术相结合，从而推动企业改变传统发展模式，促进企业向数字化方向发展。同时对企业科技活动投入情况的数据进行了分析。而在工业互联网中，通过广东万和新电气公司的例子叙述了工业互联网带来的效益。

在服务业数字化中，本书借助数字金融和电子商务来论述服务业数字化。一方面，阐述了数字金融发展经历了两个阶段，并通过中国互联网金融发展情况表对其进行分析。另一方面，对于电子商务，主要通过它的发展阶段和不同地区的发展情况探讨服务业和数字技术的融合程度。

3.2 数字产业化发展历程

数字产业化是指在数字技术的支持下，通过数字化、信息化、网络化、智能化的手段，对传统产业进行全面升级和优化，以推动产业结构升级、提高经济效益、促进创新发展。数字产业化是指在数字技术的推动下，通过信息化和智能化手段，全面提升传统产业的效率和质量，促使经济社会各个领域更好地融入数字化时代的产业变革。参照中国信息通信研究院分类，本书将数字产业分为通信业、软件和信息技术服务业、电子信息制造业、互联网和共享经济五个部门。

3.2.1　通信业

通信业是指涉及信息传递、传播和交流的经济部门。它包括了广泛的通信技术和服务，用于在人际、机器际、设备际以及地理位置之间传递信息。通信业的主要目标是实现有效的信息传输和交流，以便满足个人、企业、政府和其他组织的通信需求。对于中国通信业发展历程的研究，由以下说明。

3.2.1.1　移动通信设备的发展历程

中国通信业在发展初期主要侧重于基础设施的建设，着重于固定电话网络的铺设和发展。这一阶段主要由中国电信等国有企业主导，建设了一系列固定电话网络设施。中国通信业的起源可以追溯到 19 世纪末和 20 世纪初引入电报和电话的时期。随着时间的推移，中国通信业在设施建设、电信法规和政策制定方面取得了一系列重要进展，为中国通信业的后续发展奠定了基础。在这一时期，中国通信业致力于推动宽带互联网的普及，为数字产业化奠定基础。21 世纪初开始，固定电话市场逐渐减缓，中国电信进行了业务转型，加强了固定宽带和移动通信服务。宽带互联网逐渐成为中国通信业的关键发展方向。政府启动了一系列推动宽带普及的计划和政策，以提高互联网接入速度和推动数字经济的发展。电信运营商加大了对宽带网络的投资，推动了光纤网络的建设和升级。固定电话运营商进行了业务和技术的转型。运营商开始加强宽带服务，将固定电话网络改革为更为先进的宽带网络，以适应日益增长的互联网需求。中国电信等运营商逐步从传统的语音通信服务转向提供综合业务，包括宽带互联网、数字电视等。

通信移动电话使用的数量是判断通信业发展的一个重要指标，但由于农村普及电话的时间较晚，整体数据统计从21世纪初期开始，所以本书选取了CSMAR数字经济研究数据库提供的数字产业化中2002～2023年通信业移动电话的情况进行分析，如表3－9所示。

表3－9　　2002～2023年通信业移动电话的情况

年份	光缆线路长度（公里）	长途光缆线路长度（公里）	交换机容量（万门）	移动电话交换机容量（万户）	长途电话交换机容量（万路端）
2002	8094000	1700000	91246.1	102245.8	2896.4
2003	7534931	1600714	101818.0	94258.0	2476.0
2004	12543509	2481670	158690.0	150319.0	3700.0
2005	11628092	2139419	137751.4	137226.5	3966.3
2006	12820872	2162153	148907.4	171700.0	4277.6
2007	21593497	3098588	205101.5	308023.7	6976.4
2008	25354374	3210412	202317.1	412600.9	6845.0
2009	8266655	837159	49219.4	142111.2	1705.9
2010	27070249	2398051	145208.2	443977.3	4968.6
2011	44765163	3392250	180046.8	654030.4	6534.0
2012	54986705	3424625	168720.8	712844.1	6455.3
2013	65244077	3565628	168696.9	769028.4	5639.0
2014	77001556	3682009	149811.1	808066.8	4500.0
2015	92523221.2	3768968.5	122604.6	841472.4	3476.3

续表

年份	光缆线路长度（公里）	长途光缆线路长度（公里）	交换机容量（万门）	移动电话交换机容量（万户）	长途电话交换机容量（万路端）
2016	112959433	4027382	93371.1	857120.8	2883.0
2018	164152523	4228133	59801.0	1014576.0	2258.0
2019	136622738	3347357	—	—	—
2020	198401850	4410571	—	—	—
2021	216317134	4656579	—	—	—
2022	232252280	2235955	—	—	—
2023	123022515	2216915	—	—	—

注：2019～2023 年，交换机容量、移动电话交换机容量、长途电话交换机容量的数据缺失，在表格中使用“—”表示。

资料来源：CSMAR 数字经济研究数据库。

由表 3－9 分析可知，该表格描述了 2002～2023 年通信业移动电话领域的一些关键指标，包括光缆线路长度、长途光缆线路长度、局用交换机容量、移动电话交换机容量以及长途电话交换机容量。2002～2016 年，光缆线路长度、长途光缆线路长度以及各类交换机容量都呈现了稳步增长的趋势，这表明了通信基础设施在这一时期的扩展和改善。移动电话交换机容量在这段时间内呈现出迅速增长的态势，从 2002 年的约 102246 万户增长到 2023 年的约 2216915 万户。这反映了移动通信市场的迅速扩张和技术进步，人们对移动电话的需求不断增加。长途电话交换机容量在 2010～2018 年出现了波动，但整体趋势是下降的。这可能是由于通信技术的转变和人们更多地使用移动电话和互联网通信应用，而不是传统的长途电话服务。2019～2023 年，交换机容量、移动电话交换机容量、长途电话交换机容量的数据缺失，使我们无法直接观察到这段时间的发展趋势。可见在通信业发展过程中这些数据反映了通信技术在移动电话领域的快速发展和变化，特别是移动电话交换机容量的显著增长，展现了通信行业的不断演进和技术创新。

3.2.1.2 移动互联网的发展历程

移动互联网时代是指在互联网技术的基础上，通过移动终端设备（如智能手机、平板电脑）实现信息的获取、分享、交流和服务的时代。这一时代的兴起主要源于移动设备的普及和移动通信技术的飞速发展，使人们能够随时随地通过无线网络连接访问互联网。移动互联网时代的到来改变了人们的生活方式、工作方式和社交方式，推动了数字经济的蓬勃发展，成为当今社会的一个重要时代特征。中国通信业在近几十年中展现出快速的发展速度和创新力，取得了在全球范围内的突出地位。通信技术的迅猛发展推动了中国经济的发展，提升了人们的生活质量，并创造了许多商业机会和就业岗位。第三代移动通信技术（3G）技术于2000年初开始商用，提供了相对较快的移动数据传输速度。随后，第四代移动通信技术（4G）LTE技术在2010年左右商用，进一步提升了速度和性能，这使得高速移动互联网在全球范围内变得普遍。中国在5G、人工智能、物联网等领域加大了研发和应用力度，推动了数字化转型的快速发展，随着在2020年初5G和未来技术的发展，中国通信业仍将持续推动国家的数字化转型和创新发展。在数字经济、电子商务、在线教育、远程医疗等领域，中国通信业取得了巨大的成就，本书针对各个发展阶段选取了 CSMAR 数字经济研究数据库提供的数字产业化中 2003 ~ 2023 年的移动互联网使用情况进行分析，如表 3 – 10 所示。

表 3 – 10　　　2003 ~ 2023 年移动互联网使用情况

年份	4G 基站数（万个）	5G 基站数（万个）	互联网宽带接入端口（万个）	光纤接入（FTTH/O）端口（万个）	接入网设备容量（万门）
2003	—	—	—	—	32980
2004	—	—	6758	—	60613
2005	—	—	13369	—	60128
2006	—	—	18090	—	68948
2007	—	—	31012	—	97207
2008	—	—	40085	—	98773
2009	—	—	13592	—	24095
2010	—	—	61431	—	94443
2011	—	—	87341	—	87216
2012	—	—	26836	—	23402
2013	—	—	133836	—	91667
2014	85	—	153809	—	84506
2015	177	—	181372	—	73775
2016	263	—	264500	—	67792
2017	328	—	299890	—	69322
2018	372	—	338323	—	50595
2019	1508	—	270554	243216	—

续表

年份	4G 基站数（万个）	5G 基站数（万个）	互联网宽带接入端口（万个）	光纤接入（FTTH/O）端口（万个）	接入网设备容量（万门）
2020	575	72	373766	345015	—
2021	1752	143	395980	371096	—
2022	—	231	418820	399182	—
2023	—	338	219566	210911	—

注：表中使用“—”表示在这几个年份中指标还未出现或缺失数据。
资料来源：CSMAR 数字经济研究数据库。

由表 3－10 分析可知，我国从 2003 年开始走进互联网发展阶段，互联网宽带接入在整个时期都呈现出增长趋势。由于人们对高速互联网连接的需求不断增加，促使了相关基础设施的扩展，到 2013 年达到 91666.9 万门的一个小高峰，但从 2013 年出现 3G 网络开始，互联网接入呈下降趋势。从 2014 年开始，4G 基站数经历了显著的增长，从 2019 年开始快速增加，并在 2021 年达到 1752 万个。从 4G 向 5G 的过渡，反映了移动通信技术的迅速演进。随着 2020 年 5G 的出现，人们对其他的移动互联网需求呈逐渐下降的趋势。2020～2023 年，5G 基站数出现了波动，这可能是由于受到技术部署和市场因素的影响。2023 年的数据显示 5G 基站数再次增加至 338 万个，表明 5G 技术的逐渐普及和商业化。随着移动互联网的不断发展和更新，人们对互联网的需求也在不断更新，在通信业的发展过程中，互联网的发展对其的推动作用是显著的，加快了通信业的发展。

3.2.2 软件和信息技术服务业

软件和信息技术服务业是一个广泛的行业，涵盖了各种提供软件开发、信息技术支持、数据管理、网络服务等服务的公司和组织。这个行业的主要目标是通过技术手段为其他行业提供解决方案，以满足他们的信息处理和管理需求。主要包括软件开发、信息技术支持、数据管理、网络、咨询服务、数字营销和电子商务等方面。软件和信息技术服务业在全球范围内都是一个快速发展的行业，因为各个行业都越来越依赖技术来提高效率、降低成本并有所创新。

3.2.2.1 软件和信息技术服务业主要销售历程

这个行业的创新推动了数字化时代的发展，对经济和社会产生了深远的影响。软件和信息技术服务业的发展趋势，如图3－1所示。

通过对图3－1主要销售指标的分析发现，软件和信息技术服务业的主营业务税金及附加2005～2019年呈逐年增长的趋势，尤其在2010年之后增速明显加快。然而，在2017年出现了一个明显的上升，至1031亿元，2019年又出现明显的下降。这可能与行业政策、宏观经济状况或税收政策的变化有关。通过软件和信息技术服务业利润总额分析发现，其也呈现逐年增长的趋势，特别是2009年之后迅速增长至1340.6784亿元。2017～2019年，利润总额继续保持增长，这可能反映了行业整体盈利水平的提高。

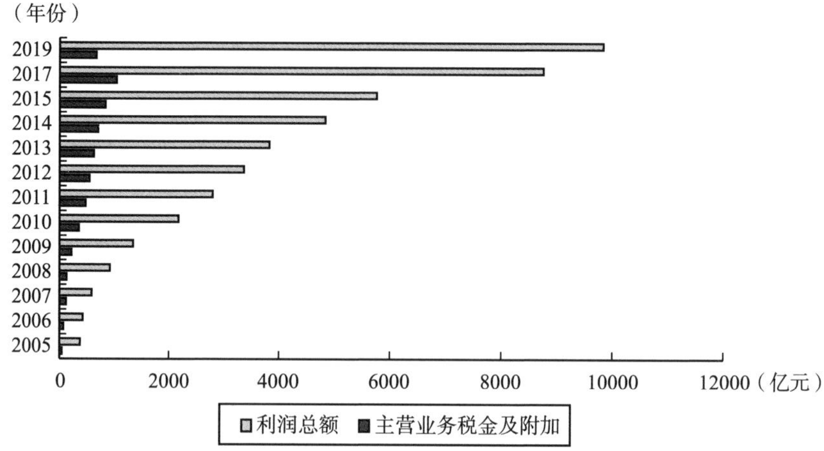

图3-1　软件和信息技术服务业主要销售指标

资料来源：作者根据CSMAR数字经济研究数据库整理而得。

3.2.2.2　软件和信息技术服务业主要生产发展历程

随着软件和信息技术服务业的发展，从其生产指标的发展可以看出该行业的发展趋势，生产的不断发展对软件和信息服务业有着重要的促进作用。通过图3-2分析表明，2006~2013年，流动资产平均余额持续增长，之后在2014年出现了较为明显的下滑，从42139.6176亿元下滑至28643.8369亿元。这可能是由于企业为了适应市场需求和应对竞争而增加了流动性资产。然而，从2015年开始出现上升趋势，至2019年上升幅度明显。图3-2中资产合计呈现稳步增长的趋势，尤其是在2010年之后。这反映了行业内企业规模的扩大和资产的积累。2017~2019年，资产合计的增速减缓，但仍然保持相对较高的水平。在经济发展过程中，使用规模不断扩大，使得软件和信息技术服务业发展迅速，各个行业对软件和信息技术服务的需求不断增加，不断促进其数字产业化的发展。

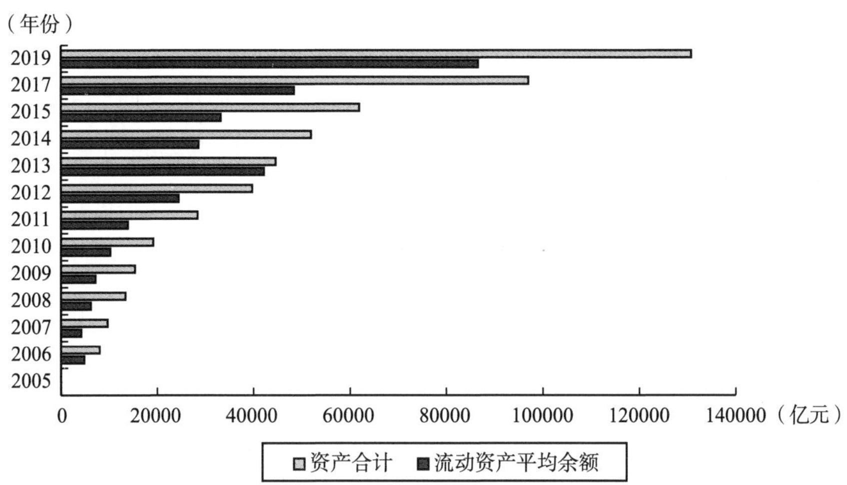

图 3－2　软件和信息技术服务业主要生产发展历程

资料来源：作者根据 CSMAR 数字经济研究数据库整理而得。

3.2.3　电子信息制造业

电子信息制造业是指以电子技术和信息技术为核心，通过一系列的设计、研发、生产、销售等环节，制造生产电子器件、电子元器件、通信设备、计算机及其外围设备、消费电子产品等相关产品的产业领域。这一制造业涵盖了广泛的领域，包括但不限于电子元器件、集成电路、通信设备、计算机硬件、消费电子产品等。电子信息制造业是现代工业体系中的重要组成部分，对社会、经济和科技的发展起到了关键作用。随着科技的不断进步，这一行业也在不断演进，包括新技术的应用、智能化的发展等。

3.2.3.1 电子信息产品的发展历程

电子信息产品是指基于电子技术、信息技术或者通信技术，利用半导体器件、电子元器件等制造出来的，具有信息处理、存储、传输、交换等功能的产品。它们在现代社会中起着至关重要的作用，涵盖了几乎所有与信息处理、传输和存储相关的设备、技术和服务。随着科技的不断发展，电子信息产品的范畴也在不断扩大和深化。互联网的商业化和普及改变了信息传递和获取的方式。个人计算机、互联网和移动通信技术逐渐融合，形成了现代信息技术基础架构。从21世纪初进入移动互联网时代，智能手机、平板电脑等移动设备的崛起推动了移动互联网时代的来临，人们可以随时随地获取信息、进行通信和进行各种应用。电子信息产品在不同时期的关键技术突破和市场变革，推动电子信息产品不断发展，为智能化产品和服务的发展创造了条件。为人们的生活和工作提供了更多的便利和可能性。

3.2.3.2 软件业的发展历程

软件业在当今数字化时代扮演着关键的角色，支撑着各个行业的发展和创新。由于技术的不断进步和数字化转型的推动，软件业也在不断演变和扩大。软件业的利润和税金的发展，表明软件业的发展是快速的，本书将对以下CSMAR数字经济研究数据库提供的数字产业化中2005~2019年软件业的主要利税指标完成情况进行分析，如表3-11所示。

表 3-11　2005～2019 年规模以上软件业利税指标完成情况　单位：亿元

年份	主营业务收入－软件业	利润总额－软件业	税金总额－软件业
2005	3946.5	—	—
2006	4823.9	—	—
2007	5855.5	—	—
2008	7602.8	—	—
2009	9970	1341	502
2010	13625.3	2236.1	859.4
2011	18887.7	2824.6	989
2012	24825.5	3386.4	1192
2013	30610.4	3844.8	1588.9
2014	37047.1	4852	1800.8
2015	42863.7	5785.5	1988.8
2016	48244.6	6571.7	—
2017	55117.2	8788.5	—
2018	—	—	—
2019	—	—	—

资料来源：CSMAR 数字经济研究数据库。

通过对表 3-11 分析发现，2005～2017 年，软件业主营业务收入呈现了稳步增长的趋势，从 3946.5 亿元增加到 55117.2 亿元。这表明软件业在这段时间经历了显著的增长。利润总额也表现出逐年增长的趋势，尽管 2005～2008 年没有提供具体数值，使用"—"表示数据缺失。但利润总额的增长反映了软件公司的管理效率提高、成本控制良好以及市场竞争力的增强。同时，行业内可能发生了一些令利润率提高的变化。2009～2017 年，软件业的利润总额从 1341 亿元增加到 8788.5 亿元，增长明显。从表中可以观察到，税金总额也呈现出逐年增长的趋势。2009 年，税金总额为 502 亿元，而 2017 年该金额达到了 8788. 5 亿元。这显示了软件业对税收贡献的显著增加。这可能是由于不断增加的市场需求、技术创新和数字化转型。

3. 2. 3. 3　软件业的贸易发展历程

软件在各个行业中的应用不断扩大，推动了软件业的整体发展。税金总额的整体增加说明技术产出率越高，意味着数字技术和实体经济的融合发展越好。通过推进新一代数字技术的研究，加大企业对数字的技术的投入，助力数字技术与产业深度融合，以数字经济发展促进实体经济升级（贺远望，2020）。

本书将对 CSMAR 数字经济研究数据库提供的数字产业化中 2005 ~2019 年软件业的主要贸易指标完成情况进行分析，如表 3 -12 所示。

表 3 -12　　2005 ~2019 年规模以上软件业利税指标完成情况　　单位：亿元

年份	电子信息产品进出口总额	电子信息产品出口额	电子信息产品进口额
2005	4913. 1	2710. 9	2227. 5
2006	6550. 4	3675. 7	2907. 4
2007	8070. 5	4621. 2	3472. 0
2008	8864. 3	5231. 1	3642. 1
2009	7719. 0	4572. 0	3147. 0
2010	10159. 2	5941. 3	4250. 0
2011	11303. 5	6623. 8	4691. 0
2012	11873. 1	6985. 6	4892. 4

续表

年份	电子信息产品进出口总额	电子信息产品出口额	电子信息产品进口额
2013	13314. 1	7818. 8	5507. 4
2014	13236. 5	7898. 2	5337. 2
2015	13086. 9	7809. 9	5275. 8
2016	12238. 6	7202. 3	5030. 4
2017	—	—	—
2018	14235. 0	6220. 0	8015. 0
2019	13715. 4	5879. 6	7831. 75

注：表中 2017 年的数据缺失，本书使用“—”来表示。
资料来源：CSMAR 数字经济研究数据库。

通过对表 3 - 12 分析可知，2005 ~ 2015 年，电子信息产品进出口总额呈现出先增加后减少的趋势。2015 年进出口总额为 13086. 9 亿元。然而，2016 年这一数据下降至 12238. 6 亿元。电子信息产品出口额在同一时期内也经历了先增长后降低，2015 年为 7809. 9 亿元，2016 年下降至 7202. 3 亿元。电子信息产品进口额 2005 ~ 2015 年也经历了先增长后降低，2015 年为 5275. 8 亿元。与出口额和进出口总额一样，2016 年的进口额也出现了下降，为 5030. 4 亿元。进出口总额的波动可能受到全球经济状况、国际贸易政策的变化和技术创新等多方面因素的影响。2016 年的下降可能与全球经济不确定性、贸易摩擦或其他国际因素有关。出口额和进口额的波动可能反映了国内外市场需求的变化。例如，出口额下降可能是由于国际市场需求减弱，而进口额下降可能是受到国内需求变化的影响。电子信息产品进出口总额和其组成部分的变化可能受到多种因素的综合影响，包括国际贸易环境、技术创新和国内外市场需求的波动等。

3.2.4 互联网

互联网是由全球范围内数十亿台计算机和其他网络设备连接而成的巨大网络。它通过标准化的通信协议，如传输控制协议/因特网协议（TCP/IP），使得各种设备能够相互通信和交换信息。互联网不仅是连接计算机的网络，还包括连接各种智能设备、传感器和物联网设备的网络。互联网服务包括通过互联网提供的各种服务，如电子邮件、社交媒体、搜索引擎、在线购物、在线支付等。这些服务通过互联网连接用户，并为他们提供各种功能和便利性。在数字产业化中，云服务变得至关重要。这包括云计算、云存储、云数据库等，允许用户通过互联网访问和使用计算资源和存储服务，而无须拥有和维护实际的物理设备。针对物联网设备的服务，涉及从传感器、嵌入式系统中收集的数据，并通过互联网进行通信和分析，以提供智能化的解决方案。利用互联网和数字技术进行市场营销，包括社交媒体营销、搜索引擎优化（SEO）、内容营销等，以推动企业和品牌的数字化转型。

3.2.4.1 中国互联网整体概况

在数字产业化的背景下，这些互联网和相关服务不仅是技术工具，更是推动创新、提高效率、改变商业模式和改善生活方式的关键因素。通过图 3－3，对中国互联网的整体发展情况进行分析。

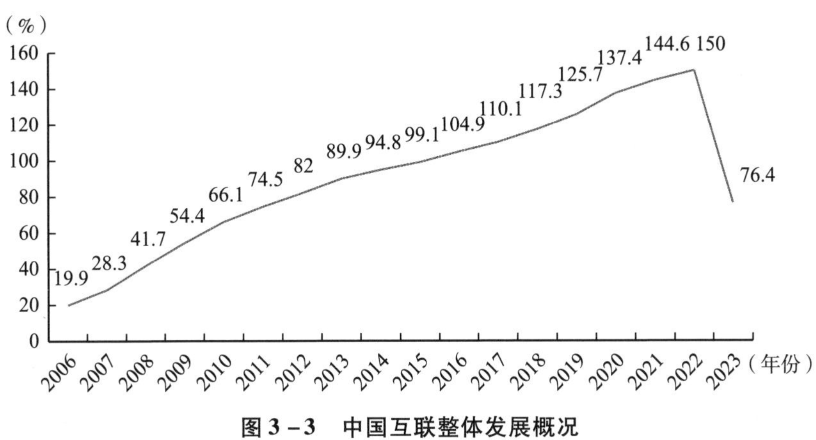

图 3 –3　中国互联整体发展概况

资料来源：作者根据 CSMAR 数字经济研究数据库整理而得。

通过对图 3 –3 分析可知，2006 ~ 2023 年，互联网普及率呈现出明显的上升趋势。这表明在这段时间里，越来越多的人开始使用互联网。到 2015 年，互联网普及率每年都在迅速增长，特别是在 2010 年之后。然而，值得注意的是，2023 年的互联网普及率下降到 76.4%，与之前年份相比出现了明显的降低。2010 ~ 2015 年，互联网普及率增长最为迅猛，这可能反映了这一时期互联网技术普及的推动和人们对数字化服务的迫切需求。2023 年的互联网普及率突然下降可能是由于数据记录或报告的问题，也可能反映了一些特殊的情况，比如互联网服务的中断、统计方法的改变等。在分析时需要注意这个异常值可能带来的影响。尽管 2023 年出现了下降，但整体趋势仍然是上升的。未来的互联网普及率可能会受到技术创新、政策变化和社会因素等多方面的影响。互联网普及率的增长表明数字化社会的发展和人们对互联网的日益依赖。

3.2.4.2 中国互联网网民概况

中国互联网网民是指在中国境内使用互联网的居民。通常用于描述那些通过计算机、智能手机、平板电脑等设备访问互联网的人群。这些个体可能涉足各种在线活动，包括但不限于浏览网页、使用社交媒体、参与在线社区、进行电子商务交易、观看在线视频等。随着互联网在中国的普及和发展，越来越多的人通过各种方式与互联网相连。他们可能具有不同的年龄、职业、教育水平和兴趣爱好，形成了一个多样化且庞大的互联网用户群体。这些互联网网民对于信息传播、社交互动、商业发展等方面都有着重要的影响。政府、企业和社会组织通常会关注和研究中国互联网网民的行为，以更好地了解他们的需求、趋势和反馈，从而更好地适应和引导互联网发展。本书将对 CSMAR 数字经济研究数据库提供的数字产业化中 2006～2022 年中国互联网网民规模整体情况进行分析，如表 3－13 所示。

表 3－13　2006～2022 年中国互联网网民规模整体情况

年份	网民规模（亿人）	农村网民规模（亿人）	农村网民规模占整体网民比例（%）	城镇网民规模（亿人）	城镇网民规模占整体网民比例（%）
2006	1.37	0.23	16.8	1.14	83.1
2007	2.10	0.53	25.0	1.57	74.9
2008	2.98	0.85	28.3	2.13	71.6
2009	3.84	1.07	27.8	2.77	72.2
2010	4.57	1.25	27.3	3.32	72.7

续表

年份	网民规模（亿人）	农村网民规模（亿人）	农村网民规模占整体网民比例（%）	城镇网民规模（亿人）	城镇网民规模占整体网民比例（%）
2011	5. 13	1. 36	26. 5	3. 77	73. 5
2012	5. 64	1. 56	27. 6	4. 08	72. 4
2013	6. 18	1. 77	28. 6	4. 41	71. 4
2014	6. 49	1. 78	27. 5	4. 71	72. 5
2015	6. 88	1. 95	28. 4	4. 93	71. 6
2016	7. 31	2. 01	27. 4	5. 31	72. 6
2017	7. 72	2. 09	27. 0	5. 63	73. 0
2018	8. 29	2. 22	26. 7	6. 07	73. 3
2019	9. 04	2. 55	28. 2	6. 49	71. 8
2020	9. 89	3. 09	31. 3	6. 8	68. 7
2021	10. 32	2. 84	27. 6	7. 48	72. 4
2022	10. 67	3. 08	28. 9	7. 59	71. 1

资料来源：CSMAR 数字经济研究数据库。

通过对表 3 – 13 分析可得，城镇网民规模在整体网民中一直占据主导地位，而农村网民规模逐年增长。城镇网民规模占整体网民比例由 2006 年的 83. 1% 逐渐下降至 2022 年的 71. 1%，显示出城市和农村之间的数字鸿沟逐渐缩小。农村网民规模从 2006 年的 0. 23 亿人增长到 2022 年的 3. 08 亿人，增长幅度显著，占整体网民的比例也从 16. 8% 增加到 28. 9%。这反映了在农村地区互联网的普及程度在逐渐提高。整体网民规模持续增加，从 2006 年的

1. 37 亿人增长到 2022 年的 10. 67 亿人。这表明中国的互联网用户基数庞大，市场潜力广阔。

总体而言，中国互联网的迅速发展和普及反映了技术进步和社会变革。随着农村地区互联网的普及和城市化进程的推进，未来仍然有望看到互联网用户规模的持续增长。

3. 2. 5 共享经济

共享经济是一种经济模式，其核心理念是通过共享资源、服务、信息和技能，促使多方面的参与者能够相互受益。这一模式通过技术平台的搭建，使得个人或组织能够更加高效地利用和分享资源，从而实现资源的最大化利用。共享经济的核心在于共享各种资源，包括物品、空间、技能和服务。通过共享，个人或企业能够更好地利用现有资源，减少浪费，提高效率。

共享经济通常依赖于数字平台和在线技术，通过应用程序和网络连接供需双方。这些平台允许用户交流、合作、交易和分享信息，为共享经济提供了基础设施。共享经济通常是去中心化的，即没有传统意义上的中央控制机构。交易和资源共享往往通过平台上的用户之间的直接交互来完成。共享经济为用户提供按需服务的机会，使其能够根据需要获得特定的产品或服务，而无须拥有这些资源。共享经济模式已经渗透到多个行业，包括共享交通（如打车服务）、共享住宿（如短租房屋）、共享办公空间、共享自行车、共享知识等。共享经济通常建立在社群和信任的基础上。用户之间的互动和评价系统有助于建立信任，促使参与者更加愿意分享和参与。共享经济在改变传统商业模式的同时，也带来了一系列挑战和讨论，涉及法律、隐私、安全、劳工权益等方面的问题。尽管如此，共享经济仍然是一个不断发展和探索的领域，对于社会和经济的影响持续深远。

3.2.5.1　共享经济发展总体概况

共享经济在中国开始崭露头角，主要集中在共享单车领域。2012 年，中国的共享单车服务首次出现。通过智能手机应用，用户可以方便地租用自行车，这一模式在城市中迅速传播。

共享单车在 2015 ~ 2017 年取得了极大的成功。多家共享单车公司竞相进入市场。数以百万计的共享单车投放城市，改变了人们的出行方式。然而，这一时期也出现了一些问题，包括乱停乱放、资源浪费等，导致市场调整和整顿。随着共享单车市场的竞争加剧，共享经济开始向其他领域拓展。共享汽车、共享办公、共享住宿等领域相继兴起。例如，共享办公空间企业如蔚来空间等也逐渐崭露头角。由于共享单车乱象，包括乱停放、过度投放等问题，中国政府开始强化对共享经济的监管。一些共享单车企业破产或退出市场，市场经历了整顿和洗牌的阶段。在政府规范的监管下，中国的共享经济进入了更为成熟和理性的发展阶段。

随后，共享经济的领域不断拓展，包括共享充电宝、共享雨伞、共享雨衣等。同时，一些领域的龙头企业逐渐崭露头角，成为行业的领导者。中国共享经济的发展经历了从单一领域扩展到多元领域，从疯狂竞争到市场整顿再到规范发展的阶段。政府在监管中发挥了重要作用，促使共享经济逐步朝着更加有序和可持续的方向发展。2017～2022 年中国共享经济交易规模整体情况见图 3－4。

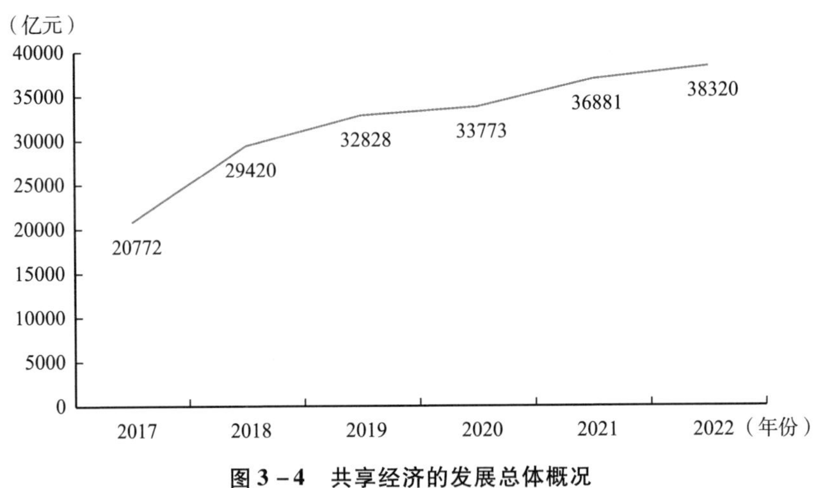

图 3－4　共享经济的发展总体概况

资料来源：CSMAR 数字经济研究数据库。

通过图 3－4 分析可知，2017～2022 年，中国的共享经济交易规模呈现出稳步增长的趋势，从 20772 亿元增长到 38320 亿元。这显示了共享经济在过去几年中的强劲增长。

3.2.5.2　共享经济的部分发展概况

从共享经济整体概况来看，可以将其分为交通出行、共享住宿、知识技能、生活服务、共享办公、生产能力、共享医疗七个部分。通过对每个部分的独立分析，可更全面地了解共享经济的发展状况。2017～2022 年中国共享经济分类交易规模见表 3－14。

表 3－14　　2017～2022 年中国共享经济部分交易规模　　单位：亿元

年份	交通出行	共享住宿	知识技能	生活服务	共享办公	生产能力	共享医疗
2017	2010	120	1382	12924	110	4170	56
2018	2478	165	2353	15894	206	8236	88
2019	2700	225	3063	17300	227	9205	108
2020	2276	158	4010	16175	168	10848	138
2021	2344	152	4540	17118	212	12368	147
2022	2012	115	4806	18548	132	12548	159

资料来源：CSMAR 数字经济研究数据库。

通过表 3－14 分析可知，交通出行交易规模从 2017 年的 2010 亿元增长到 2022 年的 2012 亿元。虽然相对波动较小，但整体趋势依旧保持稳定。共享住宿在 2018 年和 2019 年经历了较大幅度的增长，但在 2020 年略有下降。总体来说，共享住宿的交易规模呈现出一定的波动，但总体上逐年增长。知识技能领域的交易规模从 2017 年的 1382 亿元增长到 2022 年的 4806 亿元，呈现出明显的增长趋势。这可能反映了人们对在线教育和技能分享的不断增长的需求。生活服务领域在过去几年中呈现出较为稳定的增长，从 2017 年的 12924 亿元增长到 2022 年的 18548 亿元。共享办公在 2018 年经历了显著的增长，但在后续年份略有下降。从整体来看，共享办公的发展相对波动，但总体规模较大。这两个领域在表格中的规模相对较小，但从 2017～2022 年都呈现出一定的增长趋势。

总体而言，中国共享经济在各个领域都取得了显著的发展，尤其是在知识技能和交通出行领域。这反映了共享经济在满足人们多样化需求方面的广泛应用。另外，不同领域之间存在一定的发展差异，如知识技能和共享医疗领域增长较快，而共享办公和生活服务相对波动较大。

第 4 章

数实融合的融合模式

数实融合模式是指将数字化技术与实体经济相结合，通过数字化改造和创新来提升实体经济的效率和竞争力，从而推动经济发展的一种模式。数实融合模式的研究可以从不同的视角进行分析。例如，一些学者在研究制造业数字化过程中是基于工业互联网这种工业生产方式的应用进行论述的。但是数实融合涉及的领域是多方面的，所以本书根据数字产业和实体产业的相互融合、相互渗透，将融合模式分为数字产业融入实体产业的融合模式和实体产业融入数字产业的融合模式分别进行研究。

4.1 数字产业融入实体产业的模式

数实融合就是数字经济和实体经济深度融合发展，同时实体经济也对数字产业的发展发挥着重要作用。数字产业融入实体产业的融合模式主要是传统的实体产业在发展过程中注入数字技术从而提高效率促进实体经济的发展，所以在数字产业融入实体产业的融合模式论述中主要从数字化改造、互联网+、数据驱动、平台化运营四个技术应用的视角研究不同的数字化融合模式，可以分为数字型融合模式、互联网+型融合模式、数据驱动型融合模式和平台型融合模式。

4.1.1 数字型融合模式

数字型融合模式是以数字化改造为基础的数字经济和实体经济相融合的模式。通过数字化改造，传统的实体行业可以实现从人工操作向计算机化操作的转变，提高办公效率，降低错误率。本书在探讨数字型融合模式时，通过农业、制造业和服务业三大产业与数字化改造相结合的重要方式即农业互联网、智能制造以及虚拟现实和增强现实进行相关论述。

4.1.1.1 农业物联网

农业物联网是指将传感器、设备、农田和农作物等农业要素通过物联网技术进行连接和互联，实现数据的采集、传输、分析和应用，以提高农业生产效率、降低成本、改善农作物的生长和质量的技术体系。农业物联网在农业数字化改造中的融合是通过不同的方法实现的。

第一，利用农业物联网分析农作物的生长状态和健康状况，让农民及时准确掌握农业生产情况。据托普物联网关于现代农业示范园的介绍显示：为了提高种植效率，山东苍山县现代农业示范园引入了浙江托普农业物联网技术。在所建设的蔬菜大棚中，全部安装了农业物联网监测设备，以实时监测大棚蔬菜的生长环境，包括温度、湿度、光照和二氧化碳浓度等。

第二，农业物联网可以对农产品进行溯源管理，通过物联网技术对农产品的生产、加工和运输等环节进行信息记录和追踪。

第三，农业物联网可以实现农业供应链的数字化管理，包括农产品的采购、仓储、物流和销售等环节的信息化和智能化。通过物联网技术的应用，可以实现农业各环节的数据共享和协同，提高效率和透明度。

第四，农业部门的专业人员使用物联网传感器来增加收成，并在市场上击败其他生产商。据搜狐网报道的物联网应用到农业的五个典型案例可知：在北京顺义区，一个草莓温室配备了物联网技术和大数据分析，使产量提高了 100% 以上。此外，它还将草莓上市时间提前了近三周。数据采集系统使每公斤草莓所需劳动力减少了 50% 。尽管草莓不是中国最大的出口产品之一，但这一智慧农业实例表明，有目的地使用物联网传感器有助于简化流程并与其他国家竞争。

4.1.1.2　智能制造

智能制造是指通过信息技术、物联网、人工智能等技术手段，实现制造业生产过程的数字化、网络化和智能化，包括智能设备、智能工厂、智能供应链等方面的应用和优化。智能制造在制造业数字化改造中扮演着重要的角色。

第一，智能制造利用先进的技术和数字化解决方案，使制造业能够更高效、灵活和智能地生产产品。据海尔官网的《逐梦 40

年，海尔迈向无界共生新未来》报告显示：中国的海尔公司在其智能家居产品中集成了大量的智能化技术，提供了更加智能化、个性化的家居解决方案。

第二，智能制造可以利用自动化技术，如机器人、自动化设备和自动化流程，将生产过程中的人力工作转变为机器的执行从而提高生产效率、降低成本，并减少人为错误和质量问题。除此之外，智能制造通过传感器、物联网和数据分析技术，收集和分析大量的生产数据。通过这些数据分析可以帮助制造商做出更明智的决策，提高生产效率和产品质量。智能制造为企业的发展增添了创新活力，推动企业数字化改造和基础设施建设，促进了实体经济数字化发展。

4.1.1.3 虚拟现实和增强现实

虚拟现实和增强现实可以结合使用，创造出更丰富、更沉浸的体验。同时，虚拟现实和增强现实在数字化改造中的融合主要应用在服务业中。

第一，虚拟服装的应用为服装行业的发展做出了重大贡献。由于网上购物越来越便利，网购服装受到广大消费者的欢迎，但是在购买过程中，并不能像实体店一样进行试穿，所以现在通过虚拟服装，即利用增强现实（AR）技术满足消费者的需求。AR试穿可以使消费者无须亲身体验就能够快速获得其衣物款式和颜色的效果预览，并突破了线下试衣的时间和空间限制。

第二，虚拟现实技术在非物质文化遗产保护数字化中充分实现了数字化改造的融合。例如，虚拟现实展览馆通过虚拟技术将文物等在虚拟环境中再现，从而使用户沉浸在文化体验中。又如，考古学家利用虚拟现实技术重现了古罗马帝国的辉煌，参观者可以通过虚拟现实（VR）眼镜亲身体验古罗马城市的繁华，感受其历史魅力。

除此之外，虚拟技术应用在游戏中，让游戏玩家能够身临其境，满足玩家的体验感需求。虚拟现实和增强现实的结合可以实现数字和实体的融合，为用户提供更丰富、更沉浸的体验。这种融合模式可以在各个领域中创造出新的商业机会和应用场景，推动数字化和实体化的进一步发展。

4.1.2　互联网 + 型融合模式

互联网 + 型融合模式是一种将互联网技术与传统产业相结合的创新模式。本书在探讨互联网 + 型融合模式时，主要通过农业信息化服务、工业互联网以及在线教育和远程医疗三个方面的融合视角进行分析。

4.1.2.1　农业信息化服务

农业信息化服务是指利用信息技术和数据管理系统，对农业生产和管理过程进行数字化和网络化管理，包括农产品信息采集、溯源、质量检测、市场预测等服务。农业信息化服务是“互联网 +”与农业相融合模式下的一个重要方向。

第一，在农业生产环节可以在农田等地方安装传感器和设备，这样可以收集农业生产的数据，这些数据可以实时传输到云平台进行存储和分析，农民和农业专家可以通过手机或电脑等终端设备获取数据并做出决策。

第二，利用农业物联网收集的数据，结合数据分析和人工智能技术，分析农田的实际情况，为农民提供种植、施肥、灌溉、病虫害防治等方面的建议，提高生产效率和农产品质量。例如，在江苏省南京市，一家农业科技公司利用物联网技术为农户提供智能灌溉服务。通过安装土壤湿度传感器和智能控制器，农户可以远程控制灌溉系统，实现精准浇水，有效节约水资源①。

第三，农业信息化可以提供在线平台，提供农业知识、培训和咨询服务。农民可以通过在线课程学习农业技术和管理知识，获取专家的远程咨询和指导。这种数字化的培训和咨询服务可以帮助农民提升技能和管理水平，推动农业的现代化和可持续发展。

4.1.2.2 工业互联网

工业互联网是指将互联网技术应用于工业领域，工业互联网的融合模式主要体现在以下几个方面。

第一，通过在工业设备、传感器和生产环境中安装传感器和设备，实时采集和传输生产过程中产生的各种数据，对这些数据进行存储和分析，从而更好地促进工业的信息传输。

第二，通过运用大数据分析，为生产决策和优化提供支持。例如，通过预测性维护，可以提前发现设备故障并进行维修，避免生产中断。据国家电网官网《新时代 · 新气象 · 新作为》系列

① 胡英华．“南京国家农商区－企业智慧渗灌系统连获创新大赛奖项”［N］．南京日报，2024－08－01.

报道显示：中国国家电网公司利用工业互联网技术对电力设备进行远程监控和维护，降低了能源损耗和设备故障率。

第三，工业互联网也可以实现生产过程的智能化和自动化。通过将设备、机器人和生产线连接到互联网，实现设备之间的协同工作和自动化生产，从而提高企业的生产效率、降低成本和减少人为错误。例如，通用汽车在其工厂中采用了工业互联网解决方案，通过物联网技术和大数据分析，提高了生产效率和产品质量①。

4.1.2.3　在线教育和远程医疗

在线教育是指通过互联网和在线平台，提供教育和培训服务，包括在线课程、远程学习、在线作业和考试等，使学习者可以随时随地进行学习。远程医疗是指利用信息技术和远程通信手段，实现医疗服务的远程诊断、远程监护、远程手术指导等，使医疗资源可以跨时空被有效利用。在线教育和远程医疗是服务产业和数字产业通过互联网模式融合的主要体现。

第一，可以应用在线教育平台，提供教学资源、课程内容和学习工具，让学生通过互联网进行远程学习；同时，在线教育的应用会借助在线互动工具，如实时聊天、讨论论坛和在线作业，促进师生之间的互动和交流，并对学生进行学习成果的评估和反馈。例如：网易云课堂，腾讯课堂等。网易云课堂是网易旗下的在线教育平台，提供了涵盖信息技术（IT）编程、设计创作、职

---

① 夏治斌，石英婧．“25 年打造强大体系力　上海通用汽车驶入新合资时代”［N］．中国经营报，2022 - 07 - 01.

场技能、语言学习、人文社科等领域的课程；腾讯课堂是腾讯推出的在线教育平台，为学生、职场人士等提供了多样化的课程和学习资源。

第二，远程医疗可以通过视频通话、远程图像传输和远程监测设备，使医生与患者进行远程诊断和咨询，提供医疗建议和指导。此外，还可以让医生远程获取患者的健康数据，进行远程监护和干预。例如，在新冠疫情期间，为了减少患者到医院就诊交叉感染的风险，多地推出了在线诊疗咨询服务。患者可以通过互联网平台，与医生进行实时视频通话，咨询病情，获得诊断建议和治疗方案。这种远程医疗方式有效缓解了线下医疗机构的压力，同时也为患者提供了便捷的医疗咨询渠道。

4.1.3 数据驱动型融合模式

数据驱动型融合模式是以数据驱动技术应用为基础的数实融合模式。数据驱动型融合是数字经济和实体经济融合中的一个深度模式，本书通过数据驱动在农业、工业和服务业的应用从农业决策支持系统、供应链数字化以及服务质量监控和改进三个方面进行了论述。

4.1.3.1 农业决策支持系统

农业决策支持系统是基于农业大数据和信息技术，提供农业决策和管理的支持工具，通过数据分析、模型预测等方法，帮助农业从业者做出更科学、准确的决策。农业决策支持系统是数据驱动融合模式下农业与数字经济相结合的重要体现。

第一，农业决策支持系统能够收集和分析农业生产、市场、环境等各方面的数据，通过这些数据帮助决策者了解农业生产情况、市场需求和趋势，从而为决策者提供全面的数据支持，做出更加科学、合理的决策。据中国新闻网的《河南新野：智慧农业赋能麦田管理》报道显示：该项目利用决策支持系统对市场环境进行分析，帮助农民做出更科学的种植和销售决策。通过收集和分析农产品市场的供求信息、价格走势、政策法规等数据，决策支持系统为农民提供了及时、准确的市场情报和预测，帮助他们更好地把握市场机会，规避风险，提高经济效益。

第二，农业决策支持系统利用有价值的信息去揭示农业生产的规律和趋势。此外，运用机器学习、深度学习等人工智能技术对数据进行分析，为决策者提供更为精准的预测和预警。

第三，农业决策支持系统通过提供交互式的决策支持工具，例如可视化界面、模拟模型、预测模型等，帮助决策者更好地理解和应用数据，使决策者可以更加直观地了解数据和模型的结果，从而做出更加准确的决策。

4.1.3.2　供应链数字化

供应链数字化是一种基于互联网、物联网、大数据、人工智能等新一代信息技术，将传统的供应链与数字技术相结合，构建以价值创造为导向、以客户为中心、以数据为驱动的网状供应链体系。数字化供应链可以提高供应链的效率和透明度，实现信息的实时共享、协同合作、供应链可视化和智能化等目标，也能帮助企业实现各个环节的优化和整合，提高业务效率，降低成本，提高企业的竞争力。供应链数字化促进工业和数字技术相融合主要体现在以下几个方面：

第一，供应链数字化可以通过实时数据采集、分析和共享，提升供应链的透明度和协同效率，让企业更好地掌握供应链情况，及时发现和解决问题，提高生产效率和产品质量。并且企业能够更准确地掌握市场需求和资源状况，从而更合理地配置资源，降低生产成本，提高资源利用效率。最能体现供应链数字化应用的就是顺丰速运的数字化转型。顺丰速运采用先进的仓储管理系统，实现货物信息的实时更新和跟踪；然后采用智能分拣系统，实现对货物的快速、准确分拣；通过收集和分析供应链数据，对运营过程进行持续优化；再通过数字化手段提供客户服务，如在线查询、自助下单等。并且积极与电商、制造业等企业进行合作，实现共赢。顺丰速运的供应链数字化实践取得了显著成果，提高了运营效率、降低了成本并提升了客户满意度。

第二，对供应链的各个环节进行数字化改造，包括采购、生产、物流、销售等，提高业务效率和准确性。除此之外，还可以通过与上下游企业、物流企业等构建生态圈，实现数据的共享和互通，提高供应链的协同效率。

4.1.3.3 服务质量监控和改进

服务质量监控和改进是指通过对服务过程和结果进行监测和评估，收集客户反馈和数据，识别问题和改进机会，提高服务质量和客户满意度。服务质量监控和改进通过运用数字技术促进服务业提高服务质量和效率，实现服务业数字化进一步发展。

第一，服务质量监控通过引入数字化技术，如大数据、人工智能等，对服务过程进行实时监控和分析。通过服务质量监控，企业可以及时发现服务中存在的问题和不足，进而采取改进措施，提高服务质量，增强企业的市场竞争力，吸引更多的客户，促进服务业的发展。比如，银行通过监控客户服务满意度、投诉率、业务办理时间等指标，来评估服务质量。据此，银行可以调整窗口布局、优化业务流程、提高员工服务水平等，以提升客户满意度。

第二，通过数字化技术对服务过程进行优化和改进，如利用数据挖掘和分析技术，发现服务中的瓶颈和问题，提出针对性的改进措施。并通过数字化技术推动服务模式的创新，如在线客服、智能推荐等，提高客户满意度。例如，医疗机构通过收集患者满意度调查、医生诊断准确率、医疗事故发生率等数据，对服务质量进行监控。据此，医疗机构可以调整医生排班、加强医疗安全培训、优化就诊流程等，以提高服务质量。

第三，服务质量监控和改进相结合使企业更加了解客户需求，提高服务质量，是服务业发展的重要手段，有助于提升企业形象，促进服务业与数字经济的融合。

4.1.4　平台型融合模式

平台型融合模式是指以平台化运营技术应用为基础的实体经济和数字经济相融合的一种模式。平台化运营是指通过建立统一的平台，整合供需双方的资源和服务，实现多方的交互和合作，提供更便捷、高效和个性化的服务，推动行业的数字化转型和创新发展。平台型融合模式是数实融合模式中不可缺少的一部分。通过农产品电商平台、制造业供应链平台以及共享经济平台将传统的三大产业与数字技术相融合，促进产业数字化进一步发展。本书基于三大产业平台论述平台化运营的融合模式。

4.1.4.1　农产品电商平台

农产品电商平台是指专门提供农产品销售和交易的电子商务平台，通过线上渠道连接农产品的供应商和需求方，实现农产品的在线购买和配送。农产品电商平台是农业实现数字化的重要途径，主要通过以下几个方面实现：

第一，农产品电商平台通过整合电商、物流、营销、品牌等多方面的资源优势，使物联网、区块链、人工智能、大数据等技术能深入农业生产过程中，帮助农民实现从种植到销售全方位标准化的拉动和提升，打造从田间到餐桌的产供销一体化。

第二，农产品电商平台通过线上线下相结合的方式，解决了传统农业销售的难题。线上平台为农民出售农产品打开了销路，比如农民可以通过抖音、小红书等短视频软件来促进自家农产品的销售。线下实体店则提供直观的产品展示和售后服务。这种模式可以更好地满足消费者的需求，提高农产品销售效率，延长农产品产业链，提高农产品附加值。

第三，农产品电商平台通过收集和分析大量数据，能够掌握目标消费群体的消费偏好和消费趋势，并预测生鲜消费的趋势。

这使得平台能够灵活规避市场风险，制定更加精准的营销策略和生产计划。这些措施可以提高农产品的生产效率和质量，满足消费者的需求，推动农产品电商的良性发展。据雪球网《2020Q1 中国农货电商市场案例分析》显示，拼多多农产品电商平台凭借其独特的社交电商模式，结合团购、秒杀等营销手段，降低农产品销售成本，提高农产品流通效率。此外，拼多多还通过产地直供、农货上行等方式，助力农产品品牌打造和农民增收。

4.1.4.2　制造业供应链平台

制造业供应链平台是指通过互联网和信息技术，整合制造业各个环节的供应商、生产商和分销商，实现供应链的协同和优化，提高制造业的生产效率和供应链的灵活性。制造业供应链平台主要通过供应商、生产商和分销商的不同应用实现数实融合。

第一，通过供应链平台，供应商可以实时了解采购方的需求和订单详情，包括订单的发货状态、收货状态、付款状态等，从而更好地掌控订单的执行情况，提高合作过程的透明度。此外，供应商通过平台拓展市场机会，展示自己的产品和服务，吸引更多的潜在客户，与更多的采购方建立合作关系。

第二，生产商可以通过供应链平台实现生产计划的制定和调整，基于市场需求和生产能力进行合理的安排，帮助生产商优化生产流程，提高生产效率和降低成本。此外，生产商也可以利用供应链平台的库存管理功能，实现库存的追踪、预警和调配，从而合理安排和控制库存，避免过量库存和缺货风险，降低库存成本和风险。

第三，通过供应链平台，分销商可以获取实时的市场信息和客户需求，以便更好地了解市场趋势和客户需求，及时调整销售策略。供应链平台也可以帮助分销商提高销售效率，实现销售流程的自动化和智能化。据网易网的《以 AI 企业智能体助力供应链管理，联想集团持续探索供应链可持续发展路径》报道显示：联想集团采用了基于物联网技术的供应链管理系统，实现了对全球供应商和生产环节的实时监控和数据共享。通过该平台，联想集团能够快速响应市场变化，提高产品质量和客户满意度。

4.1.4.3　共享经济平台

共享经济平台是指通过互联网和在线平台，连接资源提供方和需求方，实现资源的共享和利用。这些平台通过共享和交换，使得资源的利用率提高，提供更高效、便捷的服务。共享经济平台是服务业数字化发展过程中的重要应用，主要体现在以下三个方面：

第一，共享经济平台通过提供数字化服务，对传统服务业进行数字化改造。例如，共享单车、共享汽车等共享交通服务，通过手机应用程序（App）实现线上预约、扫码开锁等功能，将传统的交通出行服务转化为数字化服务。

第二，共享经济平台利用大数据、人工智能等技术，实现智能化匹配。通过对用户需求和资源供给的精准匹配，提高服务效率和质量。例如，共享住宿平台通过智能算法为用户推荐合适的房源和房东，实现住宿资源的优化配置。

第三，共享经济平台注重可持续发展，通过减少资源浪费、提高资源利用效率等方式，实现绿色、环保的服务。例如，共享单车通过优化车辆调度和停放管理，减少车辆闲置和乱停乱放现象，提高资源利用效率，促进服务业进一步发展。

4.2　实体产业融入数字产业的模式

数字经济和实体经济的融合不仅包括数字产业融入实体产业，也包括实体产业融入数字产业，实体产业融入数字产业主要发挥了实体产业为数字产业提供基础设施、数据支持、资源需求和创新生态等作用。本书在上述数字产业融入实体产业的融合模式中通过四大技术应用的视角进行分析，在实体产业融入数字产业的融合模式中主要从实体经济对于数字经济的支撑视角进行论述，包括提供基础型融合、支持型融合、需求型融合和创新型融合四大方面。

4.2.1　基础型融合

基础性融合模式是指实体产业为数字产业提供基础设施的一种融合模式，实体经济为数字经济发展提供了物质基础。数字经济发展离不开基础材料、基础元器件、基础工艺、底层基础技术等产业基础能力的支撑。在数实融合的过程中，实体产业在基础设施建设中为数字产业提供支持，通过在不同领域进行融合，从而促进数字产业化。

第一，在通信网络领域，实体产业投资建设了大量的光纤、基站等通信设施，为数字产业提供了高速、稳定、安全的网络环境。实体产业的投资降低了通信设备的成本，进而降低了数字产业的运营成本。降低成本有利于数字产业的发展和推广，促进了数字经济的高速增长，同时，数字经济的发展也推动了实体经济基础设施的完善。

第二，实体产业在能源、交通等领域不断进行技术创新和智能化升级，为数字产业提供优质、高效的基础设施服务。例如，智能电网、自动驾驶等技术在提高能源和交通效率的同时也为数字产业发展创造了有利条件。

第三，实体产业为数字产业提供数据中心建设，数据中心建设为数字产业提供海量数据存储和处理能力。数据中心作为数字产业的重要基础设施，承担着数据存储、计算、传输等关键任务，对数字产业发展具有重要意义。同时，数字产业的发展也为实体产业提供了数据支持。

4.2.2 支持型融合

支持型融合模式是指实体产业为数字产业提供数据支持的一种融合模式。数字经济的发展离不开实体产业，实体产业如制造业、物流、零售等会产生大量数据，为数字化转型和数据驱动决策等提供了丰富的数据资源。实体产业与数字产业在资源方面具有互补性。实体产业积累了大量的原始数据，而数字产业需要这些数据作为其发展的基础。通过为数字产业提供数据支持，实体产业可以充分利用自身积累的数据资源，实现产业转型和升级。实体产业与数字产业的融合体现在以下几个方面：

第一，实体产业在生产、销售、管理等环节积累了大量的原始数据，例如生产设备的数据、销售记录、客户信息等。这些数据对于数字产业的发展具有重要价值。通过数据采集、整合和清洗，实体产业可以为数字产业提供高质量的数据资源。

第二，实体产业可以与数字产业的企业、科研机构等进行数据共享，促进产业链间的协同发展。此外，政府和企业可以推动数据开放，使得各类主体能够获取更多的公共数据，从而为数字产业的发展提供更多的数据支持。

第三，实体产业可以利用数字技术对自身积累的数据进行分析与挖掘，发现潜在的商业价值。通过数据分析，实体产业可以为数字产业提供有针对性的解决方案，推动产业创新和发展。例如，一个零售企业可以收集和分析销售数据、顾客行为数据等，然后将其提供给一家电商公司。这家电商公司可以利用这些数据开发出更精准的推荐算法，提高广告投放效果，提升用户体验和购物转化率。

4.2.3　需求型融合

需求型融合模式是指实体产业为数字产业创造资源需求的融合模式，实体产业是数字服务最大的需求者。例如，智能制造、智能物流、智能农业等领域都产生出大量需求，推动了云计算、大数据、人工智能等技术的发展。实体经济为数字经济的发展创造了大量的资源需求，这两者的融合主要体现在以下几个方面：

第一，实体产业通过技术创新和研发投入，推动产业升级和转型。在这一过程中，实体产业对数字化技术的需求日益增长，为数字产业创造了资源需求。数字产业为实体产业提供智能化解决方案，如大数据分析、云计算、物联网等，进一步促进两者协同发展。

第二，实体产业与数字产业的深度融合，创造出新的业务模式、产品和服务，从而拓展了市场空间。例如，智能制造、智慧城市、无人驾驶等领域的发展，为数字产业创造了更多的资源需求。

第三，实体产业通过数字化手段优化供应链管理，提高运营效率。这需要大量数据支撑，从而为数字产业提供了数据资源需求。实体产业对供应链金融、物流信息化等方面的需求，也为数字产业创造了市场机会。

第四，实体产业在满足消费者多样化需求的过程中，不断进行消费升级。数字产业通过提供个性化、智能化的产品和服务，满足消费者需求，从而创造更高的资源需求。此外，数字产业有助于实体产业拓展国内外市场，进一步增加资源需求。

4.2.4 创新型融合

创新型融合模式是指实体产业为数字产业实现创新生态的一种融合模式。创新型融合模式是指实体产业与数字产业在技术创新、产业协同、商业模式等方面实现深度整合，共同构建一种新的产业生态，从而推动实体产业转型升级和数字产业快速发展。实体经济与数字经济之间的相互作用和融合日益紧密，推动了创新生态的形成，为数字产业发展提供了良好的环境。创新型融合主要体现在以下几个方面：

第一，实体经济通过持续的技术创新和研发投入，推动产业升级和转型。这些技术创新为数字经济提供了丰富的应用场景和发展空间。实体企业与数字经济企业之间的协同发展，有助于加快技术创新在实体经济中的应用，进一步推动产业创新生态的形成。例如，制造业企业可以通过物联网技术实现生产线的智能化升级，提高生产效率和产品质量。

第二，实体经济在生产、销售、物流等环节产生了大量的数据，这些数据为数字经济提供了丰富的资源。数字经济企业通过大数据分析、人工智能等技术手段，对这些数据进行挖掘和分析，为实体经济提供决策支持，从而促进创新生态的发展。

第三，实体经济通过数字化手段优化供应链管理，提高运营效率。数字经济为实体企业提供智能化解决方案，如供应链金融、物流信息化等，进一步促进供应链的协同创新。

第四，实体经济通过培育创新人才，为数字经济提供有力支撑。实体企业通过与高校、科研机构等合作，培养具有创新精神和实践能力的复合型人才，为数字经济的发展提供强大的人力资源支持。同时，实体企业也可以借此机会引入数字技术，提高自身的创新能力。

第 5 章

基于投入产出方法的数实融合测度体系

5.1　数实融合的测度体系

数实融合程度反映数字产业和实体产业之间的相互融合程度，而这种相互融合程度可以用两个产业之间的投入和产出关系进行衡量。投入产出表可反映经济所有部门中任意两个部门的投入产出关系。故此，基于投入产出关系，本章运用投入产出模型，构建融合量度、融合强度和融合效度（融合三度），测度数实融合程度，并分析中国数实融合的发展态势。

5.1.1　融合量度

融合量度是指将产业链延伸程度和供应链支撑程度结合起来考量的一种测度方法。产业链延伸程度是指一个产业的价值链在上下游环节的延伸程度，即涉及该产业的各个环节的程度。供应链支撑程度是指供应链中的各个环节对于产业发展的支撑程度。融合量度能够综合考虑产业链延伸程度和供应链支撑程度，从而更全面地评估一个产业的发展情况。

融合量度是用来衡量融合的数量规模的指标，它可以通过计算某产业中数字产业的投入量来反映融合的程度。融合量度越高，说明数字产业在该产业的生产中所占比重越大。换言之，高融合量度意味着在该产业中投入的数字产业更多。

$$融合量度 = \sum_{j=1}^{n}\sum_{i=1}^{m} X_{数字产业i,\ 制造业j}(i=1,\ 2,\ \cdots,\ m;\ j=1,\ 2,\ \cdots,\ n) \tag{5-1}$$

其中，i 为数字产业包含的部门，数字产业的衡量采用的是在 45 个部门的投入产出表中的“电信公司、信息技术和其他服务”。j 为实体产业包含的部门，实体产业包括制造业、农业、建筑业以及其他工业。具体反映到 45 个部门的投入产出表中剔除掉反映数字产业的电信公司、信息技术和其他服务，其余部门即可反映实体产业的部门。

5.1.2　融合强度

融合强度又称规模效应强度，竞争效应强度。融合强度是指在产业整合过程中融合效果的强度。它由规模效应强度和竞争效应强度组成。规模效应强度是指融合后形成的产业规模扩大所带来的效果和程度。大规模产业融合可以实现资源优化配置，提高生产效率，降低成本，并促进技术进步和创新。竞争效应强度是指在融合后产业结构变动中，市场竞争程度的影响。融合可能导致市场竞争减弱或加剧，进而影响产业绩效和创新能力。

融合强度可以衡量某产业单位产品中数字产业的数量，制造业融合强度的提高表明数字产业对单位产业产品的贡献度增加。据研究表明，产业融合强度与数字产业的贡献度呈正相关关系①。融合强度反映了数字产业在各产业中的整合程度，数字产业越多地参与到产业产品中，产业融合强度就越高。因此，融合强度的提高意味着数字产业对该产业产品的贡献度也相应增加。

综上所述，融合强度可以作为衡量数字产业贡献度的指标，通过提高融合强度，可以实现数字产业对其他产业的更高贡献。

$$\text{融合强度} = \frac{\sum_{j=1}^{n}\sum_{i=1}^{m} X_{\text{数字产业}i,\ \text{制造业}j}}{\sum_{j=1}^{n} X_{\text{制造业}j}}\ (i=1,\ 2,\ \cdots,\ m;\ j=1,\ 2,\ \cdots,\ n) \tag{5-2}$$

其中，分子部分的计算与融合量度是一致的。分母部分可看作实体产业的总和，而实体产业的总和是指45个部门投入产出表中剔除数字产业（电信公司、信息技术和其他服务）后所有部门之和。

5.1.3 融合效度

融合效度被用来衡量B部门对A部门生产的投入结构中，高级要素部门和低级要素部门的相对重要性。制造业的融合效度越

① 王娟娟，余千军．我国数字经济发展水平测度与区域比较［J］．中国流通经济，2021，35（8）．

高就意味着在产业生产中，技术密集型数字产业的投入占比越高，而劳动密集型产业的投入占比越低。这是因为效度反映了某产业对高级要素和低级要素的综合利用能力。在这个背景下，技术密集型数字产业的投入占比高意味着该产业的技术水平较高，而劳动密集型产业的投入占比高则意味着该产业的技术水平较低。因此，融合效度可以用来评估某产业的技术水平和发展趋势。

除了衡量产业的技术投入占比，融合效度还可以用来评估其他方面，例如技术升级水平和价值链提升水平。（1）技术升级水平：融合效度可以用来衡量产业的技术升级水平。如果制造业在生产过程中大量投入高级要素，如技术、人才等，则说明该产业的技术升级水平较高，能够通过技术创新和研发来提高产品附加值和市场竞争力。相反，如果产业主要依靠低级要素来生产，如劳动力、资源等，则其技术升级水平较低。（2）价值链提升水平：融合效度还可以用来评估产业的价值链提升水平。如果某产业在生产过程中大量投入高级要素，则说明该产业的价值链提升水平较高，能够通过技术创新和研发来提高产品附加值和市场竞争力。相反，如果该产业主要依靠低级要素来生产，则其价值链提升水平较低。综上所述，融合效度可以用来评估产业的技术升级水平和价值链提升水平，从而帮助企业更好地了解自身的发展趋势和未来发展方向。

$$\text{融合效度} = \text{应用型数字产业投入} / \text{基础型数字产业投入} \tag{5-3}$$

投入产出表中数字产业涵盖了五个部门：即软件服务、信息技术服务、电信广播电视、信息传输服务、互联网和相关服务投入。按照应用型数字产业投入和基础型数字产业投入分类，软件服务和信息技术服务属于应用型数字产业，电信广播电视、信息传输服务、互联网和相关服务投入属于基础型数字产业。

5.2 数字产业融入实体产业的程度

本书以投入产出表来分析产业间的融合量度、融合强度、融合效度。

参考彭徽和匡贤明（2018）合并方法，本书采用增加时间序列和合并产业的方法，即汇总2002～2020年中国各部门投入产出表，将2002～2020年的部门（其中2002年123个、2007年135个、2010年42个、2012年139个、2015年42个、2017年149个、2018年149个、2020年149个）按照部门相同或相近的原则，全部合并为2005年的42个部门。例如，2002年的农业，林业，木材及竹材采运业，畜牧业，渔业和农、林、牧、渔服务业五个部门按照2005年的标准合并为统一的农业部门。新42个部门投入产出表的合并方法（以2017年为例）如表5-1所示。

表5-1　2017年部门以2005年部门为例进行产业合并的方法

2005年编号	2017年编号	2005年部门（标准）
1	1、2、3、4、5	农业
2	6	煤炭开采和洗选业
3	7	石油和天然气开采业
4	8、9	金属矿采选业

续表

2005 年编号	2017 年编号	2005 年部门（标准）
5	10、11	非金属矿采选业
6	12 ~ 26	食品制造及烟草加工业
7	27 ~ 31	纺织业
8	32、33、34	服装皮革羽绒及其制品业
9	35、36	木材加工及家具制造业
10	37 ~ 40	造纸印刷及文教用品制造业
11	41、42	石油加工、炼焦及核燃料加工业
12	43 ~ 58	化学工业
13	59、60	非金属矿物制品业
14	61 ~ 65	金属冶炼及压延加工业
15	66、67、68、97	金属制品业
16	69 ~ 76	通用、专用设备制造业
17	77 ~ 81	交通运输设备制造业
18	82 ~ 87	电气、机械及器材制造业
19	88 ~ 93	通信设备、计算机及其他电子设备制造业
20	94	仪器仪表及文化办公用机械制造业
21	95	其他制造业
22	96	废品废料
23	98	电力、热力的生产和供应业
24	99	燃气生产和供应业
25	100	水的生产和供应业
26	101 ~ 104	建筑业
27	107 ~ 117	交通运输及仓储业
28	118	邮政业
29	121 ~ 125	信息传输、计算机服务和软件业
30	105、106	批发和零售贸易业
31	119、120	住宿和餐饮业
32	126、127、128	金融保险业
33	129	房地产业

续表

2005 年编号	2017 年编号	2005 年部门（标准）
34	130、131	租赁和商务服务业
35	132	科学研究事业
36	133、134	综合技术服务业
37	135、136、137	水利、环境和公共设施管理业
38	138、139	居民服务和其他服务业
39	140	教育
40	141、142、148	卫生、社会保障和社会福利事业
41	143～147	文化、体育和娱乐业
42	149	公共管理和社会组织

注：表中部门序号，详见 2017 年投入产出表部门编号。
资料来源：以上数据均来自国家统计局，后经作者整理所得。

5.2.1 融合量度

本节主要探讨了 2002～2020 年各行业中信息传输、计算机服务和软件业的使用量。为了统一分析，我们将各行业的投入产出表进行了整理，并在表中找到了信息传输、计算机服务和软件业这一行业对应的产业产出。然而，在汇总过程中会遇到一些部门无法分开的情况。举例来说，2002 年、2005 年、2010 年的其他制造业和废品废料，2015 年的邮政业和交通运输及仓储业部门及 2015 年的科学研究事业综合技术服务业被合并在一起。如果按照 2005 年的分类标准，我们应该将它们分开。由于无法确定划分标准，本书选择按照原先的部门将数据合并在一起。表 5－2 中融合量度数据表示这一年所有部门对应的信息传输、计算机服务和软件业的使用总量。42 个部门产业的融合量度汇总数据如表 5－2 所示。

表5－2　　42个部门产业融合量度汇总　　单位：亿元

部门	部门编号	2002年	2005年	2007年	2010年	2012年	2015年	2017年	2018年	2020年
农业	1	44.18	57.04	173.33	223.84	87.93	103.28	159.06	424.20	238.04
煤炭开采和洗选业	2	39.35	89.66	26.82	51.15	23.61	52.14	22.79	72.11	32.12
石油和天然气开采业	3	20.31	36.06	17.85	18.41	11.00	7.54	12.54	15.35	13.08
金属矿采选业	4	5.13	11.54	8.65	16.05	40.59	83.38	39.44	51.29	38.71
非金属矿采选业	5	44.43	81.33	52.69	11.19	16.57	48.90	27.71	41.91	32.51
食品制造及烟草加工业	6	62.26	104.97	74.40	120.02	84.48	118.61	269.43	619.93	298.55
纺织业	7	89.28	89.38	92.30	52.21	76.78	60.31	70.80	135.09	104.69
服装皮革羽绒及其制品业	8	39.07	140.08	20.14	105.73	19.55	101.97	126.37	230.73	174.84
木材加工及家具制造业	9	36.95	59.86	34.79	54.06	32.92	69.03	49.27	140.59	70.22
造纸印刷及文教用品制造业	10	27.92	48.02	31.73	50.03	50.16	102.13	116.86	216.07	216.85
石油加工、炼焦及核燃料加工业	11	24.52	32.37	84.56	92.38	12.39	33.79	13.31	50.88	29.73
化学工业	12	155.47	212.93	197.10	299.20	177.10	278.38	535.74	1166.79	749.60
非金属矿物制品业	13	52.90	231.43	41.98	79.77	97.91	245.66	14.95	32.66	18.83
金属冶炼及压延加工业	14	97.12	186.79	543.18	655.48	74.66	140.74	99.14	319.72	151.81
金属制品业	15	158.55	231.52	60.49	66.09	89.39	160.53	137.81	310.50	224.47
通用、专用设备制造业	16	137.29	319.59	87.67	207.73	174.09	342.80	289.14	494.10	486.70

续表

部门	部门编号	2002 年	2005 年	2007 年	2010 年	2012 年	2015 年	2017 年	2018 年	2020 年
交通运输设备制造业	17	106.69	212.15	56.42	115.86	52.12	88.89	179.01	451.02	305.22
电气、机械及器材制造业	18	116.23	278.66	66.70	131.59	80.84	139.50	214.40	520.84	389.12
通信设备、计算机及其他电子设备制造业	19	84.78	217.64	326.10	492.34	366.16	628.46	1746.65	2146.61	2615.72
仪器仪表及文化办公用机械制造业	20	36.83	39.73	16.09	27.26	18.06	36.13	41.57	82.04	69.20
其他制造业	21	8.10	48.00	33.82	63.62	3.91	8.22	3.97	17.45	6.28
废品废料	22			0.91		11.33	26.93	5.64	9.69	9.70
电力、热力的生产和供应业	23	35.15	97.15	179.95	256.59	149.10	325.37	256.86	481.00	471.47
燃气生产和供应业	24	5.56	8.77	1.44	3.17	4.44	20.37	15.81	22.91	37.86
水的生产和供应业	25	13.05	24.21	4.45	6.42	14.72	44.03	15.28	24.98	36.40
建筑业	26	1115.94	1335.52	939.35	1480.21	1723.81	3268.75	2903.22	4096.73	3943.13
交通运输及仓储业	27	120.17	192.39	285.17	344.82	501.02	886.58	1449.18	2243.67	2984.46
邮政业	28	14.72	16.65	12.66	25.85	75.19		316.56	847.72	651.72
信息传输、计算机服务和软件业	29	108.64	249.73	340.32	732.50	3102.96	5039.12	9256.93	13136.81	19410.50
批发和零售贸易业	30	366.45	570.37	317.24	330.90	223.88	413.65	693.74	3075.73	1126.63

续表

部门	部门编号	2002年	2005年	2007年	2010年	2012年	2015年	2017年	2018年	2020年
住宿和餐饮业	31	57.67	79.09	57.05	66.32	97.13	114.48	220.15	446.08	318.92
金融保险业	32	321.09	559.92	494.39	919.13	1575.83	2041.70	3064.14	5100.10	4150.22
房地产业	33	41.76	40.88	41.93	118.31	175.52	282.45	451.24	674.43	870.77
租赁和商务服务业	34	71.87	188.44	42.22	80.55	176.99	424.42	685.85	1161.70	1442.18
科学研究事业	35	37.71	18.01	7.38	18.03	114.82	168.75	131.20	245.55	312.09
综合技术服务业	36	29.39	114.15	20.40	44.46	0.00		483.18	886.32	1133.28
水利、环境和公共设施管理业	37	15.21	23.37	14.23	40.02	60.85	111.02	126.07	139.95	186.44
居民服务和其他服务业	38	37.26	53.22	34.21	40.49	70.55	94.73	125.46	187.44	180.51
教育	39	89.56	122.53	183.23	121.04	309.92	368.14	542.65	850.54	1076.06
卫生、社会保障和社会福利事业	40	31.81	103.87	147.74	147.08	276.60	387.25	671.08	990.02	1064.97
文化、体育和娱乐业	41	66.59	111.97	38.94	39.75	84.89	127.04	178.45	300.87	289.56
公共管理和社会组织	42	305.94	494.05	349.40	448.00	924.05	1331.40	2287.06	4041.51	4910.93
融合量度	—	4272.88	7133.07	5559.40	8197.63	11263.8	18326.6	28049.7	46503.6	50874.1

资料来源：以上数据均来自国家统计局，后经作者整理所得。

本书对2020年各行业总产出进行排序，并选取总产出最高的5个行业进行数据分析，分别是建筑业、化学工业、批发和零售贸易业、农业和食品制造及烟草加工业。

从表5-2融合量度可以看出，建筑业在2002年的融合量度为1115.94亿元，而在2020年这个数字增长了近3倍，达到了3943.13亿元，这表明建筑业的融合量度在过去的十几年有较小的幅度增长；化学工业在2002年的融合量度为155.47亿元，而在2020年这个数字增长了近4倍，达到了749.60亿元，这表明化学工业的融合量度在过去的十几年有小幅度的增长；批发和零售贸易业在2002年的融合量度为366.45亿元，而在2020年这个数字增长了近2倍，达到了1126.63亿元。这表明批发和零售贸易业的融合量度在过去的十几年有增长幅度但不明显；农业在2002年的融合量度为44.18亿元，而在2020年这个数字增长了近4.3倍，达到了238.04亿元。这表明农业的融合量度在过去的十几年有小幅增长。食品制造及烟草加工业在2002年的融合量度为62.26亿元，而在2020年这个数字增长了近4倍，达到了298.55亿元，这表明食品制造及烟草加工业对融合量度在过去的十几年有较小幅度的增长。

各行业在过去十几年的融合量度增长情况不尽相同。建筑业、批发和零售贸易业以及食品制造及烟草加工业的融合量度增长幅度相对较小，而农业增长幅度不明显。

5.2.1.1 融合量度部门细化分析

根据表5-2中的融合量度数据，从以下几个角度对42个部门进行分析：

（1）时间序列数据分析。

2002～2020 年，总体的融合量度由最初的 4272.88 亿元增长到了 50874.08 亿元，说明数字经济和实体产业的融合速度发展较快，虽然在 2007 年存在下降的波动，但并不影响总体的融合量度呈现上升趋势，体现出各产业部门对信息传输、计算机服务和软件业的使用量在不断加大。

（2）部门投入产出分析。

第一，农业部门归为第一产业部门，2002～2010 年，其对信息传输、计算机服务和软件业的使用量是逐渐递增的，但是 2010 年后出现下降趋势，波动比较大，到 2018 年达到最高值 424.2 亿元。总体来说，农业部门对于信息传输、计算机服务和软件业的使用量是不稳定的，但是从产业角度分析看第一产业的融合量度基数小，变动对总体的影响不大。

第二，燃气生产和供应业与建筑业同归为第二产业，但是两者对于信息传输、计算机服务和软件业的使用量是截然不同的。燃气生产和供应业对于信息传输、计算机服务和软件业的使用量不超过 40 亿元，而建筑业对于信息传输、计算机服务和软件业的使用量最低不低于 900 亿元。因此，两者虽都归为第二产业，但是生产性质不同，对于数字经济的运用也是不同的。

第三，水利、环境和公共设施管理业归于第三产业，对于信息传输、计算机服务和软件的使用量比较大，主要原因是近年来随着科技的发展，政府对于公共和社会组织的管理与数字经济联系更为密切。

5.2.1.2 融合量度产业汇总分析

我国一、二、三产业的划分是根据经济活动的性质和职能来进行的。一、二、三产业分别代表着农业、工业和服务业。

第一产业：农业、林业、牧业、渔业等属于第一产业（也称为农、林、牧、渔业），主要从事原材料的生产和基本食品的生产，以及与自然资源有关的生产活动。第二产业：工业和制造业属于第二产业，包括采矿业、制造业、建筑业等。这一产业主要进行物质产品的加工和转化，以及基础设施的建设。第三产业：服务业属于第三产业，包括批发零售业、交通运输业、金融业、餐饮业、教育业、医疗保健业、信息技术业等。这一产业提供了各种服务和非物质产品，为人们的生活和经济活动提供支持。

在当代的发达国家和地区，第三产业在国民经济中占据了主导地位，而第一产业的比重相对较小。这是因为随着经济的发展和城市化的加速，人们越来越依赖于服务业和技术创新。但是，在一些发展中国家和农业相对发达的地区，第一产业仍然占据了重要地位。表5－3为2002～2020年一、二、三产业对信息传输、计算机服务和软件业的使用量。

表5－3　2002～2020年一、二、三产业对信息传输、计算机服务和软件业的使用量

单位：亿元

产业	2002年	2005年	2007年	2010年	2012年	2015年	2017年	2018年	2020年
第一产业	44.18	57.04	173.33	223.84	87.93	103.28	159.06	424.20	238.04
第二产业	2633.04	4329.79	3284.74	4801.37	3906.69	7319.13	8656.89	13994.66	13511.27
第三产业	1595.66	2746.24	2101.33	3172.42	7269.18	10904.14	19233.76	32084.78	37124.77

资料来源：以上数据均来自国家统计局，后经作者整理所得。

依据表 5 - 3，绘制了 2002 ~ 2020 年一、二、三产业对信息传输、计算机服务和软件业的使用量变化，如图 5 - 1 所示。

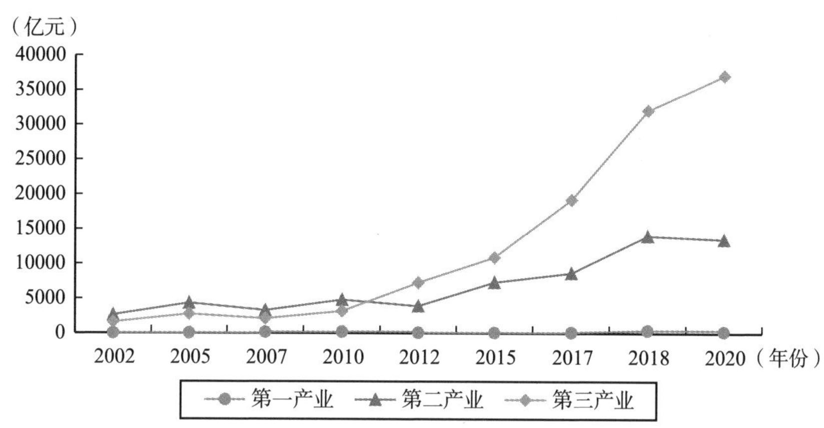

图 5 - 1　一、二、三产业对信息传输、计算机服务和软件业的使用量变化

由图 5 - 1 可知，第一产业相对于第二、第三产业对信息传输、计算机服务和软件业的使用量较少，并保持稳定状态。这是因为第一产业主要涉及原材料的生产和基本食品的生产，与数字经济的关系较为疏远。第二产业 2002 ~ 2010 年的融合量度高于第三产业，但在 2010 年之后逐渐落后于第三产业。这可能是由于在这段时间里，制造业对信息传输、计算机服务和软件业的需求增长较快，但随着时间的推移，服务业对数字经济的需求增长更为迅速。第三产业从 2010 年后对信息传输、计算机服务和软件业的使用量越来越多，并保持快速增长的状态。这表明服务业与数字经济的融合程度更高，两者之间关系更为紧密。总体而言，第三产业在数字经济中的使用量和融合程度更高，而第二产业在某些时期可能较为接近第三产业，但总体趋势上仍然较为落后。第一产业对数字经济的需求相对较小，与数字经济的融合程度较低。这反映出了服务业与数字经济之间的紧密联系。

5.2.2 融合强度

本节主要探讨了2002~2020年各年信息传输、计算机服务和软件业的投入量在当年总投入量中的占比。为了统一分析，我们将各行业的投入产出表进行了汇总。2002年、2005年、2010年的其他制造业和废品废料，2015年的邮政业和交通运输及仓储业部门及2015年的科学研究事业综合技术服务业被合并在一起。由于无法确定划分标准，本书选择按照原先的部门将数据合并在一起。表5-4中融合强度数据表示这一年所有产业对应的融合强度。

从表5-4融合强度可以看出，建筑业在2002年的融合强度为0.03967，而在2020年融合强度缩小了近65%，达到了0.01379；化学工业在2002年的融合强度为0.00721，而在2020年融合强度缩小了51%，达到了0.00349；批发和零售贸易业在2002年的融合强度为0.02137，而在2020年融合强度缩小了65%，达到了0.00752；农业在2002年的融合强度为0.00155，而在2020年融合强度增长了15%，达到了0.00179；食品制造及烟草加工业在2002年的融合强度为0.0043，而在2020年融合强度缩小了44%，达到了0.00239；各行业在过去十几年的融合强度增长情况也不尽相同。建筑业、化学工业、食品制造及烟草加工业以及批发和零售贸易业的融合强度均有所减少。然而，农业的融合强度增长了15%，这表明农业在过去十几年中取得了一定的成就。

表5-4　2002~2020年42个部门产业融合强度

部门	部门编号	2002年	2005年	2007年	2010年	2012年	2015年	2017年	2018年	2020年
农业	1	0.00155	0.00145	0.00355	0.00323	0.00098	0.00097	0.00144	0.00381	0.00179
煤炭开采和洗选业	2	0.00981	0.01132	0.00278	0.00254	0.00105	0.00229	0.00104	0.00305	0.00137
石油和天然气开采业	3	0.00622	0.00597	0.00187	0.00158	0.00090	0.00089	0.00108	0.00119	0.00122
金属矿采选业	4	0.00353	0.00363	0.00141	0.00141	0.00325	0.00602	0.00340	0.00464	0.00351
非金属矿采选业	5	0.02794	0.03496	0.01368	0.00208	0.00261	0.00556	0.00308	0.00436	0.00314
食品制造及烟草加工业	6	0.00430	0.00406	0.00178	0.00178	0.00096	0.00104	0.00214	0.00535	0.00239
纺织业	7	0.00681	0.00564	0.00256	0.00160	0.00143	0.00138	0.00187	0.00348	0.00271
服装皮革羽绒及其制品业	8	0.01542	0.01146	0.00280	0.00438	0.00157	0.00256	0.00334	0.00602	0.00472
木材加工及家具制造业	9	0.00936	0.00994	0.00316	0.00359	0.00176	0.00268	0.00192	0.00526	0.00265
造纸印刷及文教用品制造业	10	0.00396	0.00443	0.00213	0.00241	0.00171	0.00261	0.00297	0.00524	0.00506
石油加工、炼焦及核燃料加工业	11	0.00403	0.00257	0.00401	0.00306	0.00031	0.00088	0.00035	0.00113	0.00073
化学工业	12	0.00721	0.00741	0.00318	0.00321	0.00088	0.00178	0.00261	0.00531	0.00349
非金属矿物制品业	13	0.00911	0.00868	0.00184	0.00199	0.00210	0.00382	0.00167	0.00339	0.00197
金属冶炼及压延加工业	14	0.00632	0.00594	0.00889	0.00799	0.00068	0.00125	0.00095	0.00275	0.00126
金属制品业	15	0.02013	0.02178	0.00235	0.00270	0.00214	0.00363	0.00250	0.00507	0.00341
通用、专用设备制造业	16	0.01235	0.01274	0.00279	0.00314	0.00273	0.00397	0.00418	0.00681	0.00607

续表

部门	部门编号	2002年	2005年	2007年	2010年	2012年	2015年	2017年	2018年	2020年
交通运输设备制造业	17	0.01106	0.01207	0.00171	0.00197	0.00081	0.00108	0.00207	0.00502	0.00354
电气、机械及器材制造业	18	0.01632	0.01682	0.00246	0.00287	0.00162	0.00217	0.00356	0.00814	0.00558
通信设备、计算机及其他电子设备制造业	19	0.00653	0.00776	0.00792	0.00870	0.00565	0.00759	0.01827	0.02074	0.02397
仪器仪表及文化办公用机械制造业	20	0.01243	0.01105	0.00330	0.00382	0.00330	0.00471	0.00489	0.00855	0.00712
其他制造业	21	0.01042	0.01284	0.00547	0.00466	0.00156	0.00224	0.00106	0.00406	0.00141
废品废料	22			0.00021		0.00148	0.00610	0.00085	0.00113	0.00098
电力、热力的生产和供应业	23	0.00444	0.00527	0.00572	0.00587	0.00306	0.00552	0.00462	0.00746	0.00674
燃气生产和供应业	24	0.01528	0.01178	0.00130	0.00142	0.00142	0.00351	0.00292	0.00388	0.00466
水的生产和供应业	25	0.02305	0.02509	0.00378	0.00369	0.00865	0.01750	0.00614	0.00807	0.00895
建筑业	26	0.03967	0.03138	0.01498	0.01446	0.00897	0.01619	0.01269	0.01531	0.01379
交通运输及仓储业	27	0.00853	0.00787	0.00900	0.00718	0.00839	0.01089	0.01536	0.02153	0.02739
邮政业	28	0.02883	0.02543	0.01733	0.02055	0.03398		0.03866	0.10068	0.05948
信息传输、计算机服务和软件业	29	0.01970	0.02510	0.03393	0.04343	0.12370	0.13295	0.16376	0.18907	0.20109
批发和零售贸易业	30	0.02137	0.02396	0.01100	0.00769	0.00310	0.00393	0.00599	0.02298	0.00752

续表

部门	部门编号	2002年	2005年	2007年	2010年	2012年	2015年	2017年	2018年	2020年
住宿和餐饮业	31	0.00807	0.00769	0.00385	0.00306	0.00416	0.00383	0.00578	0.00985	0.00738
金融保险业	32	0.04390	0.05456	0.02538	0.02847	0.02670	0.02314	0.03248	0.04712	0.03376
房地产业	33	0.00568	0.00399	0.00284	0.00393	0.00419	0.00485	0.00577	0.00733	0.00816
租赁和商务服务业	34	0.01384	0.01825	0.00358	0.00370	0.00514	0.00704	0.00955	0.01387	0.01498
科学研究事业	35	0.01468	0.01383	0.00128	0.00576	0.00448	0.00509	0.00895	0.01281	0.01348
综合技术服务业	36	0.00379	0.02450	0.00063	0.00497	0.00448		0.01328	0.02064	0.02180
水利、环境和公共设施管理业	37	0.00763	0.01223	0.00659	0.00923	0.00987	0.01277	0.01363	0.01625	0.01648
居民服务和其他服务业	38	0.00843	0.00807	0.00391	0.00340	0.00449	0.00470	0.00465	0.00690	0.00601
教育	39	0.01423	0.01342	0.01402	0.00747	0.01407	0.01215	0.01476	0.01898	0.02021
卫生、社会保障和社会福利事业	40	0.00770	0.01116	0.01328	0.00882	0.01305	0.01146	0.01574	0.02267	0.02073
文化、体育和娱乐业	41	0.03781	0.04095	0.01100	0.00806	0.01212	0.01308	0.01302	0.01805	0.01858
公共管理和社会组织	42	0.03195	0.03856	0.02209	0.01782	0.02783	0.03026	0.04200	0.05599	0.06289

注：1. 表中的合并数据是因为该年份这两个行业没有单独划分，只能一起计算融合强度。
2. 本书对2020年各行业总产出进行排序，并选取总产出最高的5个行业进行数据分析。
资料来源：以上数据均来自国家统计局，后经作者整理。

5.2.2.1 融合强度部门细化分析

根据表5-4中的融合强度数据，从以下几个角度对42个部门进行分析：

（1）时间序列数据分析。

2002~2020年，各个产业的融合强度均有变动，但总体上是呈现上升趋势的。融合强度主要是信息传输、计算机服务和软件业的投入量在当年总投入量中的占比，说明整体对于信息传输、计算机服务和软件业的投入量是增加的。

（2）部门投入产出分析。

第一，农业部门为第一产业，与公共管理和社会组织部门相比，农业部门的融合强度是相对较低的，但是与石油和天然气开采业相比，在2007年以后，农业部门的融合强度总体上高于石油和天然气开采业。

第二，由表5-4可知，第二产业的融合强度总体是呈下降趋势的，在2002年时，建筑业与其他的第二产业部门相比融合强度最高，到2020年后低于交通运输及仓储业，但相比其他第二产业部门是较高的，这反映了建筑业在信息传输、计算机服务和软件业的投入上发生了变化。纵观煤炭开采和洗选业等第二产业26个部门，总体上的融合强度是下降的。

第三，住宿和餐饮业与公共管理和社会组织同为第三产业部门，但是2002~2020年住宿和餐饮业的融合强度没有发生很大变动，而公共管理和社会组织呈现先下降后上升的幅度变动。由此可见，住宿和餐饮业对第三产业的融合强度变化影响较小，而公共管理和社会组织对于第三产业的融合强度变化影响较大。

5.2.2.2　融合强度产业汇总分析

对于融合强度产业的分析，同样遵循我国产业结构的划分原则，即按照第一产业，第二产业及第三产业进行详细的归类与分析，以确保分析的全面性和准确性。表5－5显示了我国2002～2020年一、二、三产业对信息传输、计算机服务和软件业的融合强度。

表5－5　2002～2020年一、二、三产业对信息传输、计算机服务和软件业的融合强度

产业	2002年	2005年	2007年	2010年	2012年	2015年	2017年	2018年	2020年
第一产业	0.00155	0.00145	0.00355	0.00323	0.00098	0.00097	0.00144	0.00381	0.00179
第二产业	0.29422	0.29241	0.11105	0.09807	0.06896	0.11783	0.10551	0.16694	0.14778
第三产业	0.26760	0.32169	0.17071	0.17635	0.29136	0.26523	0.38801	0.56319	0.51255

通过表5－5各产业数据，绘制2002～2020年一、二、三产业融合强度变化曲线图，如图5－2所示。

由图5－2可知，第一产业融合强度平稳，且数值低；第二产业的融合强度从2002年起一直是呈下降趋势，2012年后波动起伏，总体呈上升趋势；第三产业在2002年的时候是低于第二产业的，但是后面与第二产业的距离越来越大，并且一直高于第二产业，尤其是在2015～2018年，上升的幅度很大，但是在2018年后也呈下降趋势。总体来说，第三产业的融合强度大于第二产业，第一产业最低。

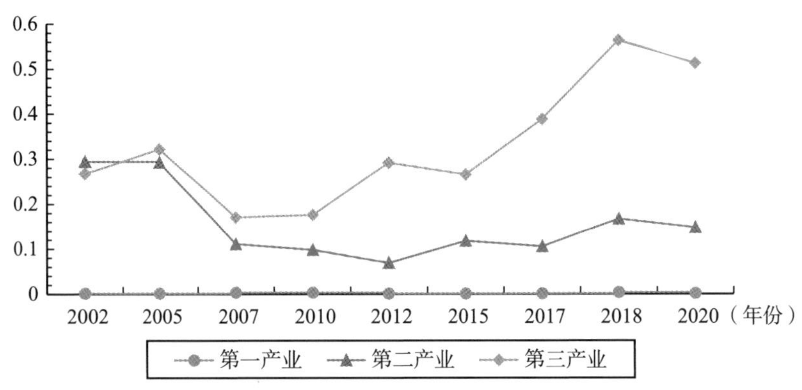

图 5-2 2002~2020 年一、二、三产业融合强度变化

5.2.3 融合效度

本书旨在研究在各行业中，基础型数字产业投资与技术型数字产业投资的比值。为了计算这两种类型的数字产业投资价值，本书将 43 个行业中的信息传输、计算机服务和软件业分为基础型和技术型数字产业投资。因此，本书选择了 2002 年、2007 年、2012 年、2017 年、2018 年和 2020 年这六个年份来确定各行业中基础型和技术型数字产业投资的使用量。

例如，在农业部门中，本书按照上述的汇总过程规范了投入产出表。然后，在表中找到与基础型和技术型数字产业投资对应的农业部门的产出。然而，在汇总过程中，可能会出现无法将部门分开的情况。例如，在 2005 年、2010 年和 2015 年，信息传输、计算机服务和软件业被合并在一起，无法计算这三年中信息传输和计算机服务在每个行业中的使用量。此外，可能会出现需要合并部门的情况。例如，在 2017 年，电信、广播电视和卫星传输服务被视为基础型数字产业投资，它们的数据被合并为一个值。另一方面，互联网和相关服务、软件服务和信息技术服务被视为技术型数字产业投资，它们的数据被合并为一个值。这些合并后的值使用融合效度公式计算比值，然后填入表 5－6、表 5－7 和表 5－8 中，计算出数字产业投资在 43 个部门中的使用量。

根据 2005 年的分类，信息传输被视为基础型，计算机服务被视为技术型。根据 43 个部门的分类整合数据，形成基础型数字产业投资、技术型数字产业投资和 43 个部门整体融合效度的比值。

5.2.3.1　基础型数字产业投入

基础型数字产业是指信息传输、计算机服务和软件业中的基础性数字产业部分，如信息传输。该产业属于数字产业最先具有的基础功能，如手机的通信、邮件传输等。本书计算了基础性数字产业对各产业的投入情况，具体如表 5－6 所示。

表 5－6　　基础型数字产业投入　　单位：万元

部门	部门编号	2002 年	2007 年	2012 年	2017 年	2018 年	2020 年
农业	1	438078.84	1720883.12	877010.63	947340.00	964383.00	4578239.20
煤炭开采和洗选业	2	328172.51	162258.72	138373.29	75304.00	77073.11	163178.89
石油和天然气开采业	3	195958.50	163515.22	107127.86	48503.00	36327.60	156754.49
金属矿采选业	4	36399.46	81120.51	323353.82	136798.00	127965.49	5321905.93

续表

部门	部门编号	2002 年	2007 年	2012 年	2017 年	2018 年	2020 年
非金属矿采选业	5	437215. 75	76421. 22	71981. 23	60268. 00	60495. 47	874224. 52
食品制造及烟草加工业	6	267393. 05	639923. 77	699389. 69	623096. 00	564068. 47	1213305. 76
纺织业	7	661556. 32	650318. 86	461544. 03	173938. 00	174413. 14	1198709. 63
服装皮革羽绒及其制品业	8	349862. 54	139823. 76	119759. 64	257944. 00	257748. 46	1207136. 72
木材加工及家具制造业	9	135277. 03	195322. 53	214512. 88	175417. 00	183256. 80	521180. 72
造纸印刷及文教用品制造业	10	346816. 88	215926. 95	365600. 84	289163. 00	299109. 29	8136747. 31
石油加工、炼焦及核燃料加工业	11	208107. 87	780741. 16	71368. 60	39238. 00	40472. 02	243870. 02
化学工业	12	1062553. 25	1770368. 32	1484570. 06	1566154. 00	1568065. 33	2793827. 71
非金属矿物制品业	13	479792. 83	334625. 54	632148. 01	67733. 00	65058. 41	2386420. 40
金属冶炼及压延加工业	14	908552. 91	5278836. 52	440212. 17	247112. 00	255406. 76	2903305. 31
金属制品业	15	1444081. 21	353320. 89	632593. 75	514355. 00	548800. 29	3326413. 57
通用、专用设备制造业	16	1118540. 27	593818. 21	1306461. 05	835829. 00	695598. 21	4036676. 63
交通运输设备制造业	17	882121. 58	339000. 80	435556. 80	339707. 00	350597. 33	2633565. 09
电气、机械及器材制造业	18	513516. 05	452067. 49	680068. 97	485552. 00	517778. 85	475431. 41
通信设备、计算机及其他电子设备制造业	19	606123. 42	1463583. 62	989103. 46	915524. 00	1006146. 52	188480. 83
仪器仪表及文化办公用机械制造业	20	285738. 82	0. 00	142549. 54	126343. 00	141981. 22	50903. 12
其他制造业	21	16919. 04	238954. 16	24998. 42	21045. 00	23834. 30	2889402. 68
废品废料	22	0. 00	9065. 07	82072. 72	20928. 00	23825. 52	154396. 18
电力、热力的生产和供应业	23	210400. 00	1379215. 41	785487. 30	1087448. 00	1266552. 00	113136. 69

续表

部门	部门编号	2002 年	2007 年	2012 年	2017 年	2018 年	2020 年
燃气生产和供应业	24	55431. 03	14154. 89	37151. 21	39375. 00	40065. 41	19598855. 93
水的生产和供应业	25	120544. 43	33449. 34	45410. 29	38714. 00	48084. 75	5598778. 58
建筑业	26	8216210. 65	9375078. 60	16309893. 81	16564812. 00	14475191. 95	9804716. 85
交通运输及仓储业	27	1006232. 07	2621178. 85	4757815. 77	3852686. 00	4245137. 55	64157519. 55
邮政业	28	73876. 12	89698. 03	637179. 99	1412930. 00	1407335. 57	28458030. 75
基础型数字投入产业	29	310574. 79	963731. 65	16295535. 92	15486296. 00	17278297. 00	18767209. 65
应用型数字投入产业	30	190442. 59	1629139. 11	8522043. 38	21710641. 00	29819183. 00	45390309. 90
批发和零售贸易业	31	1538985. 52	3087279. 94	1859026. 93	1923246. 00	1996904. 76	28458030. 75
住宿和餐饮业	32	555322. 12	542340. 26	949276. 81	1124613. 00	1323676. 06	2005521. 67
金融保险业	33	1302869. 91	3378141. 93	11381146. 05	9881134. 00	11617774. 59	14942950. 92
房地产业	34	375192. 77	411608. 08	1719160. 21	1863237. 00	2131621. 82	2978140. 91
租赁和商务服务业	35	611921. 49	419275. 95	1138330. 77	2022534. 00	2322223. 03	4618517. 50
科学研究事业	36	60618. 11	70124. 37	143458. 01	347226. 00	443238. 14	1041907. 74
综合技术服务业	37	250161. 16	200855. 60	897870. 22	1424108. 00	1863996. 45	3585503. 38
水利、环境和公共设施管理业	38	110950. 68	110630. 22	265950. 85	329376. 00	280338. 62	551364. 04
居民服务和其他服务业	39	240003. 19	331195. 62	516758. 94	531778. 00	533619. 72	979013. 78
教育	40	632212. 11	1675509. 62	2970540. 68	3366926. 00	3942670. 63	6008888. 98
卫生、社会保障和社会福利事业	41	280374. 11	2996065. 79	2710090. 08	4207113. 00	4121272. 34	7747118. 58
文化、体育和娱乐业	42	639248. 58	340246. 76	623637. 16	805848. 00	1060097. 05	1453380. 69
公共管理和社会组织	43	2751654. 66	3355220. 69	8960645. 90	13794357. 00	20329348. 57	25049439. 84

资料来源：以上数据均来自国家统计局，后经作者计算整理。

本书对2020年各行业总产出进行排序，并选取总产出最高的5个行业进行数据分析，分别是建筑业、化学工业、批发和零售贸易业、农业和食品制造及烟草加工业。从表5-6基础型数字投入产业可以看出，建筑业在2002年的基础型数字投入产业数值为8216210.65万元，而在2020年增长了19%，达到了9804716.85万元；化学工业在2002年的基础型数字投入产值为1062553.25万元，而在2020年增长了近1.6倍，达到了2793827.71万元；批发和零售贸易业2002年的基础型数字投入产业数值为1538985.52万元，而在2020年增长了约237倍，达到了28458030.75万元；农业在2002年的基础型数字投入产业数值为438078.84万元，而在2020年增长了9倍多，达到了4578239.20万元；食品制造及烟草加工业在2002年的基础型数字投入产业数值为267393.05万元，而在2020年增长了近3.5倍，达到了1213305.76万元；另外，各行业在过去十几年的基础型数字投入产业数值增长情况也不相同。建筑业、化学工业、批发和零售贸易业、农业和食品制造及烟草加工业基础型数字投入产业数值均有所增加。这表明该五个行业在过去十几年中取得了一定的增长成就。

5.2.3.2 应用型数字产业投入

应用型数字产业是指信息传输、计算机服务和软件业中的应用技术性数字产业部分，如计算机、软件等。该产业属于数字产业中需要不断进行技术创新的应用型产业，如5G手机、微信聊天软件等。本书计算了应用型数字产业对各产业的投入，具体如表5-7所示。

表5－7　　应用型数字产业投入　　单位：万元

部门	部门编号	2002年	2007年	2012年	2017年	2018年	2020年
农业	1	3754	12396	2304	643260	1040989	1358254
煤炭开采和洗选业	2	65299	105954	97755	152631	202984	246027
石油和天然气开采业	3	7111	14952	2838	76859	77079	94800
金属矿采选业	4	14864	12919	82553	257561	316730	292222
非金属矿采选业	5	7107	10052	93751	216811	269175	274807
食品制造及烟草加工业	6	355215	104027	145430	2071190	2308355	2482618
纺织业	7	231221	272645	306230	534029	675178	867890
服装皮革羽绒及其制品业	8	40820	61570	75767	1005717	1238303	1499550
木材加工及家具制造业	9	25353	152574	114646	317243	434613	525739
造纸印刷及文教用品制造业	10	141179	317317	136008	879482	1140963	1884193
石油加工、炼焦及核燃料加工业	11	37101	64811	52505	93814	125073	233155
化学工业	12	492144	200618	286399	3791275	4875590	5942957
非金属矿物制品业	13	49242	85151	346976	81804	112453	130673
金属冶炼及压延加工业	14	62685	153004	306345	744238	971698	1253597
金属制品业	15	141424	251594	261292	863769	1221495	1644856
通用、专用设备制造业	16	254312	282881	434453	2055591	2763395	4034776
交通运输设备制造业	17	184792	225186	85619	1450412	1838090	2646007
电气、机械及器材制造业	18	648797	214949	128371	1658476	2181749	3262654
通信设备、计算机及其他电子设备制造业	19	241711	1797436	2672464	16550981	19385613	24974079
仪器仪表及文化办公用机械制造业	20	82549	1797436	38059	289378	417353	543345
其他制造业	21	64058	—	14117	18668	31452	38894
废品废料	22	—	260176	31230	35446	53599	71396
电力、热力的生产和供应业	23	141050	—	705466	1481148	2404630	3340748
燃气生产和供应业	24	142	420253	7212	118757	151325	303392
水的生产和供应业	25	10004	253	101759	114106	177782	290497

续表

部门	部门编号	2002 年	2007 年	2012 年	2017 年	2018 年	2020 年
建筑业	26	2943231	11091	928157	12467351	22152480	25866979
交通运输及仓储业	27	195439	18426	252398	10639131	17519777	25377548
邮政业	28	73291	230507	114722	1752677	2610951	1358254
基础型数字投入产业	29	302653	36940	867956	8417814	14551988	18462478
应用型数字投入产业	30	282713	293810	5344052	46954502	66640261	116028223
批发和零售贸易业	31	2125562	516504	379726	5014121	6921116	9172150
住宿和餐饮业	32	21373	85076	22068	1076924	2255219	2155222
金融保险业	33	1908033	28122	4377180	20760307	32284854	31971758
房地产业	34	42360	1565763	36011	2649148	4303233	6122183
租赁和商务服务业	35	106794	7708	631592	4836012	7902235	11653314
科学研究事业	36	22567	2957	83957	964791	1686175	2575018
综合技术服务业	37	43725	3683	22916	3407665	6200353	8944312
水利、环境和公共设施管理业	38	41139	3119	342515	931313	1019982	1491199
居民服务和其他服务业	39	132615	31629	188708	722871	983864	1259582
教育	40	263357	10902	128688	2059535	3742629	5789519
卫生、社会保障和社会福利事业	41	37741	156790	55944	2503659	4050021	5488206
文化、体育和娱乐业	42	26622	313586	225273	978660	1602858	1821464
公共管理和社会组织	43	307736	49130	279835	9076264	18576485	25790666

资料来源：以上数据均来自国家统计局，后经作者计算整理。

本书对2020年各行业总产出进行排序，并选取总产出最高的5个行业进行数据分析，分别是建筑业、化学工业、批发和零售贸易业、农业和食品制造及烟草加工业。

从表格5－7应用型数字投入产业可以看出，建筑业在2002

年的应用型数字投入产业数值为 2943231 万元，而在 2020 年增长了近 8 倍，达到了 25866979 万元；化学工业在 2002 年的应用型数字投入产值为 492144 万元，而在 2020 年增长了近 11 倍，达到了 5942957 万元；批发和零售贸易业 2002 年的应用型数字投入产业数值为 2125561 万元，而在 2020 年增长了 3 倍多，达到了 9172150 万元；农业在 2002 年的应用型数字投入产业数值为 3754 万元，而在 2020 年增长了 360 倍多，达到了 1358254 万元；食品制造及烟草加工业在 2002 年的应用型数字投入产业数值为 355215 万元，而在 2020 年增长了近 6 倍，达到了 2482618 万元；各行业在过去十几年的应用型数字投入产业数值增长情况也不相同。建筑业、化学工业、批发和零售贸易业、农业和食品制造及烟草加工业应用型数字投入产业数值均有所增加，农业在过去十几年中取得了较大的增长成就。

5.2.3.3　43 个部门的融合效度

本书对 2020 年各行业总产出进行排序，并选取总产出最高的 5 个行业进行数据分析，分别是建筑业、化学工业、批发和零售贸易业、农业和食品制造及烟草加工业，如表 5 - 8 所示。

表 5 - 8　　2002 ~ 2020 年 43 个部门融合效度

部门	部门编号	2002 年	2007 年	2012 年	2017 年	2018 年	2020 年
农业	1	0. 0086	0. 0072	0. 0026	0. 6790	1. 0794	0. 2967
煤炭开采和洗选业	2	0. 1990	0. 6530	0. 7065	2. 0269	2. 6337	0. 4016
石油和天然气开采业	3	0. 0363	0. 0914	0. 0265	1. 5846	2. 1218	1. 1350

续表

部门	部门编号	2002 年	2007 年	2012 年	2017 年	2018 年	2020 年
金属矿采选业	4	0.4084	0.1593	0.2553	1.8828	2.4751	1.7908
非金属矿采选业	5	0.0163	0.1315	1.3024	3.5975	4.4495	1.7531
食品制造及烟草加工业	6	1.3284	0.1626	0.2079	3.3240	4.0923	0.4665
纺织业	7	0.3495	0.4192	0.6635	3.0702	3.8711	0.9928
服装皮革羽绒及其制品业	8	0.1167	0.4403	0.6327	3.8990	4.8043	1.2359
木材加工及家具制造业	9	0.1874	0.7811	0.5344	1.8085	2.3716	0.4386
造纸印刷及文教用品制造业	10	0.4071	1.4696	0.3720	3.0415	3.8145	1.5609
石油加工、炼焦及核燃料加工业	11	0.1783	0.0830	0.7357	2.3909	3.0904	0.4474
化学工业	12	0.4632	0.1133	0.1929	2.4208	3.1093	0.7304
非金属矿物制品业	13	0.1026	0.2545	0.5489	1.2077	1.7285	0.5358
金属冶炼及压延加工业	14	0.0690	0.0290	0.6959	3.0117	3.8045	0.4487
金属制品业	15	0.0979	0.7121	0.4130	1.6793	2.2258	0.6893
通用、专用设备制造业	16	0.2274	0.4764	0.3325	2.4593	3.9727	1.3897
交通运输设备制造业	17	0.2095	0.6643	0.1966	4.2696	5.2427	0.7955
电气、机械及器材制造业	18	1.2634	0.4755	0.1888	3.4156	4.2137	0.8083
通信设备、计算机及其他电子设备制造业	19	0.3988	1.2281	2.7019	18.0782	19.2672	9.4830
仪器仪表及文化办公用机械制造业	20	0.2889	1.0888	0.2670	2.2904	2.9395	1.1428
其他制造业	21	3.7862	—	0.5647	0.8871	1.3196	0.2064
废品废料	22	—	—	0.3805	1.6937	2.2497	1.4026
电力、热力的生产和供应业	23	0.6704	0.3047	0.8981	1.3620	1.8986	1.1562
燃气生产和供应业	24	0.0026	0.0179	0.1941	3.0161	3.7769	1.9650
水的生产和供应业	25	0.0830	0.3316	2.2409	2.9474	3.6973	2.5677
建筑业	26	0.3582	0.0020	0.0569	0.7526	1.5304	1.3198
交通运输及仓储业	27	0.1942	0.0879	0.0530	2.7615	4.1270	4.5327
邮政业	28	0.9921	0.4118	0.1800	1.2405	1.8552	0.4491

续表

部门	部门编号	2002 年	2007 年	2012 年	2017 年	2018 年	2020 年
基础型数字投入产业	29	0.9745	0.3049	0.0533	1.4019	1.7258	2.4186
应用型数字投入产业	30	1.4845	0.3170	0.6271	5.5780	4.5795	6.2845
批发和零售贸易业	31	1.3811	0.0276	0.2043	2.6071	3.4659	0.3223
住宿和餐饮业	32	0.0385	0.0519	0.0232	0.9576	1.7038	1.0746
金融保险业	33	1.4645	0.4635	0.3846	2.1010	2.7789	2.1396
房地产业	34	0.1129	0.0187	0.0209	1.4218	2.0188	2.0557
租赁和商务服务业	35	0.1745	0.0071	0.5548	2.3911	3.4029	2.5232
科学研究事业	36	0.3723	0.0525	0.5852	2.7786	3.8042	2.4714
综合技术服务业	37	0.1748	0.0155	0.0255	2.3928	3.3264	2.4946
水利、环境和公共设施管理业	38	0.3708	0.2859	1.2879	2.8275	3.6384	2.7046
居民服务和其他服务业	39	0.5526	0.0329	0.3652	1.3593	1.8438	1.2866
教育	40	0.4166	0.0936	0.0433	0.6117	0.9493	0.9635
卫生、社会保障和社会福利事业	41	0.1346	0.1047	0.0206	0.5951	0.9827	0.7084
文化、体育和娱乐业	42	0.0416	0.1444	0.3612	1.2144	1.5120	1.2533
公共管理和社会组织	43	0.1118	0.0414	0.0312	0.6580	0.9138	1.0296

资料来源：以上数据均来自国家统计局，后经作者计算整理。

从表 5 - 8 融合效度可以看出，建筑业在 2002 年的融合效度为 0.3582，而在 2020 年融合效度增长了近 2.6 倍，达到了 1.3198；化学工业在 2002 年的融合效度为 0.4632，而在 2020 年融合效度减少了近 31%，达到了 0.7304；批发和零售贸易业 2002 年的融合效度为 1.3811，而在 2020 年融合效度减少了近 77%，达到了 0.3223；农业在 2002 年的融合效度为 0.0086，而在 2020 年融合效度增长了 33 倍多，达到了 0.2967；食品制造及烟草加工业在2002年的融合效度为1.3284，而在2020年融合效度减少了64%，达到了0.4665。化学工业、食品制造及烟草加工业以及批发和零售贸易业的融合强度均减小。然而，建筑业及农业的融合强度分别增长了近2.6倍和15%，这表明建筑业和农业在过去十几年中均取得了一定的增长。

5.2.3.4 融合效度部门细化分析

（1）时间序列数据分析。

由表5-8可知，2002~2020年，各个产业的融合效度均有变动，但总体上是呈上升趋势的。融合效度主要是应用型数字投入与基础型数字投入之比，说明整体应用型和基础型数字投入量是增加的。

（2）部门投入产出分析。

第一，农业。与公共管理和社会组织部门相比，农业部门的融合效度是相对较低的，与其他任何部门任何产业相比，2002~2020年，农业部门的融合效度都是最低的。

第二，第二产业部门。第二产业的融合效度总体是呈逐步上升趋势的，在2002年时，通信设备、计算机及其他电子设备制造业和其他的第二产业部门相比融合效度最高，2007年后通信设备、计算机及其他电子设备制造业开始逐步上升，其他第二产业部门也有不同幅度的增长，这反映了建通信设备、计算机及其他电子设备制造业在信息传输、计算机服务和软件业的投入上发生了变化。纵观煤炭开采和洗选业等第二产业26个部门，总体上的融合效度都是上升的。

第三，住宿和餐饮业与公共管理和社会组织。2002～2020年，住宿和餐饮业的融合效度没有发生很大变化，但第三产业的整体趋势是逐步递增的。由此可见住宿和餐饮业对第三产业的融合效度变化影响不是很大。

5.2.3.5　融合效度产业汇总分析

经过整理数据并对表5-9进行分析，可以得出以下结论：第一产业在2020年信息传输、计算机服务和软件业融合效度为0.2967，2002年信息传输、计算机服务和软件业融合效度为0.0086，表明从2002～2020年，信息传输、计算机服务和软件业在第一产业中占的比重越来越高，已经成为第一产业的关键影响因素；第二产业在2002～2020年，有了突飞猛进的增长，尤其在2017年以后，信息传输、计算机服务和软件业在制造业等第二产业中应用占比大幅度增加，使得第二产业融合效度越来越高；第三产业融合效度在2017年发展迅速，2020年相比2018年出现了下降，表明2020年可能因为新冠疫情的影响，第三产业融合产生了小幅下降。

表5-9　2002～2020年各产业对信息传输、计算机服务和软件业的融合效度

产业	2002年	2007年	2012年	2017年	2018年	2020年
第一产业	0.0086	0.0072	0.0026	0.6790	1.0794	0.2967
第二产业	0.3305	0.2755	0.2803	1.9122	2.8680	1.0889
第三产业	0.5429	0.1510	0.2075	1.4598	1.8417	1.0752

5.3 实体产业融入数字产业的程度

数字产业对实体产业的融合程度是指衡量实体产业投入数字产业的程度。根据投入产出表可以得出数字产业和实体产业的融合是双向的，因此本书依据式（5－1）的融合三度测算方法以及式（5－2）将2002～2020年投入产出表统一划分为42个部门，整理数据得出数字产业对实体产业的融合量度、融合强度以及融合效度。下文将从这三度分析数字产业中实体产业的投入程度。

5.3.1 数字产业对实体产业的融合量度

本节主要探讨2002～2020年信息传输、计算机服务和软件业中对于实体产业的使用量。根据前文所述，我们将各行业的投入产出表进行了整理，并在表中找到了信息传输、计算机服务和软件业这一行业对应实体产业的投入。其中，将部门编号29信息传输、计算机服务和软件业所对应的数字产业剔除。通过整理，数字产业对实体产业的融合量度汇总数据如表5－10所示。

本书对2020年各实体行业对数字产业的投入进行排序，并选取总投入最高的5个行业进行数据分析，分别是租赁和商务服务业，房地产业，通信设备、计算机及其他电子设备制造业，造纸印刷及文教用品制造业和金融保险业。

表5-10　41个部门数字产业对实体产业的融合量度汇总

单位：亿元

部门	部门编号	2002年	2005年	2007年	2010年	2012年	2015年	2017年	2018年	2020年
农业	1	1.25	3.18	0.00	0.00	51.96	67.19	36.52	43.43	50.95
煤炭开采和洗选业	2	6.87	21.41	0.00	0.00	0.00	0.00	0.00	0.00	0.00
石油和天然气开采业	3	0.00	0.00	0.00	0.00	0.00	0.00	0.00	0.00	0.00
金属矿采选业	4	0.00	0.00	0.00	0.00	0.00	0.00	0.00	0.00	0.00
非金属矿采选业	5	0.00	0.00	0.00	0.00	0.00	0.00	0.00	0.00	0.01
食品制造及烟草加工业	6	2.51	5.82	20.90	41.22	201.83	281.08	357.07	413.48	559.54
纺织业	7	12.76	17.79	16.69	2.07	22.94	2.26	8.11	10.34	10.53
服装皮革羽绒及其制品业	8	0.18	11.53	1.44	31.99	6.61	35.96	60.52	75.82	89.42
木材加工及家具制造业	9	3.42	7.32	8.35	16.20	10.79	16.61	52.62	65.83	92.25
造纸印刷及文教用品制造业	10	66.12	331.47	219.36	527.02	796.59	1185.79	1497.89	1659.04	2752.07
石油加工、炼焦及核燃料加工业	11	3.64	11.34	16.05	32.59	46.66	33.00	68.98	101.89	111.61
化学工业	12	29.59	22.96	38.97	89.57	167.53	234.01	154.12	233.94	302.76
非金属矿物制品业	13	1.34	46.35	2.07	4.59	12.25	16.04	1.55	2.07	1.98
金属冶炼及压延加工业	14	0.56	1.46	0.09	0.17	0.01	0.01	0.49	0.61	0.62
金属制品业	15	59.68	115.46	18.21	33.99	4.39	18.16	48.92	65.64	86.87
通用、专用设备制造业	16	74.56	180.44	71.44	136.74	6.51	7.08	40.86	43.27	50.56

续表

部门	部门编号	2002 年	2005 年	2007 年	2010 年	2012 年	2015 年	2017 年	2018 年	2020 年
交通运输设备制造业	17	124. 03	241. 82	67. 24	119. 19	135. 73	216. 94	16. 67	21. 29	26. 97
电气、机械及器材制造业	18	376. 40	949. 69	654. 87	1163. 90	1430. 00	1467. 60	749. 12	958. 13	1061. 64
通信设备、计算机及其他电子设备制造业	19	597. 95	1053. 79	632. 99	1010. 14	2346. 81	3817. 99	3395. 56	4050. 18	5553. 00
仪器仪表及文化办公用机械制造业	20	130. 79	260. 19	155. 54	151. 56	79. 68	94. 53	77. 78	100. 64	108. 12
其他制造业	21	9. 06	24. 25	8. 63	17. 91	2. 06	2. 36	11. 92	16. 97	19. 36
废品废料	22	0. 00	0. 00	0. 00	0. 00	11. 60	0. 00	0. 00	0. 00	0. 00
电力、热力的生产和供应业	23	124. 91	326. 67	219. 57	421. 53	306. 91	250. 44	608. 51	818. 14	948. 72
燃气生产和供应业	24	2. 79	7. 25	4. 79	9. 62	0. 74	1. 28	4. 44	6. 43	7. 99
水的生产和供应业	25	13. 23	28. 73	17. 39	20. 66	3. 03	3. 61	15. 65	20. 63	26. 97
建筑业	26	53. 21	148. 69	13. 99	28. 65	109. 56	109. 48	57. 81	79. 77	95. 42
交通运输及仓储业	27	51. 04	126. 96	176. 06	518. 32	271. 78	527. 96	644. 91	879. 90	923. 70
邮政业	28	3. 49	7. 01	10. 71	22. 09	43. 09	0. 00	211. 48	307. 84	454. 32
批发和零售贸易业	29	178. 38	311. 80	270. 40	531. 06	669. 76	984. 77	810. 46	1045. 35	1587. 29
住宿和餐饮业	30	37. 41	91. 69	151. 15	332. 04	164. 73	248. 96	362. 49	493. 18	589. 02
金融保险业	31	45. 35	80. 06	138. 82	349. 94	999. 29	1311. 30	1169. 48	1514. 38	1913. 21

续表

部门	部门编号	2002年	2005年	2007年	2010年	2012年	2015年	2017年	2018年	2020年
房地产业	32	52.38	85.54	201.94	442.06	537.42	993.04	2914.66	3568.95	6336.95
租赁和商务服务业	33	48.63	132.14	347.36	847.50	1143.28	1913.23	3723.38	4835.93	7421.58
科学研究事业	34	20.53	50.25	57.28	28.28	305.53	294.10	0.00	0.00	0.00
综合技术服务业	35	54.90	11.07	2.56	82.64	51.08	0.00	176.39	201.41	328.13
水利、环境和公共设施管理业	36	0.98	2.22	2.53	4.73	13.01	18.06	54.34	73.25	104.63
居民服务和其他服务业	37	36.42	82.69	70.40	108.24	78.91	96.12	162.09	184.59	216.53
教育	38	5.44	13.07	24.98	19.80	18.30	29.25	36.04	44.64	57.83
卫生、社会保障和社会福利事业	39	0.97	3.00	3.09	5.04	3.64	0.26	6.82	8.52	13.04
文化、体育和娱乐业	40	36.83	88.16	43.71	94.59	87.71	118.97	179.61	256.38	361.84
公共管理和社会组织	41	0.00	0.00	3.18	6.44	40.89	112.95	24.66	34.91	46.88
融合量度	—	2367.6	4903.3	3692.8	7252.1	10182.6	14510.4	17741.9	22236.7	32312.3

从表格5-10数字产业对实体产业的融合量度可以看出，租赁和商务服务业在2002年的融合量度为48.63亿元，而在2020年这个数字增长了近152倍，达到了7421.58亿元，这表明租赁和商务服务业对数字产业的贡献在过去的十几年有较大幅度的增长；房地产业在2002年的融合量度为52.38亿元，而在2020年这个数字增长了近121倍，达到了6336.95亿元，这表明房地产业对数字产业的贡献在过去的十几年有很大幅度的增长；通信设备、计算机及其他电子设备制造业在2002年的融合量度为597.95亿元，而在2020年这个数字增长了近9倍，达到了5553.00亿元，这表明通信设备、计算机及其他电子设备制造业对数字产业的贡献在过去的十几年有大幅度增长；造纸印刷及文教用品制造业在2002年的融合量度为66.12亿元，而在2020年这个数字增长了近41倍，达到了2752.07亿元，这表明造纸印刷及文教用品制造业对数字产业的贡献在过去的十几年增长幅度很大；金融保险业在2002年的融合量度为45.35亿元，而在2020年这个数字增长了近42倍，达到了1913.21亿元，这表明金融保险业对数字产业的贡献在过去的十几年有大幅的增长。

各行业在过去十几年的融合量度增长情况不尽相同。租赁和商务服务业，房地产业对数字产业的融合量度贡献增长幅度相对较大。五个行业在过去十几年中取得了显著的增长成就。

5.3.2 数字产业对实体产业的融合强度

本节主要探讨了2002～2020年信息传输、计算机服务和软件业中实体产业在当年总投入量占数字产业投入的比重。依据 5.1 节中融合强度的计算公式得出对实体产业投入数字产业的融合强度计算公式如下：

$$融合强度 = \frac{\sum_{j=1}^{n}\sum_{i=1}^{m} X_{数字产业i，制造业j}}{\sum_{j=1}^{n} X_{数字产业j}} (i=1, 2, \cdots, m; j=1, 2, \cdots, n) \quad (5-4)$$

根据投入产出表计算所得数字产业对实体产业的融合强度如表 5-11 所示。

表 5-11　　42 个部门数字产业对实体产业的融合强度

项目	2002 年	2005 年	2007 年	2010 年	2012 年	2015 年	2017 年	2018 年	2020 年
融合强度	0.4294	0.4929	0.3682	0.4300	0.8562	0.3828	0.3139	0.3200	0.3348

资料来源：以上数据均来自国家统计局，后经作者整理所得。

由表 5-11 分析可得，数字产业对实体产业的融合强度变化幅度较大。2002～2005 年是上升的，增长幅度较小；但 2005～2007 年急剧下降，由 0.4929 下降到 0.3682，变化幅度较大；2007～2012 年又快速上升，由 0.3682 增长至 0.8562；随后 2012～2017 年急剧下降到 0.3139，下降一半多后，2017～2020 年缓慢增长，维持在 0.3 左右，整体起伏较大。由此可见，在数字产业中，实体产业的投入变化较大，存在不稳定性。

5.3.3 数字产业对实体产业的融合效度

本节旨在研究实体产业投入数字产业融合效度的融合情况，基础型数字产业投资与技术型数字产业投资的比值。为了计算这两种类型的实体产业投入数字产业投资价值，本书将42个行业中的制造业作为实体产业代表，计算其投入信息传输、计算机服务和软件业的融合效度。依据上节，同样选择了2002年、2007年、2012年、2017年、2018年和2020年这六个年份来确定各行业中基础型和技术型实体产业投入数字产业投资的使用量。

例如，在制造业部门中，本书按照上述的汇总过程规范了投入产出表。然后，在表中找到与基础型和技术型数字产业投资对应的制造部门的产出。根据国际贸易标准分类（SITC），将制造业中SITC5、SITC6未列明的化学品和有关产品、主要按原材料分类的制成品划分为基础型，SITC7机械及运输设备被视为应用型。将两种分类分别整合成整体，来计算整体融合效度的比值。

5.3.3.1 制造业基础型实体产业投入

制造业基础型实体产业是指将制造业中SITC5、SITC6未列明的化学品和有关产品、主要按原材料分类的制成品划分为基础型，本书计算了基础型实体产业对数字产业的投入，具体如表5－12所示。

表5-12　　制造业基础型实体产业投入　　单位：万元

部门	部门编号	2002年	2007年	2012年	2017年	2018年	2020年
化学工业	12	1062553	1770368	1484570	1566154	1568065	2793827
非金属矿物制品业	13	479792	334625	632148	67733	65058	2386420
金属冶炼及压延加工业	14	908552	5278836	440212	247112	255406	2903305
金属制品业	15	1444081	353320	632593	514355	548800	3326413

资料来源：以上数据均来自国家统计局，后经作者计算整理。

从表格5-12基础型实体产业投入可以看出：一是，2002~2020年，化学工业的基础型实体产业投入经历了明显的增长，从2002年的1062553万元增长到2020年的2793827万元，增幅较大。在这个过程中，2007~2018年，收入增长较为稳定，但2018~2020年增速明显加快，可能是因为某些新的产业或技术的发展。二是，非金属矿物制品业2002~2012年基础性实体产业投入增长较快，然后在2012~2017年有所下降，再到2020年又有了显著增长。2017~2018年的急剧下降可能是由于某些行业内部或外部因素造成的，而2018~2020年的增长可能是因为市场或技术的变化。三是，金属冶炼及压延加工业这个部门在不同年份之间波动较大。特别是2007~2012年有巨大的增长，然后在2012~2017年急剧下降，到2020年又有所回升。这种波动可能受到原材料价格、市场需求或技术发展等多种因素的影响。四是，金属制品业部门的基础型实体产业投入2002~2020年呈现出不断增长的趋势，增长幅度较大且相对稳定。2017~2020年的增长尤其显著，可能受益于市场需求增加或者新技术的应用。

5.3.3.2 制造业应用型实体产业投入

制造业应用型实体产业是指将制造业中 SITC7 机械及运输设备视为应用型，本书计算了应用型实体产业对数字产业的投入，具体如表 5－13 所示。

表 5－13　　制造业应用型实体产业投入　　单位：万元

部门	部门编号	2002 年	2007 年	2012 年	2017 年	2018 年	2020 年
通用、专用设备制造业	16	0.2274	0.4764	0.3325	2.4593	3.9727	1.3897
交通运输设备制造业	17	0.2095	0.6643	0.1966	4.2696	5.2427	0.7955
电气、机械及器材制造业	18	1.2634	0.4755	0.1888	3.4156	4.2137	0.8083
通信设备、计算机及其他电子设备制造业	19	0.3988	1.2281	2.7019	18.0782	19.2672	9.4830
仪器仪表及文化办公用机械制造业	20	0.2889	1.0888	0.2670	2.2904	2.9395	1.1428

资料来源：以上数据均来自国家统计局，后经作者计算整理。

从表 5－13 可以看出，2002～2020 年，通用、专用设备制造业的数值经历了波动，但总体上呈现出增长的趋势。尤其是 2017～2018 年，增长幅度明显。交通运输设备制造业这个部门的数据在不同年份之间波动较大，尤其是 2007～2017 年。但总体上呈现出增长的趋势，特别是在 2017～2018 年。电气、机械及器材制造业

2002～2020 年的数值也经历了波动，但总体上呈现出增长的趋势，尤其是 2017～2018 年。通信设备、计算机及其他电子设备制造业这个部门不同年份之间的数值波动较大，但总体上呈现出增长的趋势，尤其是 2012～2018 年增长较为明显。仪器仪表及文化办公用机械制造业的数据在不同年份之间也波动较大，但总体上呈现出增长的趋势，尤其是 2017～2018 年。

5.3.3.3　制造业投入数字产业融合效度

根据本章投入产出表的整合，42 个实体部门的数据较多。因此本节选取制造业作为实体产业的代表，并把制造业依据 SITC 分类，划分成基础型和应用型，来计算实体产业投入数字产业融合效度的融合情况，具体情况如表 5－14 所示。

表 5－14　　制造业投入数字产业融合效度

项目	2002 年	2005 年	2007 年	2010 年	2012 年	2015 年	2017 年	2018 年	2020 年
融合效度	14.3006	14.4226	26.6600	20.1189	21.7097	20.8941	20.8695	17.1165	17.3371

资料来源：以上数据均来自国家统计局，后经作者计算整理。

依据表 5－14 可以分析制造业投入数字产业融合效度的趋势。2002～2020 年，制造业投入数字产业融合效度经历了波动，但总体呈现出一定的上升的趋势。2002～2007 年，融合效度有所增长，从 14.3006 增长到 26.6600，增长较为显著。但在之后的年份，即 2010～2020 年，融合效度出现了波动和下降的趋势，尤其是在 2010 年之后。2010～2012 年，融合效度有所上升，然后 2012～

2015 年略微下降。2017 ~ 2018 年，融合效度出现了较大的下降，从 20. 8695 降至 17. 1165，而 2018 ~ 2020 年又略微回升至 17. 3371。由此可以看出，制造业投入数字产业融合效度在早期有所增长，但近年来呈现出波动和下降的趋势。这可能受到市场竞争、技术变革、政策调整等多种因素的影响。

第 6 章

中国数实融合程度的国际和省际比较

6.1　中国数实融合程度的国际比较

6.1.1　区域选取

6.1.1.1　选取依据

本节依据研究主题、研究内容以及现有的研究情况，将研究数实融合尺度聚焦在国际比较。在研究地区的选择上，选择数字经济与实体经济基础扎实、有规模和具有技术发展与创新的发达国家。为此，根据经济实力与规模、技术发展与创新、政策支持和市场环境、国际合作与交流等方面，选取中国、德国、印度、日本、韩国、美国六个国家，依据不同的维度和指标，进行国际比较。六国数字经济发展概况，如下：

（1）中国概况。

中国的数字经济在过去几年取得了显著的发展，中国的数字经济一直以惊人的速度增长。我国身为全球最大的电子商务市场之一，拥有庞大的在线购物用户群体。阿里巴巴、腾讯等互联网巨头在数字经济领域发挥关键作用，推动电商及数字支付的发展，同时在人工智能与科技创新方面取得显著成果①。

政府支持的创新计划与科技产业园区的大力发展，为技术创新提供了有力保障。移动支付在我国得到广泛应用，成为日常生活中不可或缺的支付方式。支付宝、微信支付等数字支付平台深入人心，覆盖零售、餐饮、交通等多个领域。大数据技术在我国得到广泛应用，助力企业提升效率、市场营销及政府服务优化。金融、医疗、城市规划等行业纷纷借助大数据技术，实现精准分析和有效应用。

我国政府通过推动数字化转型，提升政府服务效率。在线办事、电子政务平台等手段，为公民提供便捷服务。在制造业、农业等传统产业领域，我国积极推进数字化升级，工业互联网等概念受到关注，旨在提升产业链智能化水平。此外，我国逐步完善数字经济法规体系，包括数据安全法、个人信息保护法等，确保数字经济的健康发展。

（2）德国概况。

德国在数字经济发展领域的领先地位得以保持，其科技与工程领域的卓越成就备受全球瞩目。在这个高度发达的经济体中，

---

① 俞懿春，李晓骁，赵益普，李滢嫣．“中国数字经济发展促进开放合作”（外媒看中国）［N］．人民日报，2020－09－26.

制造业、汽车工业及工程技术等方面的企业创新成为国家经济的重要支柱。德国在数字化转型方面取得了显著的进展，尤其在制造业与工业领域，其表现尤为突出。

德国积极推动工业 4.0 的发展，以数字化、自动化及物联网为核心，在该领域的实践相对领先。在这个过程中，中小企业发挥了关键作用。在数字经济的浪潮中，众多中小企业积极参与数字化转型，采用先进技术以提升效率和竞争力。为了实现更为先进的数字化工业，德国致力于将传统制造业转型，涵盖数字化生产流程、智能工厂及物联网应用，以提高生产效率和灵活性。

在人工智能领域，德国同样在不断努力。政府大力投资研究与发展，推动人工智能技术应用于医疗、交通、制造等多个领域。此外，金融领域也正在经历数字化转型，涉及数字支付、金融科技及在线银行服务等。这些变革为德国金融业带来了更高的效率和便捷性。

在人才培养方面，德国在数字经济领域取得了显著的成果。高校和研究机构致力于培养具备数字化技能的专业人才，为国家的数字化转型提供了有力支持。同时，德国政府在提供数字化社会服务方面也取得了进展。数字化医疗服务、在线政务及数字化教育等领域的创新发展，为民众带来了更加便捷、高效的社会服务。德国在数字经济领域的发展具有鲜明的特点和优势。其在科技、工业、金融和人才培养等方面的全面发展，为国家经济的持续繁荣奠定了坚实基础。

（3）印度概况。

印度稳步发展数字经济，尤其在数字支付和金融科技方面已取得显著成果。统一支付接口（UPI）等数字支付方式得到了广泛应用，助力了无现金经济的蓬勃发展。数字银行和金融科技公司不断涌现，进一步推动了数字经济的进步。随着移动互联网用户数量的急剧增长，各类在线服务应运而生。智能手机的普及使更多人得以接触互联网，为数字经济发展注入了活力。电子商务在印度取得了显著的成功，亚马逊、Flipkart 等平台已成为其主要在线零售商，引领了传统零售业向数字化转型的趋势①。为推动数字化服务的发展，印度政府发起了数字印度计划。在线政务、数字身份和电子治理等方面已取得了一定的进展。印度的初创企业生态系统在技术和数字领域蓬勃发展，孵化器、加速器和风险投资等支持体系为创新提供了有力支撑。物联网技术在印度得到了应用，推动了智能城市概念的发展。城市基础设施数字化、智能交通管理等方面取得了积极成果。印度在人工智能和数据科学领域的研究和发展也取得了一定的成绩，技术公司和研究机构正积极探索人工智能在各行业的应用潜力。在线教育在印度日益受到欢迎，尤其在技术和职业培训领域，大规模开放在线课程（MOOC）和在线学习平台取得了成功。

（4）日本概况。

日本在数字支付和金融技术方面取得了一些进展，但相对较慢。传统的现金支付在日本仍然非常普遍，但近年来电子支付和移动支付的使用逐渐增加。日本的互联网使用率相对较高，但与其他一些发达国家相比，互联网商业的发展可能相对保守。然而，

---

① 印度在线广告兴起，Flipkart，Snapdeal 等平台受益［EB/OL］. https：//www. ennews. com/article－20684－1. 2021－03－31/2024－09－02.

互联网使用在各个领域逐渐增加，包括电子商务、在线服务和社交媒体。电子商务在日本有所增长，尤其是在消费品领域。大型电商平台和在线零售商在市场上占据一席之地，但传统零售商仍然在一定程度上保持强势。日本在技术和创新方面一直处于领先地位。该国的科技公司致力于研发先进的技术，包括自动驾驶、机器人技术和人工智能。制造业是日本经济的重要组成部分，数字化和工业 4.0 的概念正在推动制造业的数字化转型。物联网和大数据分析等技术在工业生产中发挥作用。日本政府推动数字化转型，提高在线服务的可用性。数字身份、在线政务和电子治理等方面有一些进展。日本一直是机器人技术的领军者之一，尤其在工业和服务机器人方面。人工智能也在医疗、金融和其他领域得到应用。

在数字支付与金融技术领域，日本虽取得一定成果，但发展相对较缓。尽管现金支付仍占主导地位，但近年来电子支付及移动支付的应用逐渐普及。互联网在日本的普及率较高，然而相较于部分其他国家，其互联网商业发展略显保守。然而，各领域互联网应用逐步拓展，涵盖电子商务、在线服务以及社交媒体。电子商务在日本取得一定增长，尤其在消费品领域。大型电商平台与在线零售商在市场占据一席之地，但传统零售商仍具竞争力。

作为科技与创新领域的佼佼者，日本企业积极研发先进技术，如自动驾驶、机器人技术及人工智能。制造业作为日本经济支柱，正逐步实现数字化转型，借助物联网、大数据分析等技术提升生产效率。为推动数字化转型，日本政府着力提升在线服务便利性，涉及数字身份、在线政务及电子治理等方面。在机器人技术领域，日本尤为擅长，尤其在工业和服务机器人方面。此外，人工智能技术在日本医疗、金融及其他行业得到广泛应用。

（5）韩国概况。

韩国作为高度数字化的典范，其发达的互联网基础设施和较高的智能手机普及率为数字经济的繁荣奠定了坚实基础。在本国市场，电子商务发展迅猛，酷澎（Coupang）等大型电商平台占据主导地位，在线零售、餐饮配送以及服务行业的数字化程度颇高。此外，移动支付在韩国已然普及，智能手机支付和电子钱包广泛应用于日常生活，这得益于便捷的支付应用和高度数字化的支付基础设施。

在科技创新方面，韩国表现卓越，尤其在半导体、电子、通信和信息技术领域，三星、LG 等韩国公司在全球市场占据重要地位。韩国还是世界上首个商用 5G 网络的国家，5G 技术的推广催生了诸多新型数字服务和应用，如增强现实（AR）和虚拟现实（VR）等。此外，韩国政府积极支持科技创新，为企业提供政策扶持和资金投入，以推动产业升级和技术转型。

韩国金融领域已实现数字化转型，包括在线银行、投资平台和数字化支付服务，金融科技公司在这一过程中发挥了关键作用。政府亦积极推动数字化转型，以提升政府服务效率，在线政务、数字身份和电子治理等方面取得了显著成果。为了进一步推动数字化转型，韩国政府还与民间企业合作，共同开展数字化创新项目，鼓励民间企业参与国家数字化战略的实施。

在人工智能领域，韩国大力投入，推动该项技术在医疗、制造业等领域的应用。为了培养人工智能人才，韩国政府和企业纷纷加大对教育和培训的投入，以提高国家整体创新能力。此外，韩国还与全球领先的技术企业展开合作，引进先进技术，促进国内产业创新和发展。

（6）美国概况。

美国长期担任技术与创新领域的先锋者，尤其是在硅谷等科技重镇，诸如谷歌、苹果、亚马逊和脸书（Facebook）等大型科技公司在全球范围内发挥着关键作用。美国在数字支付和金融科技领域取得了显著成果，移动支付、在线银行及金融科技创业公司的发展推动了无现金支付和数字化金融服务的普及。

电子商务在美国得到了广泛应用，尤其在新冠疫情期间，对在线零售的需求进一步上升。亚马逊等电商巨头在美国市场上具有重要地位。美国制造业和工业部门正经历数字化转型，采纳工业4.0技术、物联网和大数据分析，旨在提升生产效率和创新能力。美国在人工智能研究及应用领域始终保持领先地位，企业、研究机构和创业公司携手在医疗、金融、交通等领域推动人工智能技术的应用。5G技术的推广已步入正轨，美国电信运营商正积极部署和扩展5G网络，有望催生更多创新数字服务和应用。在医疗健康领域，数字化医疗服务和电子健康记录等技术的应用日益普及，推动医疗行业的数字化转型。在线教育在美国逐渐崭露头角，尤其在高等教育和职业培训领域，在线学习平台和远程教育工具得到广泛应用。

美国政府在数字化转型方面取得了一定进展，提升了在线政务服务的可用性，包括数字身份验证和在线政府服务。美国在数字经济领域保持领先地位，不断推动技术创新和数字化转型。

6.1.2 数实融合量度的国际比较

本小节依托所选取的中国、德国、印度、日本、韩国、美国这六个国家的投入产出表，进行融合量度的汇总计算，从而进行对比分析，进行国际比较。

在投入产出表中，投入产出部门的分类，主要依据经济行业分类，根据经济发展状况、行业规模和基础数据可获得性综合确定，不同年份的标准一致。细分成45个部门的目的是提高各年度投入产出表的时间序列数据可比性。目前，各个国家的投入产出表采用45个部门投入产出表。下面两小节对于融合量度、融合强度的计算就是基于45个部门各国家的投入产出表得出的。

融合量度是一种综合考量融合程度的测度方法。融合量度可以看作用来衡量数字经济与实体经济融合的数量规模的指标，通过计算一个国家的产业中数字产业的投入量来反映融合的程度。融合量度越高，说明数字产业在生产中所占比重越大。换言之，融合量度数值高意味着在生产投入中的数字产业的投入更多。笔者进行融合量度的计算所采取的公式为：

$$\text{融合量度} = \sum_{j=1}^{n}\sum_{i=1}^{n} X_{\text{数字产业}i,\ \text{实体产业}j}\ (i=1,\ j=1,\ 2,\ \cdots,\ n) \tag{6-1}$$

其中，数字产业的衡量采用的是在45个部门的投入产出表中的“电信公司、信息技术和其他服务”。而实体产业是包括制造业、农业、建筑业以及其他工业。具体反映到45个部门的投入产出表中剔除掉反映数字产业的电信公司、信息技术和其他服务，其余部门即可反映实体产业的部门。具体的中国、德国、印度、日本、韩国、美国这六个国家的融合量度如表 6 –1 所示。

表 6 –1　　六国家融合量度　　单位：美元

国家	2011 年	2012 年	2013 年	2014 年	2015 年	2016 年	2017 年	2018 年	2019 年	2020 年	十年均值
中国	103250. 22	103640. 33	135040. 03	170022. 82	177100. 67	170022. 82	168943. 73	199455. 45	197027. 95	193358. 73	161786. 30
德国	84497. 52	81131. 38	89102. 64	93780. 315	87428. 94	90542. 40	97845. 61	112182. 50	113314. 59	154276. 73	100410. 30
印度	32858. 43	26147. 36	25095. 16	25289. 94	26436. 57	25592. 63	24125. 04	24206. 31	26258. 14	34263. 08	27027. 27
日本	139697. 56	141032. 92	116380. 04	110514. 50	102022. 33	114032. 38	111400. 02	117218. 53	121248. 13	129324. 79	120287. 10
韩国	28899. 10	28560. 75	30150. 20	32088. 82	31512. 72	114032. 38	34641. 71	113824. 06	36626. 47	35824. 41	48616. 07
美国	449890. 45	465472. 99	489468. 37	523570. 34	552956. 36	594380. 31	626826. 85	676678. 10	705266. 22	701726. 87	578623. 70

资料来源：作者根据经济合作与发展组织（OECD）国家间投入产出表整理而得。

由表 6 –1 可以看出，中国、德国、印度、日本、韩国、美国这六个国家在 2011 ~2020 年的融合量度是存在很多差异的。

第一，总体而言，中国、德国、印度、日本、韩国、美国这六个国家在 2011 ~2020 年的融合量度是存在很多差异的。其中，中国、德国、印度、日本、韩国这五个国家的融合量度在 2011 ~2020 年呈现出增长的趋势，而美国的融合量度在 2011 ~2015 年呈现出增长的趋势，但在 2015 ~2020 年呈现出下降的趋势。

第二，具体来看，各个国家融合量度增加幅度是不同的。具体融合量度增加幅度，如表 6 –2 所示。

表 6-2　　六个国家融合量度增加幅度　　单位：%

国家	2011~2014 年	2014~2017 年	2017~2020 年
中国	64.67	-0.63	14.45
德国	82.58	4.33	57.67
印度	4.27	-4.61	42.02
日本	-7.43	0.80	16.09
韩国	23.96	7.96	3.41
美国	55.98	19.72	11.95

资料来源：作者根据 OECD 国家间投入产出表整理而得。

由表 6-2 可知，整体而言，各个国家的融合量度是增长的，其在波动中是稳步上升的，意味着在生产投入中的数字产业的投入是增加的。

在 2011~2014 年，我国的融合量度实现了 64.67% 的显著增长，中国在这个时期取得了显著的融合进展。2014~2017 年虽然出现了 -0.63% 的下降，但整体趋势依然保持稳定。到 2017~2020 年再次增加了 14.45%，中国在这十年中对各个产业的数字产业投入一直保持稳定的增加，融合量度虽有小幅度波动但仍保持稳定上升的趋势。

德国在 2011~2014 年融合量度大幅增加了 82.58%，在这个阶段，德国数字产业在各个行业的融合效果显著，2014~2017 年虽然增幅减缓，但仍然保持着 4.33% 的正增长。2017~2020 年增加了 57.67%，显示了在融合方面的持续努力和发展。德国在这十年中融合量度不断增大，数字产业的投入持续增加，在各个产业中的比重也持续增加，由此表明德国对数字产业的投入及应用较为准确。印度 2011～2014 年融合量度增加了 4.27%，增长幅度较小但仍然是正增长。2014～2017 年出现了 －4.61% 的下降，2017～2020 年再次增加了 42.02%，显示了印度在将数字产业融入实体产业方面虽在积极探索发展但投入的比重是较小的，数字产业的融合效果甚微。日本在 2011～2014 年经历了 －7.43% 的下降，表明在该时期内数字产业投入实体产业的进展面临一定挑战。2014～2017 年，日本虽实现 0.80% 的增长，但增幅较小，2017～2020 年，日本增长 16.09%，从日本数字产业对实体产业投入的比重看，融合量度一直处于较好的情况，对于数字产业投入的比重和应用处于较高的位置，数字产业在实体产业中融合很好。韩国在 2011～2014 年融合量度增长 23.96%，展现了较大的正增长。2014～2017 年，韩国继续增长，增幅为 7.96%。2017～2020 年，韩国增长 3.41%，表明其在融合领域的发展稳健。美国在 2011～2014 年融合量度大幅增长 55.98%，反映出在该时期内美国取得了显著的融合成果。2014～2017 年，美国继续增加 19.72%，显示出融合领域的持续发展。2017～2020 年，尽管增幅减缓，但仍保持 11.95% 的正增长。这十年，美国在融合方面表现出色。

这些数据揭示了各国在融合领域的动态变化。虽然某些国家在特定时期经历了短期下降，但总体上呈现积极趋势，表明各国均在不断努力推动融合发展。

6.1.3　数实融合强度的国际比较

本小节依托所选取的中国、德国、印度、日本、韩国、美国这六个国家的投入产出表，进行融合强度的汇总计算，从而进行对比分析，进行国际比较。

融合强度是指衡量数字经济与实体经济融合效果强度的指标，其可以评价和度量一个国家的产业结构中数字产业的数量。融合强度反映了数字产业在一个国家中产业的整合程度。数字产业越多地参与到一个国家的产业中，此国家的融合强度的数值就越高。因此，如果一个国家的融合强度提高，意味着数字产业对该国家的产业产品的贡献度也会相应增加。

综上所述，融合强度可以作为衡量一个国家数字产业贡献度的指标，通过提高融合强度，可以实现数字产业对实体产业的更高贡献。笔者进行融合量度的计算所采取的公式为：

$$\text{融合强度} = \sum_{j=1}^{n} \sum_{i=1} X_{\text{数字产业}i,\ \text{实体产业}j} \sum_{j=1}^{n} X_{\text{实体产业}j} \quad (6-2)$$

此公式的分子部分的计算与融合量度是一致的。分母部分可看作实体产业的总和，而实体产业的总和是指45个部门投入产出表中剔除数字产业（电信公司、信息技术和其他服务）后所有部门之和。具体的中国、德国、印度、日本、韩国、美国这六个国家的融合强度如表6-3所示。

表6-3　　六个国家融合强度

国家	2011年	2012年	2013年	2014年	2015年	2016年	2017年	2018年	2019年	2020年	十年均值
中国	0.0053	0.0046	0.0052	0.0059	0.0058	0.0059	0.0055	0.0059	0.0056	0.0054	0.0055
德国	0.0121	0.0125	0.0132	0.0134	0.0146	0.0147	0.0149	0.0158	0.0164	0.0224	0.0150
印度	0.0090	0.0075	0.0071	0.0067	0.0071	0.0066	0.0055	0.0051	0.0054	0.0074	0.0067
日本	0.0131	0.0131	0.0129	0.0131	0.0137	0.0140	0.0136	0.0138	0.0142	0.0154	0.0137

续表

国家	2011 年	2012 年	2013 年	2014 年	2015 年	2016 年	2017 年	2018 年	2019 年	2020 年	十年均值
韩国	0.0096	0.0012	0.0012	0.0013	0.0014	0.0140	0.0014	0.0044	0.0014	0.0102	0.0046
美国	0.0170	0.0169	0.0171	0.0175	0.0183	0.0193	0.0194	0.0198	0.0200	0.0205	0.0186

资料来源：作者根据 OECD 国家间投入产出表整理而得。

由表 6－3 可见，中国、德国、印度、日本、韩国、美国这六个国家的融合强度的变化基本是不断增强的趋势。在 2011～2020 年这十年里，六个国家的数字产业与实体产业的融合强度大体是不断增强，尤其是德国的融合强度在整个十年内呈稳步增加的趋势，尤其是在 2020 年达到最高值。这可能反映了德国在数字化和实体产业融合方面的积极推动和投资。美国的融合强度在 2011～2017 年一直微微有上升，然后在 2017 年后趋于平稳。由此可见，美国的数字产业与实体产业的融合强度相对较高。日本的融合强度在整个十年内波动较小，整体上呈现出稳定的趋势。相对来说，日本的数字产业与实体产业的融合强度相对较高。中国的融合强度似乎在 2011～2014 年略微上升，然后在 2014～2016 年波动，最后在 2016～2020 年下降。这表明中国在这十年数字产业投入实体产业并不是很大。印度和韩国的融合强度在 2011～2016 年有所波动，然后在 2016 年后略有回升。印度和韩国的融合强度相对较低，但在最近几年有所上升。

这一现象的背后有着多方面的原因。以下将从技术进步、政策推动、市场需求和经济发展四个方面对这一现象持续稳定的原因进行深入剖析。

第一，现实因素。技术进步是推动数字产业与实体产业融合的重要因素。随着信息技术的不断发展，数字产业与实体产业之间的界限逐渐模糊，两者之间的融合变得更加容易。例如，大数据、云计算、人工智能等技术的应用，使得数字产业可以更好地服务于实体产业，提高了生产效率和经济效益。此外，新兴技术的不断涌现也在很大程度上降低了数字产业与实体产业融合的难度，进一步推动了产业间的深度融合。市场需求的变化也促使数字产业与实体产业加速融合。随着消费者对产品和服务的需求日益多样化、个性化，企业需要借助数字技术来更好地满足市场需求。例如，智能制造、个性化定制等模式的应用，可以更好地满足消费者的需求，提高市场占有率。同时，企业间的竞争也愈发激烈，数字产业与实体产业的融合成为企业在市场竞争中脱颖而出的重要手段。

第二，国家政策。政策推动也是数字产业与实体产业融合加速的关键因素。在全球范围内，各国政府纷纷出台相关政策，鼓励数字产业与实体产业的融合发展。例如，我国政府提出了“互联网+”战略，旨在推动互联网与各个产业的深度融合，加快产业转型升级。与此同时，美国政府注重发展人工智能等新兴技术，以促进数字产业与制造业的结合，提升国家竞争力。

第三，经济发展是推动数字产业与实体产业融合的宏观背景。随着全球经济的发展，各国纷纷加大对实体经济的投入力度，同时也注重数字经济的发展。数字产业与实体产业的融合，有助于推动经济的转型升级和高质量发展，为各国经济增长注入新的活力。

6.1.4　数实融合效度的国际比较

本小节依托所选取的中国、德国、印度、日本、韩国、美国这六个国家的投入产出表，进行融合效度的汇总计算，从而进行对比分析，进行国际比较。

融合效度可以看作衡量一个国家进行产业生产的投入结构中，高级要素部门和低级要素部门的相对重要性。一个国家的融合效度越高，意味着在该国家的数字产业的生产中，应用型数字产业的投入占比越高，而基础型产业的投入占比越低。在这个背景下，应用型数字产业的投入占比高意味着一个国家的数字产业的技术水平较高，而基础型产业的投入占比高则意味着该国家的技术水平较低。所以，融合效度可看作技术型数字产业与基础型数字产业投资的使用量之比。

其计算公式为：融合效度 = 技术型数字产业投入/基础型数字产业投入。其中，基于 45 个部门的各个国家投入产出表，技术型数字产业的投入，包括软件服务投入与信息技术服务投入。一般来说，对于数实融合国家间融合量度与融合强度的分析，是基于 45 个部门投入产出表汇总计算所得的。但对于融合效度来说，需要明确技术型数字产业与基础型数字产业。即数字产业的投入是对信息传输、软件和信息技术服务的投入，需要再次细分为技术型数字产业投入与基础型数字产业投入。一般的 45 个部门的投入产出表对于电信公司、信息技术和其他服务投入的衡量不够细化，无法满足对融合效度的计算。而 45 个部门的各国投入产出表将电信公司、信息技术和其他服务投入细分为五个投入，即软件服务投入、信息技术服务投入、电信投入、广播电视及信息传输服务投入、互联网和相关服务的投入。这五个投入可以涵盖技术型数字产业投入与基础型数字产业投入，故本小节基于45个部门的投入产出表进行融合效度的计算，从而进行国际比较。

综上所述，融合效度可以用来评估一个国家数实融合中数字产业的技术水平和发展趋势。各个国家融合效度的差异反映的是国家间数字产业技术水平的差别。当然，通过提高融合效度，可以实现一个国家的数字产业技术水平的提升。本小节选取2011～2020年的数据进行国际对比分析。下面是根据数实融合效度公式计算出的中国、德国、印度、日本、韩国、美国这六个国家融合效度的数值，具体情况如表6－4所示。

表6－4　　六个国家融合效度

国家	2011年	2012年	2013年	2014年	2015年	2016年	2017年	2018年	2019年	2020年	十年均值
中国	0.2346	0.1971	0.4523	0.7944	0.6036	0.7944	0.6867	0.8176	0.7120	0.6347	0.5927
德国	1.6082	2.3516	2.7427	2.7238	2.2130	2.3109	2.4839	2.8317	2.8585	2.8982	2.5022
印度	0.0345	0.0167	0.0007	0.0037	0.0765	0.1082	0.0720	0.0867	0.1072	0.0994	0.0606
日本	1.5998	1.4107	1.5978	1.7163	1.6978	1.0982	1.5053	0.9459	1.7080	1.6404	1.4920
韩国	0.6357	0.7529	0.6098	0.6850	0.5890	1.0982	0.6115	0.5854	0.7134	0.6008	0.6882
美国	1.0060	1.7537	1.7227	1.7803	1.7854	1.8583	2.0358	2.1171	2.1676	1.6459	1.7873

资料来源：作者根据OECD国家间投入产出表整理而得。

由表6－4可以看出，中国、德国、印度、日本、韩国、美国这六个国家在2011～2020年的融合效度是存在很多差异的。

第一，在十年中各个国家的融合效度大小排序可看作：德国 > 美国 > 日本 > 韩国 > 中国 > 印度。我们从排序中可以发现，发达国家的排名靠前，发展中国家靠后。这显示融合效度与国家经济发达水平的高低相关性较大。

第二，德国与美国的融合效度数值处于 1 ~3，这是远远高于其他不发达国家的。这显示了在德国和美国的数字产业生产中，应用型数字产业的投入占比很高，而基础型产业的投入占比很低。即电信公司、信息技术和其他服务的投入比重很大，而电信投入等基础性投入占比较低，说明了相比于其他国家，德国与美国新兴数字产业发展更为迅猛，成为数字产业的中流砥柱与主力军，数字产业的技术化水平是远远领先于其他国家的。其中，德国的融合效度数值更大，数字产业的技术化水平更高。

第三，日本和韩国虽然融合效度存在差异，但总体水平都在 1 上下，说明在这两个国家的数字产业中，技术型数字产业的投入（信息技术和其他服务投入）是高于基础型数字产业的投入（电信投入等）的，技术型数字产业的占比较大。这反映了日本和韩国的数字产业的内部结构是比较合理的，但数字产业的技术化水平相比于德国和美国是比较低的。在日本和韩国的数字产业中，虽然技术型数字产业的投入高于基础型数字产业，但两者的融合效度存在差异。在日本，数字产业内部结构较为合理，信息技术和其他服务投入占比较大，这有利于推动数字产业的发展。然而，与德国和美国相比，日本和韩国数字产业的技术化水平相对较低，这可能会影响两国在数字产业领域的竞争优势。针对这一情况，日本和韩国在未来数字产业的发展过程中，一方面，应加大技术创新力度，提高技术型数字产业的核心竞争力。首先，政府需要制定相应政策，加大对信息技术和其他服务领域的支持，鼓励企业进行技术研发和创新。其次，企业应积极寻求与国内外合作伙伴的合作，共同推动技术进步。此外，加强人才培养和引进也是提高数字产业技术化水平的关键。通过这些措施，有望提高日本和韩国在数字产业领域的整体竞争力。另一方面，基础型数字产业在日本和韩国的发展中也具有重要意义。提高电信等基础设施的质量和覆盖范围，有助于为数字产业提供良好的发展环境。同时，基础型数字产业与技术型数字产业的融合，可以进一步推动数字产业内部结构的优化，实现产业链的协同发展。日本和韩国在数字产业发展上具有一定的优势，但也存在一定的不足。通过加大技术创新力度、优化产业政策和加强人才培养等措施，有望提高两国的数字产业技术化水平，进一步巩固和提升两国在国际竞争中的地位。同时，基础型数字产业与技术型数字产业的融合发展，将有助于推动数字产业内部结构的优化，实现产业链的升级，为日本和韩国的数字产业发展注入新的活力。

第四，中国 2011 ~ 2013 年的融合效度的值在 0.5 以下，2014 ~ 2020 年数值上升较快，接近于 1。这表明技术型数字产业的投入是小于基础型数字产业的投入的。也就是说，在中国数字产业的结构中，基础型数字产业的投入所占比重是极大的，是数字产业发展重点依赖的对象。在分析数字产业投入结构的基础上，我们可以进一步探讨中国数字产业的发展特点和趋势。

首先，基础型数字产业在中国数字产业中占据了重要地位。电信、广播电视及信息传输服务、互联网和相关服务等领域的发展为整个数字产业提供了坚实的基础。这些领域之间的融合与互动，推动了数字产业的快速发展。此外，基础型数字产业对于相关技术的研究与创新也具有重要意义，为技术型数字产业的发展提供了源源不断的支持。

其次，技术型数字产业在中国数字产业中的地位逐渐上升。随着互联网、大数据、人工智能等技术的迅猛发展，技术型数字产业成为推动数字产业转型升级的关键力量。值得注意的是，虽然技术型数字产业的投入相对较低，但其对于整个数字产业的价值和影响力不容忽视。未来，随着技术研发和创新能力的不断提升，技术型数字产业在中国数字产业中的地位将进一步凸显。

再次，中国数字产业的区域发展不平衡问题值得关注。一方面，东部沿海地区凭借其优越的地理位置、丰富的资源和人才优势，成为数字产业发展的领头羊。另一方面，中西部地区在数字产业方面的发展相对滞后，这与当地的经济、教育、科技水平等因素密切相关。为了促进数字产业在全国范围内的均衡发展，政府和企业应加大对中西部地区的投入和支持力度，提升当地数字产业的发展水平。

最后，中国数字产业的发展正面临前所未有的机遇和挑战。在全球数字经济浪潮的背景下，我国数字产业具备了良好的发展条件。然而，与国际先进水平相比，我国在数字产业的核心技术、关键领域、国际竞争力等方面仍存在一定差距。因此，未来中国数字产业的发展需要继续加大投入，尤其是在技术研发和创新能力方面。

综上所述，进行数实融合程度的国际比较选取中国、德国、印度、日本、韩国、美国这六个国家是存在合理性的。这六个国家各自的数字经济发展情况较好，具备研究数实融合的价值，作为发达国家和发展中国家的代表，具有代表性；以融合量度度量数实融合时，中国、德国、印度、日本、韩国、美国这六个国家随着时间的推移，融合量度的数值呈增加的趋势，但德国、日本、韩国、美国这四个国家的数实融合的程度是优于中国和印度的。且各个国家融合量度增加的幅度也是不同的。以融合强度度量数实融合时，中国、德国、印度、日本、韩国、美国这六个国家的融合强度的数值变化稳定且有增强趋势，但融合强度的变化程度不同，有适当的波动。以融合效度度量数实融合时，德国数字经济的技术化水平极高，美国数字经济的技术化水平较高，日本和韩国的数字产业的技术化水平以及数实融合的前景发展趋势优于中国，再优于印度。

6.2　中国数实融合程度的省际比较

6.2.1　区域选取

6.2.1.1　选取依据

本节依据研究主题，研究内容以及现有的研究情况，将研究数实融合尺度聚焦在省际比较。在研究地区的选择上，选择数字经济与实体经济基础扎实和具有数实融合潜力与持续性的省份。中国幅员辽阔，有 34 个省级行政区，但难以罗列所有的省份以及省级单位进行比较。为此，根据覆盖性、代表性、前沿性等原则，选取北京、山东、广东、辽宁、四川、湖北、陕西七个省份，依据不同的维度和指标进行省际比较。本小节主要以地理位置、地区生产总值以及人均 GDP、经济发展水平为依据，分析选取这七个省份的合理性。

（1）地理位置、地区生产总值以及人均 GDP。

根据地理位置而言，中国一般分为七大地理地区：东北、华北、西北、华东、华中、华南和西南。人均生产总值则能反映一个地区劳动力的创造价值。人均 GDP 在某种程度上比地区生产总值更能反映一国或一个地区的富裕程度和经济发展水平。在有数据可查的年份中，选取 1997 年、2002 年、2007 年、2012 年、2017 年的数据。围绕七大地理地区，分别考虑北京、山东、广东、辽宁、四川、湖北、陕西七个省份的地区生产总值以及人均地区生产总值在全国省级行政单位的排名情况（剔除港澳台地区）。具体数据如表 6－5 和表 6－6 所示。

表 6－5　　七省份地区生产总值总量及排名

省份	1997 年		2002 年		2007 年		2012 年		2017 年	
	地区生产总值（亿元）	排名	地区生产总值（亿元）	排名	地区生产总值（亿元）	排名	地区生产总值（亿元）	排名	地区生产总值（亿元）	排名
北京	1810.09	16	3212.71	15	9353.32	10	17879.40	13	28014.94	12
山东	6537.07	3	10552.06	3	25965.91	2	50013.24	3	72634.15	3

续表

省份	1997 年		2002 年		2007 年		2012 年		2017 年	
	地区生产总值（亿元）	排名	地区生产总值（亿元）	排名	地区生产总值（亿元）	排名	地区生产总值（亿元）	排名	地区生产总值（亿元）	排名
广东	7315. 51	1	11769. 73	1	31084. 40	1	57067. 92	1	89705. 23	1
四川	3320. 11	10	4875. 12	10	10505. 30	9	23872. 80	8	36980. 22	6
辽宁	3490. 06	7	5458. 22	7	11023. 49	8	24846. 43	7	23409. 24	14
湖北	3450. 24	8	4975. 63	9	9230. 68	12	22250. 45	9	35478. 09	7
陕西	1326. 04	22	2035. 96	21	5465. 79	20	14453. 68	16	21898. 81	15

由表 6－5 可见，北京市在 1997 年、2002 年、2007 年、2012 年、2017 年的地区生产总值与排名分别是 1810. 09 亿元、3212. 71 亿元、9353. 32 亿元、17879. 40 亿元、28014. 94 亿元，第 16 名、第 15 名、第 10 名、第 13 名、第 12 名；山东省在 1997 年、2002 年、2007 年、2012 年、2017 年的地区生产总值与排名分别是 6537. 07 亿元、10552. 06 亿元、25965. 91 亿元、50013. 24 亿元、72634. 15 亿元，除 2007 年地区生产总值处于全国第二以外，其余年份都居于全国第三；广东省在 1997 年、2002 年、2007 年、2012 年、2017 年的地区生产总值是 7315. 5 亿元、11769. 73 亿元、31084. 40 亿元、57067. 92 亿元、89705. 23 亿元，地区生产总值在这五年之中，居于全国第一。其余省份的地区生产总值以及排名情况不再赘述。从地区生产总值的角度来衡量排名时，选取的省份在全国 31 个省级行政区中（剔除港澳台地区的数据）排名在前部、中部、后部都有涉及，且七省份中排名靠前的居多。

由表 6－6 可知 1997 年、2002 年、2007 年、2012 年、2017 年

中七省份的人均GDP以及排名。通过表6－6可以直观地发现，从人均GDP的维度来看，选取的七个省份在全国省级行政单位中的分布更为合理，与从地区生产总值中七省份排名靠前的居多不同，考虑人均GDP的话，七省份在31个省级行政区排名的位次分布更为平均，便于下一步更为直观地观察数实融合的差异，增强省际的对比分析。

表6－6　　　　　　　　七省份人均GDP及排名

省份	1997年		2002年		2007年		2012年		2017年	
	人均GDP（元）	排名	人均GDP（元）	排名	人均GDP（元）	排名	人均GDP（元）	排名	人均GDP（元）	排名
北京市	16609	2	28449	2	58204	2	87475	2	128994	1
山东省	7461	9	11645	9	27807	7	51768	10	72807	8
广东省	10130	5	15030	5	33151	6	54095	8	80932	7
四川省	4032	24	5766	26	12893	24	29608	24	44651	21
辽宁省	8725	8	12986	8	25729	9	56649	7	53527	14
湖北省	4884	16	8319	14	16206	16	38572	13	60199	11
陕西省	3834	28	5523	27	14607	20	38564	14	57266	12

（2）地区经济发展水平。

东北地区涵盖黑龙江省、吉林省和辽宁省。面积约占全国的15.3%，人口约1.21亿人。但近年来东北地区的GDP总量仅占全国经济总量的5%左右。对于黑吉辽三省，由表6－7可见，东北地区的地区生产总值排名为：辽宁省、黑龙江省、吉林省。辽宁省在这一地区内，GDP的总量高于吉林省与黑龙江省，份额占比较大。同等条件下，辽宁省实体经济与数字经济的体量更大。在衡量数实融合的研究中，基于实体经济与数字经济发展的综合考虑，在东北地区选择辽宁省为研究对象。

表 6－7　东北地区分省份地区生产总值　单位：亿元

省份	2017 年	2012 年	2007 年	2002 年	1997 年
辽宁省	21693	17848.6	10292.2	5458.2	3582.5
吉林省	10922	8678	4080.3	2043.1	1464.3
黑龙江省	12313	11015.8	6126.3	3242.7	2397.6

华东地区涵盖上海市、江苏省、浙江省、安徽省、福建省、江西省和山东省。由表 6－8 可见，华东地区的各省份生产总值的总量总体较大。衡量数实融合的程度，研究地区应选择经济发达、数字产业化与产业数字化结合较好的区域。综合考虑地域、熟悉程度、发展潜力等选择山东省为此区域核心省份。

表 6－8　华东地区分省份地区生产总值　单位：亿元

省份	2017 年	2012 年	2007 年	2002 年	1997 年
上海市	32925	21305.6	12878.7	5795	3465.3
江苏省	85869.8	53701.9	25988.4	10606.9	6680.3
浙江省	52403.1	34382.4	18640	8040.7	4695.9
安徽省	29676.2	18341.7	7941.6	3827.7	2485.4
福建省	33842.4	20190.7	9325.6	4467.6	2870.9
江西省	20210.8	12807.7	5777.6	2450.5	1605.8
山东省	63012.1	42957.3	22718.1	10076.5	6537.1

华北地区是指由北京市、天津市、山西省、河北省、内蒙古自治区构成的区域。华北地区的经济发展凸显出其在中国发展中的重要地位。该地区拥有中国的政治、文化和科技创新中心，如北京市和天津市。同时，华北地区还具有丰富的矿产资源和独特的大草原自然环境，具备工业发展、实体经济发展的原始物质资料。如表 6－9 所示，北京市与河北省的经济体量是较大的，但综合考虑到人口因素、人均 GDP、产业结构、数字产业的发展等因素，且北京作为首都，在华北地区乃至全国的经济地位是毋庸置疑的，故选取北京市作为华北区域的代表性研究对象更为合理。

表 6－9　华北地区分省份地区生产总值　单位：亿元

省份	2017 年	2012 年	2007 年	2002 年	1997 年
北京市	29883	19024.7	10425.5	4525.7	2118.1
天津市	12450.6	9043	4158.4	1926.9	1264.6
河北省	30640.8	23077.5	12152.9	5518.9	3652.1
山西省	14484.3	11683.1	5935.6	2324.8	1476
内蒙古自治区	14898.1	10470.1	5166.9	1940.9	1153.5

华中地区是指由河南省、湖北省、湖南省构成的区域。中部地带是我国经济发展水平中等而发展潜力最大的地区，而华中又是中部的中心地带和经济发展条件极其优越的地区。从表 6－10 可以直观地看到，在 GDP 总量上，河南省的地区生产总值是大于湖北省大于湖南省的。但是，河南省人口众多，产业结构以第一产业为主，第二、第三产业占比相对较低。而湖北省全省 2022 年固定资产投资高位起步，全年增长 15.0%，居全国第二位。高技

术制造业增加值比上年增长21.7%，高于全国14.3个百分点。这说明湖北省的工业势头发展更猛，在数字经济与实体经济的基础较好。并且，考虑人口、国家支持政策、工业基础等方面条件，湖北省应该成为数实融合在华北地区的重点关注省份。

表6-10　　华中地区分省份地区生产总值　　单位：亿元

省份	2017年	2012年	2007年	2002年	1997年
河南省	44824.9	28961.9	14824.5	6035.5	4041.1
湖北省	37235	22590.9	9451.4	4212.8	2856.5
湖南省	33828.1	21207.2	9285.5	4151.5	2849.3

华南地区是指由广东省、广西壮族自治区、海南省构成的区域。华南地区作为中国的经济重镇，其经济发展呈现出许多亮点，展现出了强大的实力和潜力，见表6-11。从广东、广西到海南，每个地方都有独特的地理、经济特色。在此地区中，显而易见，广东省的地区生产总值遥遥领先，在全国的GDP总量排名中也是稳居第一。广东省的崛起不仅得益于其经济实力，还源于区位优势和区域协同发展。并且，在广东，有中国数字化的前沿城市——深圳。故在华南地区选择广东省为代表性省份。

表6-11　　华南地区分省份地区生产总值　　单位：亿元

省份	2017年	2012年	2007年	2002年	1997年
广东省	91648.7	57007.7	31742.6	13601.9	7793
广西壮族自治区	17790.7	11303.6	5474.8	2523.7	1817.3
海南省	4497.5	2789.4	1234	642.7	411.2

西南地区共包括四川省、云南省、贵州省、重庆市、西藏自治区等五省份，总面积约234.06平方公里，是我国西部地区经济发展的核心地区，也是西部大开发的重要阵地。在此地区中，四川的地区生产总值居于第一位，由表6－12可以直观地看出，四川省的经济体量明显高于其他省份很多。且国家政策对成都经济数字化扶持力度更大。故选择四川省作为西南地区数实融合程度的代表。

表6－12　　　　西南地区分省份地区生产总值　　　　单位：亿元

省份	2017年	2012年	2007年	2002年	1997年
重庆市	20066.3	11595.4	4770.7	2279.8	1525.3
四川省	37905.1	23922.4	10562.1	4725	3241.5
贵州省	13605.4	6742.2	2847.5	1243.4	805.8
云南省	18486	11097.4	5077.4	2358.7	1676.2
西藏自治区	1349	710.2	344.1	162	77.2

西北地区由陕西省、甘肃省、青海省、宁夏回族自治区和新疆维吾尔自治区构成。西北地区自古以来就是中国的战略节点地区。无论是丝绸之路，还是近年的国家发展，这里都展现了其独特的价值。在西北地区，通过表6－13可以看出，陕西省的地区生产总值是领先的，且陕西省的实体产业基础雄厚，故选择陕西省为核心研究对象。

表6－13　　　　西北地区分省份地区生产总值　　　　单位：亿元

省份	2017年	2012年	2007年	2002年	1997年
陕西省	21473.5	14142.4	5681.8	2253.4	1363.6
甘肃省	7336.7	5393.1	2675.1	1232	793.6

续表

省份	2017 年	2012 年	2007 年	2002 年	1997 年
青海省	2465.1	1528.5	720.1	340.7	202.8
宁夏回族自治区	3200.3	2131	877.6	377.2	224.6
新疆维吾尔自治区	11159.9	7411.8	3500	1612.6	1039.8

6.2.1.2 各地数字经济发展概况

（1）北京市概况。

北京市作为全国数字经济的排头兵，持续在人工智能、大数据、云计算等前沿领域取得显著成就。在2024全球数字经济大会上，北京市发布了多项重磅成果，包括《北京市通用人工智能产业创新伙伴计划》，展示了超1150TB的AI训练数据集、8500P的算力支持，并签约了40余个项目。此外，北京市还发布了81个人工智能大模型应用场景典型案例，覆盖工业制造、金融服务、智慧城市等10类场景。这些举措不仅体现了北京市在人工智能领域的深厚积累，也彰显了其推动数字经济与实体经济深度融合的决心。

（2）山东省概况。

山东省在推进数字强省建设方面成效显著，以数字化赋能高质量发展。据2024年8月山东省政府新闻办举行的新闻发布会得知，2024年上半年，全省信息技术产业营收达到9809.2亿元，同比增长14.9%。山东省通过实施数字产业化十大工程和产业数字化八大行动，加速释放实体经济和数字经济融合效能。在政务服务方面，山东省推出“一件事”应用场景100个，大幅缩减办事环节、表单、申请材料、办理时限。此外，山东省还加快构建新型智慧城市，推进数据资源价值释放，为数字经济发展提供坚实支撑。

（3）四川省概况。

四川省全面推进数字四川建设，赋能数字经济新发展。在 2024 年“数字四川建设推进大会暨第十一届国云智算和 IPTV 超高清节”上，四川省发布了《助力数字四川新质生产力加速发展行动计划》，明确了到 2025 年在数字信息基础设施建设、行业数字化转型、科技创新等方面的目标。四川电信作为主力军，依托中国西部信息中心智算节点和成都天府智算中心，打造超大规模智算能力，助力千行百业转型升级。同时，四川省还发布了数智云宽带和 IPTV 数字教育云平台等创新应用，推动数字技术与教育、医疗等领域的深度融合。

（4）广东省概况。

据 2024 年 9 月广东省政务服务和数据管理局发布的《数字广东建设 2024 年工作要点》可知，广东省发布了包含 55 项任务的工作要点，聚焦政务服务跨境通办、智慧城市群合作等领域。广东省致力于推动基础理论创新和关键技术突破，实施“广东强芯”工程，聚焦人工智能等领域，推进数字产业集群建设和软件产业发展。同时，广东省还优化金融产业服务方式，推广数字人民币应用，探索低空经济时空底座构建，支持智能物联网产业发展。这些举措体现了广东省在数字经济领域的全面布局和前瞻视野。

（5）辽宁省概况。

辽宁省是老工业基地，但也是软件及信息技术产业的先发地。而辽宁是最早发展软件产业的省份之一。由于抓住了信息化建设和国际软件外包的机遇，辽宁省软件产业规模一度位居全国第四。不过，随着其他省份异军突起以及数字经济蓬勃发展，辽宁省数字经济产业也面临着人才流失、企业流失、技术成果流失等挑战。

近年来，辽宁省加快打造数字经济实景。2023 年，辽宁省启动实施全面振兴新突破三年行动，加快发展数字经济是重要内容。作为东北三省中的“老大哥”，辽宁省率先从数字经济中谋求振兴新机遇，还将为全国数字经济发展提供核心技术、探索实践经验。《中国数字经济发展研究报告（2023 年）》显示，东北齐全的工业门类，为产业数字化提供了广阔空间。拿辽宁省来说，联合国产业分类的 41 个工业大类中，辽宁省有 40 个；207 个工业中类，辽宁省有将近 200 个；666 个工业小类，辽宁省有 500 多个。

（6）陕西省概况。

陕西省大力发展数字经济，新型算力基础设施如国家超算西安中心、未来人工智能计算中心等相继建成投用。在 2024 年陕西省两会上，《陕西省人民政府工作报告》中明确提出“抢滩数字经济新蓝海”的部署。陕西省将充分发挥国家超算中心作用，深度拓展数实融合空间，加快推动制造业“智改数转网联”，实施中小企业“赋能、赋智、赋值”专项行动。同时，陕西省还加快“双千兆”网络部署和 IPv6 改造，力争 5G 基站总量达到 12 万个。这些举措为陕西省数字经济发展奠定了坚实基础。

（7）湖北省概况。

2022 年 9 月发布的《湖北数字经济强省三年行动计划（2022—2024 年）》，其中明确了到 2024 年底数字经济核心产业增加值实现翻番的目标。2024 年 6 月湖北省数字经济发展领导小组印发

《湖北省数字经济发展 2024 年工作要点》，将推进数字经济核心产业倍增作为首要任务。湖北省围绕数字产业化、产业数字化等领域实施六大行动，努力打造全国数字经济发展高地。在核心产业倍增行动中，湖北支持省内重点企业联合科研院所开展前沿领域基础研究和技术研发攻关；在融合应用加速行动中，继续加快制造业数字化转型、培育农业数字化应用、推进服务业数字化发展。

6.2.2　数实融合量度的省际比较

本小节依托所选取的北京、山东、广东、辽宁、四川、湖北、陕西这七个省份的投入产出表，进行融合量度的汇总计算，从而进行对比分析，进行省际比较。七省份的融合量度，如表 6 – 14 所示。

表 6 – 14　　七省份融合量度　　单位：亿元

省份	2002 年	2007 年	2012 年	2017 年	排名
北京	2332813.00	4648929.52	6040981.99	26736170.64	1
山东	1775567.22	2900974.63	3552214.17	1974990.74	7
广东	4839871.29	4443833.48	8707897.85	20156216.65	2
辽宁	1624744.90	904484.22	2919049.48	3413733.82	5
四川	1591717.41	2051019.35	5863567.49	11073708.09	4
湖北	1391147.82	971687.24	2426238.82	14190388.69	3
陕西	463800.31	384051.38	1610679.02	3413260.53	6

注：排名按照 2017 年数据进行排序。

由表6－14可以看出，北京、山东、广东、辽宁、四川、湖北、陕西这七省份在2002年、2007年、2012年、2017年的融合量度是存在很多差异的。总体而言，北京、广东、辽宁、四川、湖北、陕西各省份的融合量度随着时间的推进，数值都是呈增加的趋势，这反映了各省份融合的数量规模逐渐加大，在产业投入中对数字产业投入的比重是增大的，只是增长的幅度不同。但山东省比较特殊，山东省在2002～2012年的融合量度数值是增加的，但在2017年骤减，这表明山东省相对于其他省份来说，在产业投入中数字产业投入的比重是降低的。

具体来看，各省份融合量度增加幅度是不同的。融合量度增加幅度，如表6－15所示。

表6－15　　七省份融合量度增加幅度　　单位：%

省份	2007年	2012年	2017年
北京	99.28	29.94	342.58
山东	63.38	22.45	－44.40
广东	－8.18	95.95	131.47
辽宁	－44.33	222.73	16.95
四川	28.86	185.89	88.86
湖北	－30.15	149.69	484.87
陕西	－17.19	319.39	111.91

由表6－15可知，整体而言，各省份的融合量度是增长的，其在波动中是稳步上升的，意味着在生产投入中的数字产业的投入是增加的。湖北、辽宁、广东、陕西几个省份在2007年的融合

量度增长幅度为负值，即融合量度是下降的，融合的数量规模降低；从 2007 年到 2012 年再到 2017 年，随着时间的推移，陕西、辽宁、四川的融合量度增长幅度的变化趋势是一致的，其在 2007 ~ 2012 年，增长幅度大幅度上升，在 2012 ~ 2017 年，增长幅度大幅度下降，在 2012 年存在一个尖点，在变化幅度上陕西大于辽宁大于四川；湖北省融合量度的变化幅度一直是上涨的；北京的融合量度上涨幅度在 2007 ~ 2012 年小幅度下降，在 2017 年回升，且上涨幅度变化更大，高达 312.64%；相比于其他省份，广东省的融合量度的上涨幅度变化更为平稳，与 2007 ~ 2012 年相比，2012 ~ 2017 年的融合量度增长幅度有所放缓。

分省份来看，北京市和广东省两个省份的融合量度水平整体居于比较高的水平。虽然两个省份在某些年份的融合量度高低会稍有变化，但整体数值遥遥领先，是高于其他省份的。这表明北京与广东在全国范围内，数字产业投入较大。在省际比较里，四川、湖北、辽宁、陕西这四个省份的融合量度的水平相对而言是比较低的。整体来看，这四个省份融合量度的排名为：四川、湖北、辽宁、陕西。在 2012 年之前，辽宁与湖北的融合量度的趋势大体一致，不相上下。但在 2012 年左右，湖北省的融合量度逐渐超越辽宁省，稳步攀升，在 2017 年，已经遥遥领先于四川、辽宁、陕西。这反映了在 2012 ~ 2017 年的发展中，湖北省大力支持数字产业的发展，数字产业的投入稳步上升。而在其中，陕西的融合量度一直在各省份的融合量度里是偏低的，相比之下，其对数字产业的投入不大。对于 2017 年融合量度反而减少的山东省来说，其在 2002 年、2007 年的融合量度还处于这几个省份的前列，融合量度虽然低于广东省和北京市，但是其数值是高于四川等省份的。但随着时间推移，在 2012 年，山东省的融合量度低于四川省，在七个省份当中居于第四位。最后在 2017 年，山东省的融合量度居于七个省份的最低位。这表明截至 2017 年，山东省对数字产业的投入相比于其他省份偏少，对实体产业的投入很多，实体产业是山东省经济发展的主要引擎。

6.2.3 数实融合强度的省际比较

本小节依托所选取的北京、山东、广东、辽宁、四川、湖北、陕西这七个省份的投入产出表，进行融合强度的汇总计算，从而进行对比分析，进行省际比较。

融合强度是指衡量数字经济与实体经济融合效果强度的指标，其可以评价和度量一个省份的产业结构中数字产业的数量。融合强度反映了数字产业在一个省份中产业的整合程度。数字产业越多地参与到一个省份的产业中，此省份的融合强度的数值就越高。因此，如果一个省份的融合强度提高，意味着数字产业对该省份的产业产品的贡献度也会相应增加。

综上所述，融合强度可以作为衡量一个省份数字产业贡献度的指标，通过提高融合强度，可以实现数字产业对实体产业的更高贡献。笔者进行融合强度的计算所采取的公式为：

$$\text{融合强度} = \sum_{j=1}^{n}\sum_{i=1} X_{\text{数字产业}i,\ \text{实体产业}j} / \sum_{j=1}^{n} X_{\text{实体产业}j} \quad (6-3)$$

此公式的分子部分的计算与融合量度是一致的。分母部分可看作实体产业的总和，而实体产业的总和是指 42 个部门投入产出表中剔除数字产业（信息传输、软件和信息技术服务）、房地产业与金融业之后的所有实体产业部门总投入之和。具体的北京、山东、广东、辽宁、四川、湖北、陕西七省份的融合强度如表 6－16 所示。

表 6－16　　七省份融合强度

省份	2002 年	2007 年	2012 年	2017 年	排名
北京	0.0269	0.0217	0.0140	0.0415	1
辽宁	0.0121	0.0031	0.0039	0.0062	6
山东	0.0063	0.0037	0.0021	0.0008	7
湖北	0.0120	0.0047	0.0045	0.0166	2
广东	0.0137	0.0049	0.0055	0.0089	4
四川	0.0149	0.0086	0.0098	0.0127	3
陕西	0.0096	0.0032	0.0049	0.0069	5

注：排名按照 2017 年数据进行排序。

由表 6－16 可见：除山东外，北京、广东、辽宁、四川、湖北、陕西六省份的融合强度的变化大体呈“U”型或者“V”型。也就是说，在 2002 年、2007 年、2012 年、2017 年这几年里，各省份的融合强度存在转折点。2007 年与 2012 年各省份的融合强度是普遍低于 2002 年各省份的融合强度的，在 2017 年融合强度出现了回弹。出现这种情况的原因在于：

第一，现实因素。在中间年份，也就是 2002～2012 年的这段时间里，全球金融危机、非典等事件冲击，使经济社会受到了严重影响，不利于经济发展。各省份也有一些现实因素，比如：四川在2008年发生了大地震，基础设施受损，作为经济发展基石的实体产业受损。在此种情况下，势必要优先发展实体经济。所以说，在这种情况下不利于数字经济的发展。

第二，国家政策。我国数字经济的政策发展是具有阶段性的。在2010年以前，数字经济政策处于政策萌芽阶段。也就是说，早期我国信息化基础薄弱，数字经济思潮萌发，但国家政策层面并没有太多的政策扶持，数字经济的发展是处于自由发展的阶段。这个阶段可以上溯到20世纪90年代，一直持续到2010年。但在2010年前后全球新型信息技术迅速发展，其应用场景快速扩张，全球各国试图抢占新一轮科技革命的竞争优势。在此背景下，我国于2012年发布《通信业"十二五"发展规划》《"十二五"国家战略性新兴产业发展规划》，提出要加快构建下一代国家信息基础设施，促进信息网络升级、关键技术开发和产业化，并具体部署光纤、宽带、移动通信、云计算、物联网等新型应用基础设施发展规划。这些政策都是大力支持数字产业的。并且从2015年开始，政策开始着力支持数字基础设施建设。故2012年后，在国家政策的扶持下，数字产业蓬勃发展，数字经济有了更多的发展机遇，实体行业在此浪潮下重点受益，数字产业的贡献度提高，以至于2012年后，数实融合的融合强度出现回弹，并稳步上升。

总之，在中间这段时间里，融合强度是反常低于2002年的。即在经济相对低迷的情况下，政府是大力支持实体经济发展的，在一定程度上会弱化对数字产业的支持，数字产业与实体产业的结合度降低，所以数字产业对实体产业的贡献度降低。但随着经济的复苏，以及国家政策的支持，2012年后，数字产业和实体产业的融合又稳步回升，回到了正常轨道。北京、山东、广东、辽宁、四川、湖北、陕西七省份融合强度的具体差异体现在：

第一，由表6－16可以直观地看出：在2002年，北京、广东、辽宁、四川、湖北、陕西六省份的融合强度的排序为北京、四川、广东、辽宁、湖北、陕西。这说明数字产业的贡献度是递减的，即对实体产业的贡献递减。在2007年，六省份的融合强度的排序为北京、四川、广东、湖北、陕西、辽宁。这说明数字产业的贡献度是递减的，即对实体产业的贡献递减。在2012年，六省份融合强度的排序为北京、四川、广东、陕西、湖北、辽宁。这说明数字产业的贡献度是递减的，即对实体产业的贡献递减。在2017年，六省份融合强度的排序为北京、湖北、四川、广东、陕西、辽宁。这说明数字产业的贡献度是递减的，即对实体产业的贡献递减。

第二，通过不同年份的数据不难发现：各省份的融合强度的排名位次变化不大，北京始终为第一位，说明在北京市经济的发展中，数字产业做出的贡献是极大的，对实体产业有着极大的帮助。北京以融合强度这一指标来看，数实融合的程度在全国名列前茅、遥遥领先。四川省的融合强度也一直处于前列，但是从前一节的分析可见，融合量度的排名并没有很靠前，这说明了与其他省份相比，四川省的数字产业在整个产业结构中的投入并没有很多，但是数字产业对实体产业的贡献度还是很大的。广东省的融合强度的数值与其他省份相比，是处于中间的。结合前一节广东省融合量度的数值较大的情况，这说明虽然广东省的数字产业投入很大，但是数字产业对实体产业的贡献度并没有很高，广东省整体经济实力很强并不是仅仅依赖于数字经济，即对于广东省来说，数字产业对实体产业的助力并没有极强。特别值得注意的是，湖北省的融合强度在2017年迅速上升，位列第二。相比于其他省份，数字产业对实体产业的贡献度变大，数实融合的后劲与潜力强。

第三，与北京、四川、广东、湖北、辽宁、陕西六个省份不同，山东省融合强度数值变化并不呈“V”型或者“U”型，其数值与2002年、2007年、2012年、2017年的时间推移呈负相关，融合强度数值变小。以融合强度这一指标来看，山东省融合强度在这几年里在几个省份中排名处于末尾的位置。这表明山东省数字产业的参与度是降低的，与其他省份相比融合强度水平低，以数字产业对实体产业的贡献度来看，山东省数实融合相比于其他省份融合程度低。

6.2.4 中国数实融合效度的省际比较

本小节依托所选取的北京、山东、广东、辽宁、四川、湖北、陕西这七个省份的投入产出表，进行融合效度的汇总计算，从而进行对比分析，进行省际比较。

融合效度可以看作衡量一个省份进行产业生产的投入结构中，高级要素部门和低级要素部门的相对重要性。一个省份的融合效度越高，意味着在该省份的数字产业的生产中，应用型数字产业的投入占比越高，而基础型产业的投入占比越低。在这个背景下，应用型数字产业的投入占比高意味着一个省份的数字产业的技术水平较高，而基础产业的投入占比高则意味着该省份的技术水平较低。融合效度可看作技术型数字产业与基础型数字产业投资的使用量之比。

其计算公式为：融合效度＝技术型数字产业投入/基础型数字产业投入。其中，基于 42 个部门的各省份投入产出表，技术型数字产业的投入，包括软件服务投入与信息技术服务投入；基础型数字产业投入包括电信投入、广播电视及信息传输服务投入、互联网和相关服务的投入。

一般来说，对于数实融合省际融合量度与融合强度的分析，是基于 42 个部门投入产出表汇总计算所得的。但对于融合效度来说，需要明确技术型数字产业与基础型数字产业。数字产业的投入即对信息传输、软件和信息技术服务的投入，需要再次细分为技术型数字产业投入与基础型数字产业投入。而一般的 42 个部门的投入产出表对于信息传输、软件和信息技术服务投入的衡量不够细化，无法满足对融合效度的计算。而 42 个部门的各省份投入产出表将信息传输、软件和信息技术服务投入细分为五个投入，即软件服务投入、信息技术服务投入、电信投入、广播电视及信息传输服务投入、互联网和相关服务的投入。这五个投入可以涵盖技术型数字产业投入与基础型数字产业投入，故本小节基于 42 个部门的投入产出表进行融合效度的计算，从而进行省际比较。

综上所述，融合效度可以用来评估一个省份数实融合中数字产业的技术水平和发展趋势。各省份融合效度的差异反映的是省际数字产业技术水平的差别。当然，通过提高融合效度，可以实现一个省份的数字产业技术水平的提升。本小节选取2017年的数据进行省际对比分析。下面是根据数实融合效度公式计算出的北京、山东、广东、辽宁、四川、湖北、陕西融合效度的数值，如表6－17所示。

表6－17　　七省份融合效度

省份	2017年	排名
北京	1.33	2
广东	1.42	1
湖北	0.78	7
山东	1.19	3
辽宁	1.06	5
陕西	1.10	4
四川	0.87	6

注：排名按照2017年数据进行排序。

由表6－17可以看出，北京、山东、广东、辽宁、四川、湖北、陕西这七个省份在2017年的融合效度是存在很多差异的。

在2017年，各省份的融合效度大小排序可看作：广东>北京>山东>陕西>辽宁>四川>湖北。我们发现，经济发达的北京、广东在排名的前段。这显示北京、广东两个省份的融合效度水平高，数字产业技术化水平较高。

山东、陕西、辽宁三个省份虽然融合效度存在差异，但总体水平都在110%上下，说明在这几个省份的数字产业中，技术型数字产业的投入（软件服务投入、信息技术服务投入）是高于基础型数字产业的投入（电信投入等）的，技术型数字产业的占比较大。但是与广东、北京相比，融合效度的数值相差很多，数字产业的技术化水平是小巫见大巫的。这反映了山东、陕西、辽宁这三个省份数字产业的内部结构是比较合理的，但数字产业的技术化水平比较低。详细来看，在 2017 年，这几个省份的融合效度值大小排列顺序为：山东大于陕西大于辽宁。即山东、陕西、辽宁这三个省份省际的数字产业技术化水平是递减的。

四川省与湖北省 2017 年融合效度的值分别为 87%、78%，数值是小于 100% 的，即技术型数字产业的投入是小于基础型数字产业的投入的。也就是说，在四川省与湖北省数字产业的结构中，电信投入、广播电视及信息传输服务投入、互联网和相关服务的投入大于软件服务投入与信息技术服务投入。基础型数字产业的投入所占比重是极大的，是数字产业发展重点依赖的对象。同时，相比于其他省份，四川省与湖北省数字产业的技术化水平很低。

北京、广东两个省份，在数字产业的投入中，技术型数字产业的投入高于基础型数字产业的投入，即在两个省份的产业结构中，软件服务、信息技术服务十分繁荣兴盛，投入投资占比很大，基础的电信、广播电视及信息传输服务、互联网和相关服务投资占比较少。这反映了相比于其他省份，在全国范围内，北京、广东两地的数字产业的技术水平遥遥领先，对实体经济的发展助益良多，产业数字化与数字产业化的发展趋势十分明朗；而山东、陕西、辽宁三个省份技术型数字产业的投入略微大于基础型数字产业的投入，数字产业的技术水平尚可，但与广东、北京还有很大的差距，需要进一步提升数字产业的技术化水平；而四川省与湖北省融合效度在全国范围内是落后的，数字产业的技术水平并不明朗，这是四川省与湖北省数字经济今后发展、数字产业的转型升级需要重点关注之处。

综上所述，进行中国数实融合程度的省际比较选取北京、山东、广东、辽宁、四川、湖北、陕西这七个省份是存在合理性的。这七个省份在各自的地区数字经济发展情况较好，具备研究数实融合的价值，具有代表性；以融合量度度量数实融合时，北京、广东、辽宁、四川、湖北、陕西六个省份随着时间的推移，融合量度的数值呈增加的趋势，但北京、广东的数实融合的程度是优于四川、湖北、辽宁、陕西的。且各个省份融合量度增加的幅度也是不同的。而山东省的融合量度在2012年之后是减少的态势。以融合强度度量数实融合时，北京、广东、辽宁、四川、湖北、陕西六个省份的融合强度的数值变化呈“U”型，或者说呈“V”型，但融合强度的变化程度不同。山东省融合强度数值的变化呈下降的态势。在融合强度的指标上，北京数实融合的融合效果最好，山东省的融合效果最差。四川省数字产业的贡献度也较大、基于融合强度的指标数实融合程度较好。而广东、辽宁、湖北、陕西的数实融合程度处于中间水平。以融合效度度量数实融合时，以2017年的数据为样本，北京与广东数字经济的技术化水平较高，山东、辽宁、陕西的数字产业的技术化水平以及数实融合的前景发展趋势是优于四川、湖北的。值得注意的是，在七个省份的省际比较中，以融合量度与融合强度衡量数实融合与省际比较时，山东省相比之下处于水平较低的位置，但是以融合效度来分析时，与其他省份相比水平尚可。表明在省际比较中，山东省虽然截至 2017 年数字产业的投入相比较低，对于全省经济发展数字产业的贡献度较低，但数字产业的技术化水平较高。

第7章

数实融合对经济增长的赋能机理

7.1 数实融合助力降本增效

7.1.1 提高生产效率

数实融合推动提高生产效率通常是指通过改善生产过程、提升技术水平等手段，达到在同样的资源投入下获得更多产出的目标。这一过程通常包括数据驱动决策、自动化和智能化生产、实时监控和预警、优化供应链等方面的努力。

7.1.1.1 数据驱动决策

数据驱动决策，是指在进行决策时，通过收集、分析和利用大量的数据来指导和支持决策的过程。这种决策方式依赖于数据的准确性、全面性和实时性，以及对数据的深入分析和解释。在数字经济时代，大数据、人工智能和其他数字技术的发展使得数据变得更加丰富、全面和实时。而数据驱动决策正是利用这些丰富的数据资源，通过数据的收集、分析、挖掘和应用，来指导、支持和优化决策过程，并应用到生产生活中。

数字经济带来了大数据和数据分析技术的发展，实体经济可以通过分析大数据来进行更精准的市场预测、产品定位和生产调度。也就是说，数实融合通过数据来改善生产决策，从而优化生产计划与生产流程，提高生产效率。

第一，通过对大数据的分析和利用，企业将其与生产融入，可以更好地把握市场趋势、顾客需求、产品优化等信息，从而更加精准地制定战略，并使企业能够更好地适应和驱动数字经济和实体经济的融合，从而优化生产计划，提高生产效率。

第二，数实融合的深化，也提供了更多的数据来源与平台载体。企业能够获取到更多的实时数据、用户行为数据以及市场数据等，可以更好地支持数据驱动决策的实践和落地，从而优化生产的流程，提高生产效率。

第三，实体经济的日常运营和销售等方面产生的数据，通过数据驱动决策的分析和运用，可以为企业提供更准确的决策依据，制订计划与优化生产流程更为可靠，并反过来推动数字经济与实体经济融合的进一步深入发展。

7.1.1.2　自动化和智能化生产

自动化和智能化生产是通过应用先进的技术，实现生产过程的自动化和智能化。其中，自动化生产是指利用机器、设备和控制系统，以替代或辅助人力，完成生产任务的过程。智能化生产是在自动化基础上，通过引入人工智能和机器学习等技术，使生产系统具备自学习、自适应和智能决策的能力。

数实融合将数字技术与生产设备结合到一起，从而在生产过程中实现自动化与机械化的操作。通过自动化生产，可以实现生产线的连续运转、高效率生产和减少人为错误的可能性。并且，自动化系统，例如自动化装配线、自动化的物流系统，可以控制各个生产环节，包括原材料供应、生产工艺、装配过程等。这不仅提高了生产效率，还提高了生产的一致性和质量。

数实融合在促进自动化生产的基础上，进一步融入了人工智能和数据分析等先进技术，从而实现具备自学习、自决策、自适应能力的生产。智能化生产系统可以收集和分析大量的数据，通过算法和模型进行分析和预测，从而自动调整参数和控制策略，优化生产过程，并可以实现智能调度、异常检测、预测维护和优化生产计划等功能，以降低故障率，优化设备利用，从而提高生产效率。

7.1.1.3　实时监控和预警

实时监测和预警是指，基于数字经济的特点和发展需求，通过整合数据、运用先进技术和建立有效机制，实现对数字经济与实体经济发展动态的监测和预警，以应对风险挑战、推动经济可持续发展。

数实融合使得技术应用到监测中。实时监控生产过程、设备状态和生产环境，及时发现问题并进行实时分析和处理。相比于传统的人力监控与监测，数实融合后的新技术监控能比人力更精准地监测生产过程、设备状态和生产环境，且可以规避人力出现倦怠、换班等造成失误的风险。这大大提升了工作效率，减少了工作时间，提高了生产效率。

除此之外，将数据、先进技术应用到生产中，可以对质量检测、生产故障、市场波动、安全隐患等进行预警，这种提前预警可以使得有关部门及时采取相应的措施，有利于保障生产的有序进行，避免产生额外负担。实时监测预警体系还可以促进政府部门和企业的协同合作，建立信息共享机制，使得信息流通更为迅速，企业可以快速掌握第一手生产动态并应用到生产中，从而提高生产效率。

7.1.1.4　优化供应链

优化供应链旨在确保制造和分销供应链的最佳运行。这包括在供应链中优化库存，最大限度地降低各种在供应环节中产生的成本等。而数实融合通过数字技术应用到生产中，实现了供应链的智能高效化，提升了供应水平与生产效率。

第一，数实融合使得供应链合作更加多元化、灵活化。通过数字技术，企业能够快速找到合作伙伴，建立更加高效的供应链网络，提高供应链的整体运作效率，并可以利用大数据分析，更好地管理和评估供应商的表现，提高供应链的可靠性和稳定性。

第二，数实融合促进建立智能供应链系统，其实现对库存、采购和供应链各环节的整体协调配置，将库存积压和缺货等可视化、数据化，并提高供应链的灵活性和响应速度，提高供应链效率。

第三，数实融合使得实体经济中的物流、仓储等环节得到智能化的技术应用，通过物联网、大数据分析等技术，实现供应链的实时监控、智能配货与调度等。并通过改进物流管理，提高物流效率，比如改进物流流程，提高物流的精细化程度，从而提高生产效率。

7.1.2 降低生产成本

在实体产业的生产中通过各种渠道融合数字经济要素，可以有效降低生产成本。以农业为例，将数字技术的应用与农业生产融合，能降低粮食育种、播种、管理、收获等环节的生产成本，依托大数据、区块链等技术能够实现粮食精准化种植、减少投入，从而实现粮食优产优供的生产效率的提升。在生产过程中，将数据监管与生产相融合，高效管控生产流程，并借助物联网技术和传感器设备，企业可以实现对生产过程的及时观看和数据采集，及时调整生产参数，并通过数据分析找到生产过程中的瓶颈和优化空间，可以有效地避免过剩产能，降低资源浪费，从而提高生产效率。在生产的末端环节，将技术分析与生产相融合，有利于发现设备运行状况异常并及时预测维护需求，减少设备故障停机时间，以实现生产成本的降低，并有利于降低次品生产率，从而提高生产效率。

7.1.3 降低交易成本

交易成本泛指所有为促成交易发生而形成的成本。在实体产业促进交易中通过各种渠道融合数字经济要素，可以有效降低交易成本。

7.2　数实融合推动产业升级

7.2.1　推动传统产业转型

传统产业转型升级，是指原有的传统产业结构、技术、管理等方面通过改造，以适应市场需求、提高竞争力、实现可持续发展的过程。数实融合以技术、数据、产业融合为核心，促进传统产业要素重组、业务环节重构、商业模式重塑、价值链条延伸，日益催生融合型新业态新模式，从而推动传统产业的转型升级。

7.2.1.1　传统产业要素重组

传统产业要素重组指的是在传统产业中对生产要素（劳动力、资本、技术等）进行重新组合、优化配置的过程。数实融合赋予了传统产业的生产要素新的生命力，使之更好地促进传统产业的转型升级，从而推动产业升级。

第一，技术要素重组。在传统产业上，引入先进的生产技术和信息技术，与原有的传统要素结合，并改进生产方式，推动生产线的重组，向着自动化、智能化的方向发展，从而推动传统产业的转型升级。

第二，资本要素重组。数实融合优化了资本配置，积极引导资金流向具有发展潜力和市场需求的领域，扶持科技含量高、创新能力强的企业，推动产业结构升级。

第三，劳动力要素重组。数实融合使领导层、管理层、工薪层越来越意识到数字、智能、数据等的重要性。这会有助于提高员工整体素质，加强技能培训，引进高素质人才，并推动工人队伍智能化、专业化、团队化升级。

7.2.1.2 业务环节重构

业务环节重构，是指在企业发展过程中，客户需求与市场趋势在不断发生变化，企业经营策略与管理手段需不断更新与优化，以更匹配客户需求。数实融合发挥了数字化发展优势，构建产业生态系统，催生新模式新业态，培育先进制造业新方向，加速实体经济发展动力变革与产业升级。并且，数字技术对业务流程可以进行全面审视和优化，寻找并消除瓶颈，缩减不必要的环节，提高工作质量，从而推动传统产业的转型升级。

7.2.1.3 商业模式重塑

传统产业商业模式的重塑指的是针对传统产业现有商业模式的局限和挑战，通过创新、调整和变革，以适应市场变化、提高竞争力和实现可持续发展的过程。数实融合打破了既有的传统产业的商业模式，通过重新定位、渠道优化、转变传统的销售和服务模式等应对传统产业商业模式的局限与挑战。

第一，数实融合使传统企业能够收集、整合和分析大量数据，从而更准确地洞察市场趋势、消费者需求和行为模式。并通过市场调研和分析，重新确认企业的目标市场和目标客户群体，重新明确企业的定位和差异化竞争策略，从而推动传统产业的转型升级。

第二，数实融合推动了传统商业模式的渠道优化。互联网与物联网的应用、大数据传输平台的推广等，优化了营销渠道，拓展了线上线下销售渠道，这提升了销售效率，并增加了销售渠道的多样性。

第三，数实融合转变了传统的产品销售和服务模式，线上App应用更加广泛，使得传统的销售和服务模式转型，例如向订阅模式、共享模式、按需服务模式等转型，以适应市场发展趋势。此外，数实融合更有利于加强品牌营销和宣传，以小成本获取高回报的宣传效果，从而提升企业形象和品牌影响力，间接促进了传统产业的转型升级。

7.2.1.4　价值链条延伸

价值链条延伸，是指企业或产业在生产和服务的过程中，向上游或下游延伸以提高附加值、创造更多利润或拓展市场份额的策略。这种延伸可以包括多个环节，从产品的原材料和组装到最终的销售和售后服务。数实融合通过新技术、新管理、新模式，提升“产品+服务”价值链水平，全方位重塑传统产业的创新范式、生产方式、组织架构等，从而推动传统产业的转型升级。

第一，垂直整合。数实融合促进了传统产业通过向上游或下游延伸，进行垂直整合。例如，向上游延伸包括参与供应链的原材料生产或采购，大数据系统、云服务平台使得生产与采购的环节更为公开、透明、智能、高效；向下游延伸则包括参与产品销售或终端服务，数字技术的应用使得销售方式更加多样化、终端服务更加大众化、定制化。这种垂直整合可以增加企业的市场影响力和议价能力，加速传统产业价值链的更新升级。

第二，横向拓展。数实融合使得传统产业可以向相关产业领域进行横向拓展，拓宽市场份额、提升产业地位。例如，农业企业可以通过先进技术将产业链向食品加工和销售延伸，增加附加值和利润空间；传统制造业与互联网企业合作，进行横向拓展，共同开发智能制造和智能产品。

7.2.1.5 助推新兴产业培育

数实融合培育了新兴产业，这里的新兴产业是指战略性新兴产业。数实融合是指数字化技术和实体产业的深度融合，因此培育出的新兴产业多是涉及数字化技术和实体产业相结合的领域。这些新兴产业将在数字化技术的培育下不断发展壮大，不断为经济发展赋能。具体来看：

第一，新一代信息技术。数实融合带来了大规模数据的采集、存储和分析处理能力，这些数据可用于培育新一代信息技术。并且，数实融合可以推动传统信息技术业向智能化、高端化方向升级。新一代信息技术业需要融合大数据、人工智能、物联网等新兴技术，数实融合的深入发展可以赋能传统信息技术业，提升其竞争力和创新能力。

第二，生物产业。数实融合可以利用高新科技、云计算等，将数字技术落地到生物领域，有助于生物产业在新药研发、基因组学、生物信息学等领域进行数据驱动的研究与创新，加快新产品研发速度。并且，数实融合可以应用于生物制药的智能制造。

第三，高端装备制造业。数实融合能够提供智能制造解决方案，通过连接和集成传感器、机器人、自动控制系统以及大数据分析技术，实现高端装备制造的智能化生产流程，从而为航空航天、轨道交通装备、海洋工程装备赋能。这有助于提高精密度和产品质量。并且，可以使用虚拟仿真和数字孪生技术，在数字模拟环境中开发、测试和优化高端装备的设计和制造过程，从而缩短产品上市时间。

第四，新能源产业。数实融合将数字技术与传统能源产业相融合，利用技术推广应用太阳能热，开拓多元化的太阳能光伏光热发电市场；利用智能电网，建设新能源发展的运行体系等。

第五，新材料产业。数实融合赋予了材料领域现代科技手段，借此可以研究开发和生产具有新结构、新性能、新用途的材料，其通常具有传统材料所不具备的特殊性能，具有高科技含量和高附加值。并且，通过传感器和大数据分析技术，可以实现在使用过程中对材料性能的实时监测和预防性维护，有助于提高材料使用效率和延长材料寿命。

第六，新能源汽车。汽车作为最常见、最便捷的出行工具，以汽油为主要动力是固有的动力模式。此领域的数实融合，将新能源应用于汽车行业，培育了新能源汽车。且随着数字经济与实体经济的深入融合，越来越多的前沿技术与关键技术应用于新能源汽车的驱动电机、动力电池、电子控制等领域，不断培育新能源汽车行业向着高端智能化发展。

第七，节能环保产业。数实融合，将数字经济的优势与关键核心技术落地到节能环保领域。比如，利用先进科技手段和环保理念，推动资源有效利用、环境污染治理、能源节约和清洁生产，以达到经济增长与环境保护相协调、促进人类生存环境与可持续发展。数实融合培育的此产业通常包括节能环保技术、设备、产品的研发、生产和应用，节能材料，节能设备，清洁生产技术，环境治理技术等领域。

7.3 数实融合驱动科技创新

7.3.1 促进技术创新

7.3.1.1 人工智能与机器学习

人工智能即 AI，是使计算机系统能够模仿人类的思维能力，包括学习、推理识别、理解自然语言、感知环境等能力。人工智能可以利用大量的数据和算法来模拟人类的认知能力，以解决复杂的问题，包括但不限于语音识别、图像识别、自然语言处理、智能推荐等领域。机器学习是人工智能的一个分支，指的是使计算机系统具有通过学习和经验改善性能的能力。机器学习的核心思想是通过训练数据和算法模型，使计算机系统能够自动学习并改善性能，而无需显式地编程。数实融合促进了人工智能与机器学习的创新。

第一，数实融合通过连接和整合各种设备和传感器，使得大量的数据可以被获取并共享。这些数据对于人工智能和机器学习算法的训练和优化至关重要，因此数实融合为机器学习提供了更丰富的、实时的数据来源。并且，数实融合技术使得设备和传感器能够实时收集数据，这些数据可以直接应用于实时的机器学习模型。这种即时性的数据分析为智能决策和嵌入式机器学习提供了可能，并创新了人工智能与机器学习的来源。

第二，数实融合使得在设备端应用机器学习算法，可以实现实时的数据分析和智能的反馈，提高了设备的智能化水平，促进了边缘计算系统更加智能化，从而创新了人工智能与机器学习的手段。

7.3.1.2　数字技术与金融科技

数字技术是指使用数字信息处理技术和设备来处理、存储和传输数据的一类技术。数字技术包括但不限于计算机技术、网络技术、大数据技术、云计算技术等。这些技术在金融领域的应用形成了金融科技。金融科技是指利用先进的技术手段和数字化工具，以重塑金融服务、优化金融流程、改善用户体验，从而为个人和企业提供更便捷、高效、智能的金融产品和服务。数实融合将数字技术融入金融领域，促进了金融科技的创新。

数字经济的发展可以促进创新资源的优化配置，并改进创新活动的技术手段，表现为可同时提高工业创新活动的技术效率和技术进步。这体现在数字技术发展可通过工业创新活动的技术效率渠道和技术进步渠道提高工业创新活动效率，从而推动技术创新。

利用移动设备、无线通信技术和金融科技平台，用户可以通过手机或其他移动设备进行支付和购物。利用互联网和大数据技术，提供基于个人消费数据、信用评分模型的智能借贷服务。这推动了移动支付与在线借贷的进步，从而推动数字技术与金融科技的创新。

利用区块链技术和相关手段，发布、交易和管理数字化货币，为金融交易提供高度安全性和去中心化的解决方案。利用大数据技术和云计算技术，对金融数据进行深度分析，提供更准确的风险评估和控制方法。这推动了数字化货币与风险评估控制的进步，从而推动数字技术与金融科技的创新。

7.3.1.3 虚拟现实与增强现实

虚拟现实即 VR，是一种通过计算机模拟出的数字化场景和环境，用户可以通过专门的设备沉浸在虚拟的三维环境中。增强现实即 AR，则是一种将数字信息叠加到现实世界的技术。通过使用 AR 设备，用户可以在真实世界场景中看到叠加的虚拟对象、信息或图像。数实融合利用计算机技术，将数字化的场景叠加到现实世界，大大促进了相关领域的技术创新。

虚拟现实技术通常通过头戴式显示器和控制器来模拟视觉、听觉和触觉感受，从而营造出一种身临其境的感觉，使用户能够与虚拟环境互动，并利用计算机图形学、传感器技术和人机交互技术来创造出一种完全的数字化体验。增强现实技术通过识别和跟踪现实世界中的物体，将数字内容与实际场景进行融合，使用户能够与现实世界中的虚拟信息进行互动。这两种技术各自都有各自的应用领域，包括但不限于游戏、教育、医疗保健、工业设计和军事训练等。

7.3.2　促进产品创新

7.3.2.1　产品设计与定制生产

数字经济的应用使企业能够更好地了解每个用户的偏好和习惯，从而实现产品的个性化定制，设计出更符合市场需求的产品。设计师可以基于个体用户的数据和反馈，为用户提供更符合其需求的产品设计，推动个性化产品的创新。同时，数实融合为产品设计提供了诸多创新的数字工具，如计算机辅助设计软件、虚拟现实技术、数字仿真、三维（3D）打印等，能够帮助设计师更快速、更高效地进行产品创新设计和验证。并且，通过数实融合技术，可以建立产品的虚拟模型，模拟和测试产品在不同环境下的表现，从而优化产品设计和改进。

数字经济推动了数字化技术的发展，其中包括了 3D 打印技术和其他数字化生产工艺。这种技术落地于生产环节，使企业可以根据客户的个性需求进行快速、灵活的定制生产，减少了制造产品的时间。并且，数实融合技术支持灵活的生产系统，可以根据实时市场变化实现定制化生产，从而提供符合市场需求的产品。

也就是说，数实融合为企业提供了更加灵活、高效、个性化的定制生产方式，使企业可以更好地适应市场需求，也满足了消费者的个性化需求。

7.3.2.2　数字化营销与消费者体验

数实融合促进了数字化营销、电子商务平台、智能零售等领域的发展，推动了用户体验和营销方式的创新。

7.3.3　促进协同创新

这里的协同创新是指产业链协同创新，即在产业链上的各个环节中，不同的企业或者组织在技术、产品、市场等方面进行协同合作，共同推动产业创新和提升整体竞争力的一种合作模式。通过产业链协同创新，不同环节的企业共同协作，能够加快创新成果的转化和应用，提高整个产业链的效率和创新能力，最终实现共赢和整体竞争优势。数实融合主要通过数据共享协同与跨界合作创新来促进产业链的协同创新。

数据共享与协同。数实融合通过数字化技术连接各种设备和节点，实现了产业链上的数据共享和协同，不同环节的信息可以实现实时传递和共享，有利于产业链上各个环节更好地协同合作。比如：利用区块链技术，建立数据交换网络，确保数据在多个参与者之间的共享和验证，从而实现数据的安全共享和协同；建立统一的数据标准和数据交换平台，使得不同企业和组织能够共享数据并进行数据交互。这样能够实现数据的互通互联，促进不同方面的数据协同；利用开放数据接口，不同的企业和组织可以将部分数据开放出来，供其他合作伙伴或第三方应用程序使用，实现数据的共享和协同，从而实现产业链各环节的协同创新。

跨界合作创新。数实融合推动了不同行业之间的交叉融合与合作，促进了产业链上企业和组织之间的跨界合作与创新，有利于打破传统产业链的壁垒，实现资源共享和优势互补。比如，数字经济通过跨界技术融合促进了不同技术领域之间的融合，如人工智能、大数据、物联网等技术的交叉应用，促成了各行各业之间的技术升级与换代，推动了不同产业和领域之间的交流与合作，推动了创新的不断涌现。

7.4 数实融合优化市场配置

7.4.1 优化市场环境

市场环境是指对处于市场经济下的企业生产经营活动产生直接或间接影响的各种客观条件和因素，主要包括政治、法律、经济、技术、市场社会文化、市场自然地理、市场竞争环境等内容。数实融合在优化市场环境方面具有显著的优势，它主要通过促进经济环境、技术环境、市场竞争环境的优化来提升市场环境的公平、透明、良性竞争，从而提高市场效率并优化市场环境。优化市场环境，可以更好地发挥价格机制、供求机制、竞争机制等的作用，使资源在市场中得到合理配置，实现资源的最优利用，从而优化市场配置。

第一，优化经济环境。经济环境是指受一个国家或地区的生产者、消费者偏好，生产消费供求等情况影响的环境。通过运用大数据分析，将数字技术融入企业的运营中，企业可以深入了解客户的消费习惯、偏好和需求，为他们提供更加个性化、精准的产品或服务推荐。在传统的市场中，买卖双方往往需要耗费大量的时间和精力去获取信息、协商价格、签订合同等。然而，数字化技术使得这些过程变得更为便捷和高效。例如，电子支付的兴起大大降低了买卖双方的财务成本，而电子商务平台则使商家能够更广泛地接触到潜在客户。这都进一步提高了交易的效率，优化了运行的经济环境，从而优化了市场环境。

第二，优化技术环境。以电子技术、信息技术、新材料技术、生物技术为代表的数字技术，与传统产业相融合，不断改造着传统产业，使产品的数量、质量、品种和规格有了新的飞跃，生产的增长也越来越依赖于数字经济的发展。同时，数字技术的发展，使得各种技术的发展更加智能化、便利化，这有利于为技术环境注入新的活力，实现各种技术之间的相互促进、相互学习、良性互动与良性循环，从而优化技术环境。

第三，优化市场竞争环境。一方面，通过数字化技术的运用，市场信息的传播变得更加迅速和准确，消除了信息不对称的现象，使得市场更加透明。这种透明化不仅有助于提高市场的公正性和公平性，也有助于减少欺诈和不良交易行为的发生。另一方面，数实融合还有助于加强市场监管。政府机构可以利用数字化技术对市场进行实时监控，及时发现并制止违法行为。通过数据分析，可以迅速地检测到不正常的交易行为和市场走势，有利于相关部门采取措施加以干预，从而保持市场的稳定和健康发展。也就是说，数实融合有利于确保所有市场参与者在公平的竞争环境中进行资源配置并确保市场竞争的公平性，促进了建立公平竞争的市场环境，维护市场秩序，从而有利于优化市场环境。

7.4.2　拓展市场空间

市场空间是指企业或产品在市场中可以占据的、尚未开发或利用的增长潜力和机会。市场空间的概念，包括两个方面的含义：已有市场未开发部分以及新兴市场的发展机会。数实融合拓展市场空间主要是通过拓展已有市场未开发部分、抓住新兴市场的发展机会、助力周边地区经济三个途径来拓展市场空间的。

第一，已有市场的未开发部分是指市场空间涵盖了企业已有市场中尚未完全开发利用的部分。这可能是由于产品、服务的需求尚未完全被满足，或者市场中尚未涉足的细分市场。数实融合通过数字技术拓展了已有市场未开发的部分，挖掘了市场未被发现的潜力，进一步有助于优化市场的资源配置。比如，在销售渠道上，数实融合可以帮助企业拓展线上销售渠道，通过电子商务平台、社交媒体等渠道进行销售和宣传，覆盖更广泛的潜在客户，从而开拓市场空间的发展；在客户需求上，通过大数据分析和人工智能技术，企业能够深入挖掘客户需求，提供更符合客户需求的产品和服务，从而更好地开发并满足市场未开发的部分；在产品开发上，数实融合技术可以帮助企业快速获取市场反馈和消费者意见，并利用这些信息进行产品创新和升级，开发更具吸引力的产品线，从而吸引更多潜在客户，拓展市场空间等。

第二，新兴市场的发展机会是指市场空间包括的新兴市场和新兴需求的发展机会。这可能涉及新的技术创新、新兴消费者群体、新兴产品类型等，企业通过创新和冒险可以抢占这一市场空间，开辟新的市场增长点。数实融合有利于实体经济借助新技术发现新的发展机会，提高市场份额与市场竞争力，从而优化市场的资源配置。比如，在市场定位上，数实融合可以通过精准的市场调研和数据分析帮助企业更精准地定位细分市场，满足细分客户群体的需求，从而抓住市场空间中的特定发展机会；在行业合作上，数实融合可以实现不同行业、不同领域之间的跨界合作，打破传统行业的边界，创造出新的商业机会和价值。企业可以通过与其他行业的合作伙伴进行资源整合、优势互补，共同开拓新兴市场，拓展市场空间等。

第三，助力周边经济主要指的是数实融合带来的空间溢出效应。空间溢出效应是指某一地区或者产业活动的变化对周边地区或者相关产业活动产生的影响。这种影响可以是正面的，也可以是负面的。数实融合对相邻地区市场的影响主要是正的空间溢出效应。首先，某一地区数实融合的成功实践可能扩大了该地区的市场规模和影响力，也有可能吸引了来自相邻地区的客户和投资，从而促进了相邻地区市场的发展。其次，数实融合发展也可能导致地区间资源的良性竞争，先进的数实融合技术在某一地区得到应用和推广后，可能通过人才流动、技术交流等途径，影响到相邻地区，推动了相邻地区的技术水平提升，有利于相邻地区扩大市场份额。同时，相邻地区也可以通过合作和共享资源来促进各自市场的发展。最后，数实融合有助于企业拓展市场，提高产品或服务的覆盖范围，从而为相邻地区市场带来更多的商业机会，并且可以促进相邻地区企业之间的技术交流与合作，推动技术创新和产业升级，提高整体市场活力。

7.5　数实融合促进绿色发展

7.5.1　提能源效率与降能源消耗

节能减排是我国的一项基本国策，也是实现我国经济可持续发展的必然选择。节能降耗就是采取技术上可行、经济上合理的措施，来提高能源的利用效率，最大限度地减少能耗。目前，数实融合促进能源效率提升与能源消耗降低主要有以下几个方面：第一，采用新工艺和新设备；第二，降低动力能耗；第三，能量综合利用；第四，能源监测与管理。

7.5.2　促进碳减排与加快碳中和

碳减排是指减少二氧化碳等温室气体的排放量。随着全球气候变暖，二氧化碳等温室气体的排放量必须减少，从而缓解人类的气候危机；数字经济是新一轮科技和产业变革催生的新经济形态，通过数字技术赋能“双碳”相关产业转型升级和新业态发展，有助于促进碳减排与加快实现碳中和的战略目标。数实融合为推动绿色发展带来了无限可能。它不仅助力提升能源效率、促进能源消耗降低，更在更广泛的层面上助力碳减排与碳中和。

第一，“控增量”。一方面，数实融合可以帮助减少不必要的经济活动。数字技术的广泛应用，使得很多原本在线下进行的活动都可以在线上进行，这就可以将由此产生的碳排放大幅减少。例如，过去举办会议会选择线下进行。所有的与会人员赶到同一个地方，中间的交通就会产生很多的二氧化碳排放。而如果使用在线会议系统，相应的碳排放则会降到很低的程度。另一方面，数字企业可以将自己的技术能力输出进行数实融合，助力其他行业优化能源消耗。比如，水泥生产的能耗大约占到了全球能源消耗的2%，而其二氧化碳排放量更是占到了全球碳排放量的5%。在水泥的总成本中，有60%是能源成本[①]。如果可以优化其耗能，不仅可以大幅度降低该行业的生产成本，提升该行业的利润，还可以有效地减少碳排放。可以想象，如果可以用数字技术对各个耗能行业都进行类似的优化，那么其收效将会十分可观。

第二，“减存量”。一方面，数字经济通过数字技术为人们提供有效的激励机制，引导人们更多地参与到植树造林的活动中。如阿里巴巴2016年创造的蚂蚁森林，其产生的“减存量”效应十分客观[②]。另一方面，数字金融可以降低碳捕获和碳利用技术的成

① 陈永伟. 数字经济如何帮助“碳达峰”“碳中和”［N］. 学习时报，2021-06-28.

② 陈永伟. 控制碳排放，数字经济能有何作为［N］. 经济观察报，2022-10-04.

本，提高技术效益，并凭借天然绿色属性，有效解决绿色低碳行业的融资问题。数字金融本身具有低能耗的特征，在交易过程中充分利用自身安全、低成本和高效率等特点，可以帮助金融机构实现资源共享、降低运行风险、优化金融结构，提高绿色低碳项目的融资规模和绿色低碳行业的融资水平，从而促进碳减排和加快碳中和的进程。

综上所述，数实融合对经济增长存在多方面赋能机理。首先，在降本增效方面，数实融合提高了生产效率，降低了生产成本和交易成本，进而在推动产业升级、促进科技创新、优化市场配置、促进绿色发展等方面都发挥了重要作用。这表明数实融合对经济增长具有显著的助推作用。其次，数实融合为经济发展注入了新活力，在推动经济持续增长、实现绿色可持续发展方面也发挥了重要作用。因此，数实融合对经济增长具有多方面的积极影响。它为推动产业升级、促进科技创新以及实现绿色可持续发展提供了新的思路和途径。最后，数实融合将在未来的经济发展中继续发挥重要角色，其促进经济增长的机理和作用也值得进一步深入研究和探讨。

第8章

数实融合赋能经济的实证检验

8.1 研究设计与说明

8.1.1 研究假说

数字经济能够显著驱动实体经济质量提升，且这种驱动效应随时间推移逐渐增强。且数字经济在消费主导型地区、创新低水平地区和资源充裕型地区对实体经济质量提升的驱动效应更强（潘雅茹和龙理敏，2023）。可见，目前数实融合蓬勃发展，提振发展经济信心，并有效驱动经济。基于以上分析，本书提出假说：

假说8-1：数实融合可以驱动经济发展。

此外，通过本书前面第4、第5章的叙述我们可以了解到，数实融合以融合量度、融合强度、融合效度为核心实现机制，使实体经济不断重构业务逻辑，并有效助力降本增效、推动产业升级、驱动科技创新、优化市场配置、推动绿色发展，从而驱动经济发展。

第一，融合量度是用来衡量数实融合的数量规模的指标，它可以通过计算某产业中数字产业的投入量来反映融合的程度。融合量度越高，说明在某产业中投入的数字产业更多。

首先，全国数字产业效率排序为规模效率 > 纯技术效率 > 基础效率，规模投入对数字产业及经济增长作用较大（史碧林，2022）；其次，随着数字产业规模的不断扩大，并通过投入产出分析发现数字产业与其他产业间的关联性较强，尤其是数字制造业对经济产出有非常显著的辐射和支撑作用（潘鹏，2020）；最后，伴随着数字技术的快速渗透，数字产业与传统产业的融合度加深，改变了传统的要素投入模式、全要素生产率等，数实融合的规模通过各种路径推动了经济增长（左鹏飞和陈静，2021；金飞和陈晓峰，2022）。由此可见，数字产业对实体产业的投入，即数实融合的规模可以促进经济增长。但学者们少有对数实融合规模的专业概括，本书将数实融合量度作为反映数实融合规模的指标。基于此，提出如下假说：

假说 8 - 2：数实融合通过融合量度来驱动经济发展。

第二，融合强度可以衡量某产业单位产品中数字产业的数量，制造业融合强度的提高表明数字产业对单位产业产品的贡献度增加。融合强度反映了数字产业在各产业中的整合程度，数字产业越多地参与到产业产品中，产业融合强度就越高。因此，融合强度可以作为衡量数字产业贡献度的指标，通过提高融合强度，可以实现数字产业对其他产业的更高贡献。

一方面，数字经济在其他产业中的发展能够直接正向地促进经济高质量发展。另一方面，数字产业的发展能使数字技术快速作用于各个行业，增加数字技术对实体产业的贡献度，从而促进经济的高质量发展。由此可见，数字产业越多地参与到实体产业中，即数实融合中数字产业的贡献度越大，越可以促进经济增长。基于以上分析，提出如下假说：

假说 8－3：数实融合通过融合强度来驱动经济发展。

第三，融合效度可以看作衡量一个国家或地区进行产业生产的投入结构中，高级要素部门和低级要素部门的相对重要性。一个国家或地区的融合效度越高，意味着在该区域的数字产业的生产中，应用型数字产业的投入占比越高，而基础型产业的投入占比越低。即融合效度可以用来评估一个国家或地区数实融合中数字产业的技术水平和发展趋势。

一方面，数字产业的技术创新和数字发展环境建设能够有效推动区域经济一体化进程（金飞和陈晓峰，2022）。数字产业技术作为实现数实融合的主要动力，可以在加速数字经济发展的同时，赋能全社会实现数字化转型，推动经济腾飞（杜庆昊，2021）；另一方面，数字产业带有鲜明的技术进步外部性特征，通过生产网络对各产业部门形成的技术溢出是推动宏观全要素生产率增长的重要动力源，借此推动经济发展（刘维林和程倩，2023）。因此，数字经济作为当前中国经济发展中最为活跃的领域，与各产业的深度融合使得新组织、新业态、新模式的应用潜能无限释放，促进了新知识与新技术的应用和传播，增进了产业之间中间品、资本和劳动市场的互联互通，所带来的技术进步推动了经济体系全要素生产率的提升，并将成为中国经济高质量发展的重要动力来源。基于以上分析，提出如下假说：

假说 8-4：数实融合通过融合效度来驱动经济发展。

8.1.2　计量模型

20 世纪初期，柯布（C. W. Cobb）和道格拉斯（Paul H. Douglas）共同提出著名的柯布—道格拉斯生产函数，它是研究经济增长影响因素的经典模型。其基本理论模型为：

$$Y = AK^{\alpha}L^{\beta} \tag{8-1}$$

其中，Y 为经济总量，K 为资本，L 为劳动力；α、β 分别表示各要素的投入产出弹性系数；A 为不能被观测的、在其他可观测因素被考虑之后的剩余的广义技术进步因素。

此后，舒尔茨等（Schultz，1961）提出利用人力资本可以对剩余项 A 进行解释，而宇泽弘文（Hirofumi Uzawa，1965）和卢卡斯（Lucas，1988）借鉴这种观点并将其公式化，将人力资本要素单独从 A 中分离出来纳入初始模型，使其逐渐演变为一个现代经济增长模型，并得到广泛应用：

$$Y = AK^{\alpha}L^{\beta}H^{\gamma} \tag{8-2}$$

其中，H 表示人力资本，A 为剩余的技术因子。

本书采用模型（8-2）作为实证研究的初始模型，将数实融合水平看作 A，并拟将数实融合水平进行分解后纳入该模型中进行进一步分析。考虑到数实融合水平 A 在本书中是由融合量度、融合强度、融合效度三者共同反映的，即存在如下公式：

$$A = m \times s \times v \tag{8-3}$$

其中，m 为融合量度，s 为融合强度，v 为融合效度。因为数实融合水平的 3 个反映要素与数实融合水平之间是恒等式，将 3 个因素一同纳入公式（8－2），3 个因素对数实融合水平乃至经济增长的弹性系数将出现相等的情况，反映出来的将是 3 个因素会产生等比例线性影响，这与现实情况不符。为了克服这种影响因素线性等比的缺陷，本书借鉴迪茨（Dietz，1994）和罗萨（Rosa，1997）对 IPAT 的随机线性模型 STIRPAT 的转换原理，对劳动力规模与其 3 个组成要素之间关系进行改进，变为随机函数形式：

$$A = m^{\theta_1} \times s^{\theta_2} \times v^{\theta_3} \tag{8-4}$$

将式（8－4）代入式（8－2）中，并且两边取对数，可以得到：

$$\mathrm{Ln}Y = \ln(m^{\theta_1} \times s^{\theta_2} \times v^{\theta_3}) + \alpha\ln K + \beta\ln L + \gamma\ln H \tag{8-5}$$

将式（8－5）进一步整理为：

$$\mathrm{Ln}Y = \theta_1\ln m + \theta_2\ln s + \theta_3\ln v + \alpha\ln K + \beta\ln L + \gamma\ln H \tag{8-6}$$

其中，θ_1、θ_2、θ_3、α、β、γ 分别表示数实融合量度，数实融合强度，数实融合效度，资本、劳动、人力资本的比重的投入产出弹性系数，表示该对应的变量变化一个百分点，引起因变量 Y 变化的百分点；以上弹性系数都需要进一步的实证模型分析分别求出。

依据式（8－6）给出的理论模型形式，我们直接得到如下回归模型：

$$\mathrm{Ln}Y_t = \theta_1 \ln m_t + \theta_2 \ln s_t + \theta_3 \ln v_t + \alpha \ln K_t + \beta \ln L_t + \gamma \ln H_t + \mu_t \tag{8-7}$$

其中，被解释变量为经济水平；核心解释变量为数实融合水平，包括数实融合量度 m_t、数实融合强度 s_t、数实融合效度 v_t；控制变量包括资本、劳动、人力资本，系数代表的意义同上；μ_t为误差项。

8.1.3　变量说明

（1）被解释变量：经济水平。

被解释变量是指在回归模型中，用于预测和解释随着其他变量变化而变化的变量。在经济研究中，被解释变量通常是与经济现象相关的指标，如物价水平、经济发展水平、收入水平、消费水平等。本章研究数实融合驱动经济的实证分析，故将经济水平或者说经济发展作为被解释变量。

经济水平反映了国家或地区在一定时期内的经济发展状况，它对于生产、就业、收入分配等方面具有重要影响。经济水平可以用国内生产总值（GDP）来衡量，也可以用人均 GDP、人均收入、消费水平等其他相关指标来衡量。不同指标的选取会影响到研究结果和解释力度。由于本章数据采用的是全球范围内的国家数据，不同国家的经济发展水平会受到地域、国土面积、人口等因素的影响，反映经济总量的指标难以解释不同国家经济水平的差异。故综合考虑后，将人均 GDP 作为衡量经济水平的变量，数据如表 8 - 1 所示（行文所限，完整数据见附表 1）。

表 8 - 1　　　　国家人均 GDP　　　　单位：美元

序号	国家名称	国家代码	2011 年	2012 年	2013 年	2014 年	……	2018 年	2019 年	2020 年
1	阿根廷	ARG	12848.74	13082.66	13080.25	12334.80		11795.16	9963.67	8500.84
2	澳大利亚	AUS	62609.66	68078.04	68198.42	62558.24	……	57273.52	55049.57	51868.25
3	奥地利	AUT	51442.28	48564.92	50731.13	51786.38	……	51466.56	50067.59	48789.50
4	比利时	BEL	47410.57	44670.56	46757.95	47764.07	……	47544.98	46641.72	45609.00
5	孟加拉国	BGD	856.38	876.82	973.77	1108.51	……	1963.41	2122.08	2233.31
6	保加利亚	BGR	7857.17	7430.74	7687.71	7912.27	……	9447.66	9874.34	10148.34
7	巴西	BRA	13200.56	12327.51	12258.57	12071.40	……	9121.02	8845.32	6923.70
8	文莱	BRN	46139.11	46844.20	43950.05	41035.78	……	31240.50	30748.31	27179.35
9	加拿大	CAN	52223.70	52669.09	52635.17	50956.00	……	46548.64	46374.15	43349.68
10	瑞士	CHE	90476.76	85836.21	87304.33	88724.99		85217.37	84121.93	85897.78
11	智利	CHL	14637.76	15397.78	15842.16	14675.15		15820.03	14632.69	13173.78
12	中国	CHN	5614.39	6300.58	7020.39	7636.07		9905.41	10143.86	10408.72
	……	……	……	……	……	……	……	……	……	
61	俄罗斯	RUS	14311.06	15420.86	15974.62	14095.65		11287.35	11536.26	10194.44
62	沙特阿拉伯	SAU	22441.57	24069.20	23945.51	23862.80		24175.58	23405.71	20398.06
63	塞内加尔	SEN	1383.54	1334.73	1391.53	1417.09		1484.23	1462.68	1492.48
64	新加坡	SGP	53891.46	55547.56	56967.43	57564.80	……	66836.52	66070.49	61273.99
65	斯洛伐克	SVK	18509.74	17498.35	18276.01	18719.99	……	19486.39	19381.89	19552.09
66	斯洛文尼亚	SVN	25128.02	22641.81	23503.28	24247.17	……	26123.75	26042.45	25558.43
67	瑞典	SWE	60755.76	58037.82	61126.94	60020.36	……	54589.06	51939.43	52837.90
68	泰国	THA	5396.64	5748.63	6041.13	5822.38	……	7124.56	7628.58	7001.79
69	突尼斯	TUN	4361.95	4233.92	4308.34	4398.64	……	3577.18	3477.84	3497.72
70	土耳其	TUR	11300.79	11713.28	12578.19	12165.22	……	9568.84	9215.44	8638.74
71	乌克兰	UKR	3704.84	4004.79	4187.74	3104.65	……	3096.56	3661.46	3751.74
72	美国	USA	50065.97	51784.42	53291.13	55123.85		62823.31	65120.39	63528.63
73	越南	VNM	1953.56	2190.23	2367.50	2558.78		3267.23	3491.09	3586.35
74	南非	ZAF	8737.04	8173.87	7441.23	6965.14		7067.72	6702.53	5753.07

资料来源：世界银行数据库。

（2）核心解释变量：数实融合水平。

核心解释变量是指在回归模型中，用来解释和反映因变量变动的重要变量。它是在实证研究中，用来描述影响经济变量的关键因素，并且可以被度量和量化。核心解释变量通常包括通货膨胀率、利率、失业率、出口额等。本章研究数实融合驱动经济的实证分析，故将数实融合水平作为核心解释变量。

数实融合水平是用来衡量数字经济和实体经济融合程度的。它代表了一个国家、地区或行业在数字化时代的发展潜力和竞争优势。数实融合水平的高低，直接反映了该区域或行业对数字技术的利用程度以及实体经济的数字化转型程度。在深入探讨数实融合水平时，我们可以引入一系列相关指标来全面评估其实践和应用情况。由于在本书前面几个章节已构建了衡量数实融合水平的指标体系——融合量度、融合强度、融合效度（分别反映数实融合的规模、数字产业对实体产业的贡献度、数实融合的技术水平），故将融合量度（m_t）、融合强度（s_t）、融合效度（v_t）作为衡量数实融合水平的变量。

融合量度数据如表 8－2 所示（行文所限，完整数据见附表 2）。其数值由 OECD 投入产出表计算整理所得。

表 8－2　　国家数实融合量度　　单位：美元

序号	国家名称	国家代码	2011 年	2012 年	2013 年	2014 年	……	2018 年	2019 年	2020 年
1	阿根廷	ARG	13412.74	15558.99	16131.91	14656.94	……	16578.15	12913.53	14007.91
2	澳大利亚	AUS	54846.33	58854.24	56225.35	54713.11	……	54864.58	55225.14	56938.95
3	奥地利	AUT	5951.62	5210.70	5554.72	5570.99		5450.44	5921.88	6269.73

续表

序号	国家名称	国家代码	2011 年	2012 年	2013 年	2014 年		2018 年	2019 年	2020 年
4	比利时	BEL	9958.02	9216.61	8814.44	9050.67	……	10699.88	11269.61	12030.68
5	孟加拉国	BGD	603.08	639.39	788.34	954.81	……	1837.06	2129.80	2286.62
6	保加利亚	BGR	1303.67	1000.93	1246.77	1475.90	……	2332.09	2598.26	3202.26
7	巴西	BRA	52647.89	48331.98	47233.85	45105.72	……	35504.18	35906.74	27725.78
8	文莱	BRN	340.55	344.76	333.50	282.91	……	266.08	259.42	235.24
9	加拿大	CAN	37062.44	38199.47	39696.15	38358.00	……	34717.38	35812.16	37980.04
10	瑞士	CHE	11969.33	11917.15	11616.23	10841.74	……	9711.79	9959.22	10759.88
11	智利	CHL	4098.91	4438.49	4121.05	4403.36	……	4635.06	3998.93	4011.92
12	中国	CHN	103250.23	103640.34	135040.03	159825.23	……	199455.46	197027.96	193358.73
	……	……	……	……	……	……	……	……	……	
61	俄罗斯	RUS	18705.55	21874.91	20788.52	19381.49	……	17693.59	21223.54	21845.86
62	沙特阿拉伯	SAU	15980.82	15146.92	14419.54	13771.15	……	6882.06	6922.16	8037.49
63	塞内加尔	SEN	257.63	237.41	242.98	271.61	……	277.20	323.37	334.97
64	新加坡	SGP	10608.94	11385.87	10365.85	8101.75	……	11608.12	10563.61	9313.77
65	斯洛伐克	SVK	1436.64	1829.52	1649.25	1680.39	……	1947.06	2193.15	2253.27
66	斯洛文尼亚	SVN	910.76	850.39	853.15	838.25	……	880.41	880.78	944.74
67	瑞典	SWE	16951.91	17825.55	18787.14	19259.29	……	16419.09	15305.49	17500.41
68	泰国	THA	4980.13	5145.57	5207.49	4923.56	……	4960.96	5155.89	5322.22
69	突尼斯	TUN	858.97	856.46	909.71	837.60	……	546.90	527.33	565.79
70	土耳其	TUR	7622.25	8174.02	8643.04	8680.64	……	8021.30	8873.15	8903.74
71	乌克兰	UKR	2691.52	1443.01	1369.73	702.03	……	746.79	1273.24	1768.80
72	美国	USA	449890.46	465473.00	489468.37	523570.35	……	676678.11	705266.23	701726.87
73	越南	VNM	455.80	508.07	666.41	896.79	……	1390.85	1311.56	1509.17
74	南非	ZAF	27156.50	21727.47	20356.46	19830.37	……	13171.85	12817.19	11356.03

资料来源：由 OECD 投入产出表计算整理所得。

融合强度数据如表 8 –3 所示（行文所限，完整数据见附表 3）。其数值由 OECD 投入产出表计算整理所得。

表 8 –3　　国家数实融合强度

序号	国家名称	国家代码	2011年	2012年	2013年	2014年	2015年	2016年	2017年	2018年	2019年	2020年
1	阿根廷	ARG	1.60	1.71	1.69	1.66	1.84	1.86	2.01	2.06	1.85	2.33
2	澳大利亚	AUS	1.97	2.04	2.04	2.09	2.12	2.12	2.15	2.15	2.25	2.26
3	奥地利	AUT	0.75	0.69	0.70	0.69	0.72	0.72	0.76	0.66	0.74	0.81
4	比利时	BEL	0.91	0.90	0.83	0.84	0.86	0.95	0.93	0.99	1.07	1.18
5	孟加拉国	BGD	0.29	0.29	0.30	0.31	0.32	0.36	0.37	0.37	0.39	0.41
6	保加利亚	BGR	1.11	0.90	1.12	1.24	1.29	1.49	1.56	1.79	1.98	2.45
7	巴西	BRA	1.22	1.18	1.15	1.10	1.10	1.10	1.12	1.11	1.14	1.13
8	文莱	BRN	1.01	0.98	0.98	0.89	0.92	1.09	1.07	1.05	1.02	1.04
9	加拿大	CAN	1.20	1.21	1.25	1.24	1.34	1.37	1.37	1.18	1.20	1.35
10	瑞士	CHE	0.84	0.87	0.83	0.75	0.77	0.73	0.72	0.66	0.68	0.71
11	智利	CHL	0.77	0.81	0.73	0.84	0.87	0.87	0.84	0.81	0.74	0.82
12	中国	CHN	0.53	0.46	0.52	0.56	0.58	0.59	0.55	0.59	0.56	0.54
	……	……	……	……	……	……	……	……	……	……		
61	俄罗斯	RUS	0.56	0.61	0.55	0.57	0.63	0.63	0.64	0.61	0.71	0.83
62	沙特阿拉伯	SAU	1.71	1.46	1.36	1.27	1.09	0.92	0.75	0.61	0.61	0.83
63	塞内加尔	SEN	0.91	0.84	0.82	0.89	0.86	0.83	0.79	0.77	0.90	0.88
64	新加坡	SGP	1.50	1.50	1.32	1.00	0.81	1.09	1.14	1.33	1.22	1.17
65	斯洛伐克	SVK	0.68	0.91	0.79	0.78	0.76	1.01	0.90	0.82	0.95	1.02
66	斯洛文尼亚	SVN	0.94	0.98	0.96	0.92	0.88	0.88	0.90	0.88	0.89	0.98
67	瑞典	SWE	1.66	1.81	1.83	1.90	1.79	1.61	1.56	1.69	1.67	1.90
68	泰国	THA	0.56	0.54	0.52	0.51	0.47	0.44	0.45	0.45	0.44	0.50
69	突尼斯	TUN	1.08	1.07	1.12	1.03	0.96	0.93	0.85	0.80	0.79	0.84

续表

序号	国家名称	国家代码	2011年	2012年	2013年	2014年	2015年	2016年	2017年	2018年	2019年	2020年
70	土耳其	TUR	0.50	0.50	0.49	0.50	0.53	0.57	0.58	0.54	0.61	0.66
71	乌克兰	UKR	0.76	0.37	0.35	0.26	0.20	0.23	0.26	0.28	0.41	0.56
72	美国	USA	1.70	1.69	1.71	1.75	1.83	1.93	1.94	1.98	2.00	2.05
73	越南	VNM	0.14	0.13	0.15	0.17	0.19	0.19	0.19	0.18	0.16	0.17
74	南非	ZAF	3.10	2.57	2.61	2.66	2.70	2.64	2.14	1.74	1.77	1.84

资料来源：由 OECD 投入产出表计算整理所得。

融合效度数据如表 8－4 所示（行文所限，完整数据见附表 4）。其数值由 OECD 投入产出表计算整理所得。

表 8－4　　国家数实融合效度

序号	国家名称	国家代码	2011年	2012年	2013年	2014年	2015年	2016年	2017年	2018年	2019年	2020年
1	阿根廷	ARG	0.78	0.77	0.82	0.79	0.76	0.72	0.68	0.65	0.44	0.40
2	澳大利亚	AUS	1.14	1.25	1.30	1.37	1.44	1.50	1.60	1.77	1.96	1.96
3	奥地利	AUT	1.15	1.20	1.25	1.26	1.30	1.46	1.56	1.04	1.55	1.57
4	比利时	BEL	1.24	1.16	1.21	1.28	1.95	1.95	2.09	2.42	2.53	2.87
5	孟加拉国	BGD	0.24	0.40	0.41	0.38	0.35	0.26	0.27	0.27	0.27	0.26
6	保加利亚	BGR	0.87	1.45	1.68	1.65	2.00	2.72	3.32	3.88	4.32	5.06
7	巴西	BRA	0.77	0.77	0.89	0.99	1.12	1.20	1.27	1.40	1.58	1.64
8	文莱	BRN	0.04	0.04	0.03	0.03	0.02	0.02	0.03	0.03	0.03	0.04
9	加拿大	CAN	0.93	0.95	1.22	1.30	1.41	1.49	1.54	1.58	1.74	1.83
10	瑞士	CHE	0.81	0.85	0.82	0.72	0.72	0.66	0.77	0.67	0.81	0.87
11	智利	CHL	1.08	1.12	1.38	0.80	0.80	1.03	1.11	1.27	1.03	1.03
12	中国	CHN	0.23	0.20	0.45	0.52	0.60	0.66	0.69	0.83	0.72	0.63
	……	……	……	……	……	……	……	……	……			

续表

序号	国家名称	国家代码	2011 年	2012 年	2013 年	2014 年	2015 年	2016 年	2017 年	2018 年	2019 年	2020 年
61	俄罗斯	RUS	1.48	1.46	1.38	1.58	1.95	2.02	2.39	2.67	3.21	3.24
62	沙特阿拉伯	SAU	0.34	0.40	0.42	0.46	0.60	0.72	0.75	0.61	0.66	0.76
63	塞内加尔	SEN	0.24	0.25	0.23	0.23	0.23	0.23	0.26	0.26	0.26	0.27
64	新加坡	SGP	2.36	2.55	2.61	1.97	2.01	2.22	2.96	4.74	4.80	4.19
65	斯洛伐克	SVK	1.02	2.22	2.28	3.08	3.84	4.22	3.87	4.40	5.45	6.26
66	斯洛文尼亚	SVN	1.57	1.73	1.91	2.67	2.64	3.02	2.89	3.12	3.42	3.68
67	瑞典	SWE	2.15	2.10	2.31	2.37	2.26	1.93	2.04	2.38	2.41	2.96
68	泰国	THA	1.01	1.02	1.08	1.09	1.20	1.28	1.28	1.27	1.29	1.00
69	突尼斯	TUN	0.19	0.20	0.19	0.20	0.23	0.24	0.26	0.30	0.30	0.29
70	土耳其	TUR	1.07	1.17	1.26	1.34	1.41	1.46	1.60	1.97	2.23	2.17
71	乌克兰	UKR	0.43	0.64	0.47	0.27	0.03	0.15	0.17	0.44	1.34	2.19
72	美国	USA	1.29	1.49	1.48	1.53	1.52	1.58	1.74	1.81	1.85	1.90
73	越南	VNM	0.17	0.23	0.34	0.32	0.31	0.27	0.26	0.26	0.24	0.30
74	南非	ZAF	0.36	0.36	0.37	0.38	0.40	0.42	0.64	1.05	1.04	1.00

资料来源：由 OECD 投入产出表计算整理所得。

（3）控制变量。

控制变量是指在回归模型中，为了消除可能影响研究变量之间关系的因素而需要纳入模型中的变量。由于本章研究的是驱动经济的实证，故需对影响经济增长的变量加以控制。通过控制这些变量，可以排除其他可能干扰研究结果的因素，能够更准确地估计数实融合水平与经济水平之间的关系，从而提高研究结果的可靠性和准确性。

经济水平除了受数实融合水平的影响外，还受到其他一系列内部和外部变量的影响。按照本章建立的实证研究的初始模型——$Y=AK^{\alpha}L^{\beta}H^{\gamma}$，选取的控制变量主要包括资本水平（$K$）、劳动（$L$）、人力资本（$H$）。其中，资本水平用资本形成总额（占GDP的比例）来衡量，劳动用劳动参与率来衡量，人力资本用教育公共开支总额（占GDP的比例）来衡量。控制变量整理成的面板数据如表8-5所示。

表8-5　控制变量的面板数据　　单位：%

年份	国家代码	L 劳动参与率	K 资本形成总额（占GDP的比例）	H 教育公共开支总额（占GDP的比例）
2011	ARG	68.2160	18.3985	5.2906
2012	ARG	68.1370	16.5020	5.3458
2013	ARG	67.7370	17.3058	5.4366
2014	ARG	67.0010	17.2629	5.3614
2015	ARG	66.8130	17.0707	5.7761
2016	ARG	66.6190	17.6632	5.5455
2017	ARG	66.4230	18.2126	5.4543
2018	ARG	67.3850	16.6139	4.8777
2019	ARG	68.0810	14.2100	4.7776
2020	ARG	63.6600	14.4152	5.2796
2011	AUS	76.5960	26.4592	5.0681
2012	AUS	76.3750	27.7109	4.8667
2013	AUS	76.3590	27.8667	5.2291
2014	AUS	76.2600	26.7170	5.1645
2015	AUS	76.9000	26.2581	5.3155
2016	AUS	76.8990	25.3951	5.2869
2017	AUS	77.4120	24.0999	5.1382

续表

年份	国家代码	L 劳动参与率	K 资本形成总额（占 GDP 的比例）	H 教育公共开支总额（占 GDP 的比例）
2018	AUS	77. 9810	24. 5339	5. 1243
2019	AUS	78. 4340	23. 2610	5. 1343
2020	AUS	77. 6970	22. 2653	5. 6084
……	……	……	……	……
2011	USA	71. 8830	19. 0335	6. 4977
2012	USA	71. 8410	19. 9507	6. 2539
2013	USA	71. 5710	20. 3430	6. 2293
2014	USA	71. 4590	20. 7784	6. 1292
2015	USA	71. 3660	21. 2005	4. 9468
2016	USA	71. 7210	20. 5668	4. 8067
2017	USA	72. 1280	20. 8134	5. 1229
2018	USA	72. 4010	21. 2059	4. 9289
2019	USA	72. 8650	21. 3192	4. 9873
2020	USA	71. 7200	21. 0510	5. 4354
2011	VNM	80. 7840	32. 3711	3. 7802
2012	VNM	80. 7470	30. 5593	4. 4082
2013	VNM	81. 5920	30. 2129	4. 5283
2014	VNM	81. 7400	30. 2890	3. 5401
2015	VNM	81. 8660	32. 1089	3. 4166
2016	VNM	81. 4190	31. 7245	3. 4691
2017	VNM	81. 3610	32. 3053	3. 4187
2018	VNM	81. 3240	32. 0195	3. 2954
2019	VNM	81. 3570	31. 9800	3. 0850
2020	VNM	79. 3990	31. 9157	3. 2165
2011	ZAF	59. 3280	18. 8532	5. 2890
2012	ZAF	59. 2760	18. 5845	5. 5232

续表

年份	国家代码	L 劳动参与率	K 资本形成总额（占 GDP 的比例）	H 教育公共开支总额（占 GDP 的比例）
2013	ZAF	59.5980	19.1688	5.3507
2014	ZAF	59.5400	18.4880	5.4898
2015	ZAF	61.2670	18.6332	5.4829
2016	ZAF	61.7640	16.9605	5.4442
2017	ZAF	62.6980	16.6107	5.5987
2018	ZAF	62.2020	16.1706	5.6440
2019	ZAF	62.4770	15.8208	5.9277
2020	ZAF	58.3490	12.5375	6.1834

资料来源：世界银行数据库。

8.1.4 数据来源

本章采用的数据为 2011～2020 年全球 74 个国家的面板数据，数据来源于经济合作组织（OECD）数据库与世界银行数据库。另外，本章实证还控制了国家是否为发达国家，如果国家为发达国家，则将 dep 赋值为 1；如果国家为发展中国家，则赋值为 0。具体的相关变量数据来源如表 8－6 所示。

表 8－6　变量定义及来源

变量名	变量定义	数据来源
Y	人均 GDP	世界银行数据库
m	融合量度	OECD 数据库的投入产出表计算整理所得
s	融合强度	OECD 数据库的投入产出表计算整理所得

续表

变量名	变量定义	数据来源
v	融合效度	OECD 数据库的投入产出表计算整理所得
L	劳动参与率	世界银行数据库
K	资本形成总额	世界银行数据库
H	教育公共开支总额	世界银行数据库
Tra	贸易额	世界银行数据库
$Tra-me$	商品贸易额	世界银行数据库
y	人均国民总收入（GNI）	世界银行数据库
Y_1	农业增加值	世界银行数据库
Y_2	工业增加值	世界银行数据库
Y_3	服务业增加值	世界银行数据库
dep	是否为发达国家	世界银行数据库

8.2　实证结果与分析

8.2.1　变量描述性统计

本章中主要变量的描述性统计信息如表 8－7 所示。由于各变量的单位不同，数据差异较为明显，故对文中涉及的数据，在回归之前通过取自然对数的方式进行处理。便于保持口径和量纲上的一致性，从而更好地进行回归分析，提高模型的稳定性和准确性。

表 8-7　　主要变量的描述性统计

变量	观测值	均值	中位数	标准差	最小值	最大值
Y_t	740	24822.677	15463.684	24096.579	856.382	123679.702
m_t	740	22645.243	4592.506	71755.114	33.747	705266.229
s_t	740	1.038	0.907	0.660	0.061	4.637
v_t	740	135.464	102.578	150.445	0.067	2226.155
L	740	69.482	71.460	9.169	38.058	89.205
K	740	22.665	22.671	7.104	0	54.775
H	740	4.221	4.491	1.882	0	8.614

8.2.2　基准回归的结果

表 8-8 报告了数实融合驱动经济的总体检验结果，第（1）列为只加入核心解释变量的回归结果，第（2）列为加入了控制变量后的回归结果。

表 8-8　　数实融合驱动经济的基准回归结果

变量	(1)	(2)
	Y_t	Y_t
m_t	0.175522 *** (0.020678)	0.139756 *** (0.017067)
s_t	0.591325 *** (0.061566)	0.468011 *** (0.060157)
v_t	0.428186 *** (0.030476)	0.210295 *** (0.029366)

续表

变量	(1)	(2)
	Y_t	Y_t
L	—	3.276054*** (0.230261)
K	—	0.02516 (0.123520)
H	—	1.118060*** (0.096151)
cons	6.242212*** (0.224360)	−8.147707*** (0.976273)
N	740	660
R^2	0.472514	0.681667

注：$*p<0.1$，$**p<0.05$，$***p<0.01$。

第一，从核心解释变量来看，数实融合对经济的影响为正且结果显著，表明数实融合具有驱动效应，即数实融合显著驱动了经济增长。其中，反映数实融合水平的融合量度、融合强度、融合效度比较来看，融合强度的系数最大，融合效度次之，融合量度最低。这表明融合强度即数实融合中数字产业的贡献度对经济的驱动作用最强，融合效度即数实融合的技术水平对经济的驱动作用较强，融合量度即数实融合的规模对经济的驱动作用相对较弱。

第二，从控制变量来看，劳动、物质资本以及人力资本对实体经济的驱动效应显著为正，劳动、物质资本、人力资本的发展能够促进经济增长。物质资本对经济的影响不显著，系数小于

0.03，而劳动与人力资本对经济的影响显著。

第三，加入控制变量后，数实融合对经济的影响为仍为正且结果仍显著。这表明原始回归模型中的自变量与因变量之间的关系是相对独立的，即数实融合驱动经济的回归结果是稳健的，不受其他控制变量的影响。这进一步表明原始回归模型的结论不是由其他未考虑的变量所引起的，即表 8－8 的结果验证了假说 8－1，表明数实融合驱动经济的实证结论是可靠的。

第四，具体到融合量度、融合强度、融合效度来看，无论是否加入控制变量，三者对人均 GDP 的回归系数皆为正且在 1% 的水平下显著。表明融合量度、融合强度、融合效度可以显著促进经济增长，即在其他条件不变的情况下，融合量度、融合强度、融合效度可以驱动经济，从而验证了假说 8－2、假说 8－3、假说 8－4 成立。

8.3　稳健性检验

本章采用以下方法进行稳健性检验，主要包括：(1) 替换变量；(2) 补充变量。相关结论均未发生实质性改变，表明研究结果不仅在上述特定的数据或模型下成立，而且在其他情境或条件下也能保持稳定，从而确保了研究结果的一致性、可靠性和稳定性。

8.3.1　替换变量

替换变量法的基本思想是通过替换或转换数据，来检验统计方法在不同情况下的稳健性。通常来说，是对数据进行一些特殊的变换，例如采用较小或较大或意义相近的指标来替换原始数据中的值，然后运行原始的统计检验，观察其结果是否具有稳健性。

在本章的实证中，为进行稳健性检验，将被解释变量由人均 GDP 替换为人均 GNI。人均 GNI 是国家或地区的人均国民收入，反映了国家或地区的整体经济规模和人均经济水平。其可用于衡量国家经济水平，比较国家经济发展水平，与原被解释变量有着相近的经济意义。替换被解释变量后的回归结果如表 8 – 9 所示。

表 8 – 9　　替换变量后的回归结果

变量	(1) 人均 GNI	(2) 人均 GDP
m_t	0. 106514 *** (0. 013226)	0. 139756 *** (0. 017067)
s_t	0. 304832 *** (0. 046616)	0. 468011 *** (0. 060157)
v_t	0. 143343 *** (0. 022756)	0. 210295 *** (0. 029366)
L	2. 194427 *** (0. 178432)	3. 276054 *** (0. 230261)
K	0. 032365 (0. 095717)	0. 02516 (0. 123520)
H	0. 663721 *** (0. 074508)	1. 118060 *** (0. 096151)
cons	– 1. 885182 ** (0. 756524)	– 8. 147707 *** (0. 976273)
N	660	660
R^2	0. 611	0. 682

注：$*p<0.1$，$**p<0.05$，$***p<0.01$。

表8-9第（1）列即被解释变量为人均GNI的回归结果，第（2）列为基准回归结果。第（1）列的结果显示，人均GNI变量依然在1%水平下显著，融合量度、融合强度、融合效度可以显著促进人均GNI增长，即数实融合驱动经济的结论仍成立，模型具有稳健性。

8.3.2 补充变量

补充变量法的主要思想是向模型中引入额外的变量，然后观察模型估计结果是否稳定，从而评估统计模型对异常值或其他干扰的敏感程度。补充变量法主要通过增加或者减少部分控制变量，或者说是加入遗漏变量，来证明模型里面的主要解释变量，其回归系数正负性以及显著性一致。

由于本章数据采用的是国家数据，故在补充变量方法下要考虑一国经济增长的众多因素。影响一个国家经济增长的因素有很多，比如资本投资、人力资本、技术创新、贸易、全球化制度和政策环境、基础设施建设等。在众多因素中，综合考虑对经济的影响程度、是否有便于量化的指标后，贸易对一国的经济增长也很重要，故加入商品贸易变量、贸易额变量。加入遗漏变量后的回归结果如表8-10所示。

表8-10第（1）列为加入商品贸易额的回归结果，第（2）列为加入贸易额的回归结果。不难发现，贸易额的系数比商品贸易额的系数大，这表明贸易对经济的影响更大。同时，控制了劳动、物质资本、人力资本对结果的影响。第（1）、第（2）列的

结果显示，被解释变量依然在 1% 的水平下显著，且回归系数始终显著为正。这意味着融合量度、融合强度、融合效度可以显著促进经济增长，即数实融合驱动经济的结论仍成立，遗漏变量对于基准结果的显著性没有影响，模型具有稳健性。

表 8-10　加入遗漏变量后的回归结果

变量	(1) Y_t	(2) Y_t
m_t	0.189591*** (10.740000)	0.253851*** (14.870000)
s_t	0.398880*** (6.830000)	0.279950*** (5.140000)
v_t	0.195012*** (6.900000)	0.159815*** (6.140000)
Tra-me	0.357309*** (7.580000)	—
Tra	—	0.628460*** (13.960000)
L	2.900983*** (12.810000)	2.528430*** (12.090000)
K	-0.169222 (-1.40)	-0.242174** (-2.20)
H	1.147716*** (12.430000)	1.142496*** (13.530000)
cons	-7.826234*** (-8.35)	-7.692968*** (-8.97)
N	660	660
R^2	0.704	0.752

注：* $p<0.1$，** $p<0.05$，*** $p<0.01$。

8.4 异质性检验

本章选取的数据内部存在差异性和多样性，故进行异质性检验。其中，主要进行产业层面与国家层面的异质性分析。经检验，存在相关层面的异质作用，且相关结论均未发生实质性改变，从而确保了研究结果的可靠性。

8.4.1 产业层面

本章关注了数实融合水平是否会对不同产业的经济水平产生效应。为了得到不同产业受数实融合影响的结果，本书将所研究的经济发展的产业划分为农业、工业、服务业，并以农业增加值、工业增加值、服务业增加值来衡量三个产业的经济发展，进行检验后得到的结果如表 8－11 所示。

表 8－11　　产业层面异质性检验

变量	(1) 农业增加值	(2) 工业增加值	(3) 服务业增加值
m_t	0.118004 *** (4.990000)	0.119389 *** (6.380000)	0.144805 *** (8.290000)
s_t	0.848231 *** (10.240000)	0.375095 *** (5.450000)	0.397894 *** (6.360000)

续表

变量	(1) 农业增加值	(2) 工业增加值	(3) 服务业增加值
v_t	0.148013 *** (3.630000)	0.160811 *** (5.030000)	0.234664 *** (8.040000)
L	1.651708 *** (5.170000)	2.009244 *** (8.120000)	1.544627 *** (6.710000)
K	-0.537785 *** (-3.04)	0.149525 (1.080000)	-0.185031 (-1.46)
H	1.430380 *** (10.750000)	1.152754 *** (10.820000)	0.902781 *** (9.400000)
$cons$	0.574203 (0.42)	-1.997471 * (-1.88)	0.732494 (0.74)
N	594	550	569
R^2	0.590	0.584	0.608

注：$*p<0.1$，$**p<0.05$，$***p<0.01$。

一方面，表 8－11 的第（1）、第（2）、第（3）列分别表示农业、工业、服务业的回归结果。总体来看，以融合量度、融合强度、融合效度衡量的数实融合水平对三次产业的回归系数皆为正且结果显著，表明数实融合对农业、工业、服务业具有驱动效应，即可以显著促进农业、工业、服务业的经济增长。具体来看，第（1）列表示农业的回归结果，我们可以很容易发现，融合强度对农业的影响系数最大，高达 0.8 以上，融合效度次之，融合量度的系数最小，这表明农业的发展受融合强度的驱动更大，受融合效度的驱动次之，受融合量度的驱动最小。这进一步表明农业受数实融合中的数字产业的贡献度影响最大。同理，对于工业与服务业来说，与农业受影响程度相同，即工业的发展受融合强度的驱动更大，受融合效度的驱动次之，受融合量度的驱动最小；服务业的发展受融合强度的驱动更大，受融合效度的驱动次之，受融合量度的驱动最小。由此可得，农业、工业、服务业的经济发展，主要受数字产业的贡献度的驱动。

另一方面，分产业来看，衡量数实融合的不同指标对农业、工业、服务业的驱动效应的大小是不同的。对于融合量度来说，在其回归结果中服务业增加值的系数最大，表明融合量度主要显著驱动服务业的经济发展，对农业与工业的驱动效应相对较弱；对于融合强度来说，在其回归结果中农业增加值的系数最大，表明融合强度主要显著驱动农业的经济发展，对工业与服务业的驱动效应相对较弱；对于融合效度来说，在其回归结果中服务业增加值的系数最大，表明融合效度主要显著驱动服务业的经济发展，对工业与农业的驱动效应相对较弱。而在前面几章中已有提及，融合量度代表数实融合的规模，融合强度代表数实融合中数字产业的贡献度，融合效度代表数实融合的技术化水平。

由此可得，数实融合的规模与技术化水平对服务业的驱动效应最强，数字产业的贡献度对农业的驱动效应最强。

第一，之所以数实融合的规模对服务业的驱动作用最强、而对农业与工业的驱动作用相对较弱，是因为：一方面服务业的数字化程度较高。服务业中的许多领域，如金融、教育、医疗、零售等，已经广泛采用数字技术来提升服务效率和质量。数实融合可以进一步推动这些领域的数字化转型，提高服务效率、降低成本，并创造新的服务模式。尽管农业和工业也在逐步实现数字化转型，但相对于服务业来说，它们的数字化程度还较低。这意味着在这些领域中，数字技术的应用规模和范围还有待进一步扩大。另一方面是市场需求的不同。随着社会经济的发展，人们对服务业的需求日益增长，需要更加高效、便捷的服务提供方式，而数字技术能够满足这些需求。相比之下，农业和传统工业的发展对数字化技术的需求相对较弱。故融合量度即数实融合的规模对服务业的驱动作用最强。

第二，之所以数实融合中的数字产业贡献度对农业的驱动作用最强、而对工业与服务业的驱动作用相对较弱，是因为：农业作为传统产业，其发展过程中信息传递和数据处理通常不如服务业或工业那么迅速。而数字产业对农业的贡献越多，越可以弥补农业在信息获取、决策支持、市场对接等方面的不足，因此数字产业对农业的驱动作用较为明显。至于数字产业的贡献度对服务业和工业的驱动作用相对较弱，可能与这两个产业的数字化程度已经较高有关。服务业和工业早已开始进行数实融合，并在很多方面取得了显著成效。因此，数字产业在这些领域中的新增贡献可能相对较少，而农业由于起步较晚，所以有着更大的提升空间和发展空间。故融合强度即数实融合中的数字产业的贡献度对农业的驱动作用最强。

第三，之所以数实融合的技术化水平对服务业的驱动作用最强、而对农业与工业的驱动作用相对较弱，是因为：一方面技术密集度程度不同。服务业具有天生的数字化基因，很多服务业态本身就是基于信息技术发展起来的，比如电子商务、在线教育、远程医疗等。服务业通常更容易采用和整合数字技术，因此对数字化和信息化需求更高。而农业和传统工业的生产过程可能相对较为简单，数字化程度和技术密集度相对较低，因此数实融合的技术化水平对其驱动作用相对较弱。另一方面是因为信息化程度的差异。服务业更加依赖信息和数据的流动、分享和处理，而农业与工业相对更侧重于物质生产和制造过程。数字经济的技术化水平主要体现在信息技术、数据分析、人工智能等方面，因此对于服务业这种更依赖信息和数据的行业来说，技术化水平的影响更为显著。

8.4.2 国家层面

发达国家和发展中国家在许多方面存在显著的异质性。例如，这些国家在经济、社会、文化和政治方面有着不同的特征和发展水平。因此，要对发达国家和发展中国家分开进行回归分析以便于更好地捕捉到这种异质性导致的差异。本章将发达国家 *dep* 赋值为 1、发展中国家 *dep* 赋值为 0，并进行回归检验，得到的结果如表 8 - 12 所示。

表 8 - 12　　国家层面异质性检验

变量	(1) 发达国家	(1) 发展中国家
m_t	0. 132309 *** (8. 900000)	0. 124846 *** (4. 890000)
s_t	- 0. 035891 (- 0. 46)	0. 471202 *** (7. 120000)

续表

变量	(1) 发达国家	(1) 发展中国家
v_t	0. 180987 *** (4. 610000)	0. 027913 (0. 800000)
L	3. 042134 *** (8. 360000)	1. 915813 *** (7. 240000)
K	0. 069365 (0. 550000)	0. 094199 (0. 600000)
H	0. 395781 *** (3. 640000)	0. 891767 *** (7. 200000)
cons	-5. 553935 *** (-3. 71)	-1. 831543 (-1. 53)
N	348	312
R^2	0. 420	0. 520

注：$*p<0.1$，$**p<0.05$，$***p<0.01$。

融合量度与融合效度对发达国家经济发展的影响系数为正且结果显著，这表明对于发达国家来说，数实融合量度与数实融合效度可以显著促进经济增长。其中，融合效度的系数数值更大，表明数实融合的融合效度对发达国家经济发展的驱动效应更强。第（2）列的结果显示：融合量度与融合强度对发展中国家经济发展的影响系数为正且结果显著，这表明对于发展中国家来说，数实融合量度与数实融合强度可以显著促进经济增长。其中，融合强度的系数数值更大，表明数实融合的融合强度对发达国家经济发展的驱动效应更强。

由此可得，数实融合对发达国家与发展中国家的经济驱动存在显著差异。发达国家通常拥有较为先进的科技研发能力和创新生态，能够更快地推动各种技术的突破和创新。这种技术创新对经济增长起着非常重要的作用，从而成为经济增长的主要驱动力。并且，技术水平的提高可以推动产业结构的升级和转型，使发达国家的经济更加具有竞争力。特别是在数字经济方面，技术的应用能够带动传统产业向智能化、高效化的方向发展，提升整体经济水平。所以发达国家的经济增长主要受数实融合的技术化水平的驱动。

发展中国家通常具有较大的人口规模和市场潜力，因而数字化发展在这些国家有着更大的市场需求和潜在机会。数字产业能够满足信息通信技术、电子商务、互联网金融等方面的发展需求，因此数字产业在这些国家的贡献度对经济增长的影响较大。发展中国家的经济增长主要受数实融合中的数字产业的贡献度驱动。

第9章

宏观视角的数实融合发展水平评价

基于融合量度、融合强度和融合效度的数实融合经济效应分析及其实证检验，构建三个融合度的发展评价指标体系，并运用探索性因子分析方法测算数实融合发展指数，对中国各省和世界各国的数实融合发展进行评价比较。

9.1 数实融合发展水平评价体系

数实融合发展评价指数衡量数字经济和实体经济融合发展程度，以及经济增长的能力。依据前文对融合模式和融合效应的分析，本书基于数实融合构建发展评价指标体系，围绕融合量度、融合强度和融合效度三个维度设计二级指标及其三级指标，进而构建数实融合发展评价指数。下面将从指标体系的构建逻辑等方面展开叙述。

9.1.1 指标体系的构建逻辑

一级指标是指数实融合发展评价指数，二级指标融合量度是用来衡量融合数量规模的指标，融合强度可以作为衡量数字产业贡献度的指标，融合效度进一步用来评估产业的技术升级水平和价值链提升水平，因此本章选取这三个融合度作为评价的二级指标，恰好与前文相呼应。

9.1.1.1 融合量度的构建逻辑

第一，经济开放通过推动资源流通，加大融合规模，从而提高融合量度。开放型的经济结构使得知识资源储备、要素流通自由性强于内陆地区，融合量度也随之扩大（刘佳等，2021）。

第二，制造业融合量度通过制造业中数字产业的投入量来反映数字经济和实体经济的融合程度，制造业中投入的数字产业越多，融合量度越大。如数字技术提高全要素生产率，从而促进制造业转型升级，越来越多的制造业公司加大投入数字技术，融合量度也得到提升（王卫等，2024）。

第三，市场需求规模通过促进生产需求和消费需求，扩大融合规模，提振融合量度。生产需求和消费需求的扩大会促使各个产业提高产出率，从而促进数字经济和实体经济深度融合。

9.1.1.2 融合强度的构建逻辑

第一，研发投入通过技术创新来促进融合强度。一方面，数字经济和实体经济融合可以通过技术引进和技术购买促进技术转移，并进而对协同创新产生显著的促进作用（宾厚等，2020）。另一方面，研发投入提高数字产业对实体产业的贡献度，促进融合强度的提高。

第二，信息技术通过改造传统产品和参与新产品创新，推动融合强度提升。一方面，利用信息技术对传统产品及市场行为进行改造，催生众多新产品、新服务，扩大供给端和消费端对融合产品的需求（王长明和赵景峰，2021）。另一方面，在 5G 时代和数字化时代，信息技术成为产品创新的关键，信息产业融合强度已经成为数实融合的重要指标。

第三，市场供给通过增加对数字产品的供给，扩大数字产业对实体产业投入，从而提高融合强度。同时，基础设施和通信技术的发展也促进数字产业与实体产业的融合。

9.1.1.3　融合效度的构建逻辑

第一，劳动生产率提升。以制造业为例，一方面，生产率提升意味着实体产业融入更多的数字技术，降低自身生产成本，提升生产能力，助推融合效度；另一方面，数字经济显著提升了劳动生产率，促进实体经济的发展（孙湘湘等，2024）。

第二，制造业融合效度是数实融合效度的主要体现。在制造业层面，数字技术可有效提高制造业产品和服务的技术创新水平（吴敬伟等，2021），促进实体经济与数字经济的融合。

第三，技术产出率越高，意味着数字技术和实体经济的融合发展越好。通过推进新一代数字技术的研究，加大企业对数字技术投入，助力数字技术与产业深度融合，以数字经济发展促进实体经济升级（贺远望，2020）。

9.1.2 指标选取和来源

基于数实融合发展评价目标、指标体系完整性和数据可获得性，围绕融合量度、融合强度和融合效度三个二级指标，建立了包含9个指标的数实融合发展评价指标体系。经济指标、测算方法和数据来源，如表9－1所示，其中，制造业融合量度和制造业融合效度测算依据前文第4章公式所得。

表9－1　数实融合发展评价的指标体系

一级指标	二级指标	三级指标	变量	指标选取	单位	数据来源
数实融合发展评价指数	融合量度	经济开放规模	*X*1	对外贸易总额	亿元	国家统计局
		制造业融合量度	*X*2	制造业融合量度	亿元	投入产出表
		市场需求规模	*X*3	城镇单位就业人员工资总额	亿元	国家统计局
	融合强度	研发投入强度	*Y*1	规模以上工业企业R&D经费	万元	国家统计局
		信息产业融合强度	*Y*2	信息技术服务收入	亿元	国家统计局
		市场供给强度	*Y*3	移动通信手持机产量	万台	国家统计局
	融合效度	劳动生产率	*Z*1	人均地区生产总值	元/人	国家统计局
		制造业融合效度	*Z*2	制造业融合效度	%	投入产出表
		技术产出率	*Z*3	技术市场成交额	亿元	国家统计局

9.1.3　指标权重赋值

本书通过统计产品与服务解决方案（SPSS）软件对数实融合发展评价的指标体系进行因子分析，为指标权重赋值。

首先，因为各指标数据的单位不统一，不能直接进行因子分析，所以运用 SPSS 软件对各个基础指标进行去量纲化处理，标准化后的变量在其原符号前加字母“*Z*”表示。然后，对量纲化数据进行 KMO 和巴特利特（Bartlett）的球形度检验，结果如表 9－2 所示。

表 9－2　　　　KMO 和巴特利特检验

KMO 取样适切性量数		0.703
巴特利特球形度检验	近似卡方	507.345
	自由度	36
	显著性	0

由表 9－2 可得出：巴特利特球形检验的自由度为 36，p = 0.000，小于 0.05，这说明拒绝原假设，原有的变量之间存在公共的因子，可以进行因子分析。KMO 检验的结果为 0.703，一般认为：KMO <0.5 不适合建立因子分析模型；0.5 < KMO <0.7 一般适合建立因子分析模型；0.7 < KMO <0.8 适合建立因子分析模型；0.8 < KMO 非常适合建立因子分析模型。本书 KMO 检验结果满足 0.7 < KMO <0.8，因此可以建立因子分析模型。

其次，提取公因子并进行检验。运用统计软件 SPSS 对数据进行分析。所得公因子方差，如表 9 - 3 所示。提取公因子的方法运用了主成分分析法，全部方差都在 0.9 以上，说明公因子对各个初始变量的解释较好。

表 9 - 3　　公因子方差

变量	初始	提取
Zscore（*X*1）	1	0.931
Zscore（*X*2）	1	0.911
Zscore（*X*3）	1	0.987
Zscore（*Y*1）	1	0.996
Zscore（*Y*2）	1	0.996
Zscore（*Y*3）	1	0.956
Zscore（*Z*1）	1	0.993
Zscore（*Z*2）	1	0.971
Zscore（*Z*3）	1	0.996
Zscore（*X*2）	1	0.911

注：提取方法为主成分分析法。

本书利用统计软件 SPSS 提取了初始特征值大于 1 的因子作为公共因子。由表 9 - 4 可得，前 2 个因子的特征值大于 1，累计方差百分比占总方差百分比的 97.09%，这说明所提取的 2 个公共因子可以解释全部变量中 97.09% 的信息，提取前 2 个因子作为主成分因子是可行的。

表 9－4　　　　　　　　　　特征根与方差贡献率表

总方差解释							
成分	初始特征值			提取载荷平方和			旋转载荷平方和
	总计	方差百分比（%）	累积（%）	总计	方差百分比（%）	累积（%）	总计
1	7.463	82.919	82.919	7.463	82.919	82.919	6.862
2	1.275	14.17	97.089	1.275	14.17	97.089	1.876
3	0.152	1.689	98.778	—	—	—	—
4	0.089	0.989	99.768	—	—	—	—
5	0.017	0.186	99.953	—	—	—	—
6	0.002	0.023	99.977	—	—	—	—
7	0.002	0.019	99.996	—	—	—	—
8	0	0.002	99.998	—	—	—	—
9	0	0.002	100	—	—	—	—

因此，选取两个主成分进行分析并计算其权重，分析结果如表 9－5 所示。

表 9－5　　　　　　　　　　主成分分析结果

主成分	特征值	方差占比（%）	累积方差占比（%）	权重
主成分 1	7.463	82.92	82.92	0.854
主成分 2	1.275	14.17	97.09	0.146

结合各三级指标旋转后的成分得分矩阵和各主成分权重，可得各三级指标的权重，汇总可知二级指标的权重，如表 9－6 所示。由表可知，在数实融合发展指数中，融合效度 0.472 大于融合量度 0.298 大于融合强度 0.276。最终，通过各三级指标权重可

构建数字经济和实体经济融合发展指数（digital economy and real economy integration development index，DEAREIDI），即式（9－1）：

$$DEAREIDI = 0.066 \times ZX1 + 0.140 \times ZX2 + 0.092 \times ZX3 + 0.099 \times ZY1 + 0.134 \times ZY2 + 0.042 \times ZY3 + 0.088 \times ZZ1 + 0.186 \times ZZ2 + 0.153 \times ZZ3 \quad (9-1)$$

表9－6　数实融合发展指数（DEAREIDI）各三级指标权重

变量	主成分1载荷	主成分2载荷	三级指标权重	二级指标权重
主成分	0.854	0.146	—	—
*ZX*1	0.074	0.180	0.066	融合量度 0.298
*ZX*2	0.183	0.166	0.140	
*ZX*3	0.129	0.035	0.092	
*ZY*1	0.143	0.006	0.099	融合强度 0.276
*ZY*2	0.179	0.130	0.134	
*ZY*3	0.024	0.316	0.042	
*ZZ*1	0.120	0.063	0.088	融合效度 0.472
*ZZ*2	0.186	0.707	0.186	
*ZZ*3	0.198	0.197	0.153	

9.2　中国数实融合发展水平评价

参考彭徽和匡贤明（2019）测算方法，依据数实融合发展指数DEAREIDI的指标体系和权重测算，将中国2002～2020年数据标准化后代入式（9－1）中，可得中国数实融合发展指数分值，如表 9－7 所示。由表可知：（1）中国数实融合指数 2002～2017 年持续增长，说明中国数实融合发展水平不断提升，但是 2018 年以后，数实融合指数呈现下降趋势，其中主要由于融合效度呈现下降趋势，导致融合指数下降；（2）在数实融合指数中，融合效度贡献大于融合量度和融合强度，但融合量度和融合效度的贡献也在不断提升，说明中国数字经济和实体经济融合尚处于技术增长的阶段，但其中数字技术规模的应用在不断提升。

表 9－7　　　　2002～2020 年数实融合发展指数

年份	*X*1	*X*2	*X*3	融合量度	*Y*1	*Y*2	*Y*3	融合强度	*Z*1	*Z*2	*Z*3	融合效度	融合指数
2002	-1.90	-0.98	-1.15	-0.37	-1.16	-0.93	-1.46	-0.30	-1.40	-1.47	-0.89	-0.53	-1.20
2003	-1.65	-0.68	-1.12	-0.31	-1.13	-0.89	-1.41	-0.29	-1.32	-1.27	-0.86	-0.49	-1.08
2004	-1.40	-0.38	-1.08	-0.25	-1.09	-0.85	-1.36	-0.28	-1.24	-1.08	-0.83	-0.44	-0.96
2005	-1.09	-0.53	-1.02	-0.24	-1.00	-0.84	-1.17	-0.26	-1.05	-0.69	-0.81	-0.34	-0.84
2006	-0.78	-0.67	-0.95	-0.23	-0.92	-0.82	-0.99	-0.24	-0.85	-0.30	-0.77	-0.25	-0.72
2007	-0.47	-0.81	-0.85	-0.22	-0.83	-0.81	-0.80	-0.22	-0.65	0.09	-0.72	-0.15	-0.60
2008	-0.16	-0.95	-0.73	-0.21	-0.75	-0.79	-0.61	-0.21	-0.45	0.47	-0.66	-0.05	-0.47
2009	-0.10	-0.67	-0.64	-0.16	-0.56	-0.67	-0.35	-0.16	-0.38	0.33	-0.61	-0.07	-0.39
2010	-0.04	-0.40	-0.50	-0.10	-0.38	-0.55	-0.10	-0.12	-0.30	0.19	-0.50	-0.07	-0.29
2011	0.23	-0.52	-0.26	-0.08	-0.16	-0.36	0.04	-0.06	-0.13	0.24	-0.39	-0.03	-0.17
2012	0.49	-0.64	-0.05	-0.06	0.06	-0.16	0.18	-0.01	0.05	0.29	-0.18	0.03	-0.04
2013	0.40	-0.27	0.38	0.02	0.20	0.00	0.64	0.05	0.16	0.43	-0.05	0.09	0.16
2014	0.30	0.10	0.57	0.09	0.35	0.16	1.10	0.10	0.28	0.58	0.10	0.15	0.33
2015	0.51	0.28	0.75	0.14	0.58	0.42	1.16	0.16	0.55	0.86	0.26	0.25	0.55
2016	0.71	0.46	0.90	0.19	0.81	0.68	1.22	0.22	0.82	1.15	0.46	0.36	0.77
2017	0.91	0.64	1.09	0.25	1.05	0.94	1.28	0.28	1.09	1.44	0.72	0.47	1.01

续表

年份	X1	X2	X3	融合量度	Y1	Y2	Y3	融合强度	Z1	Z2	Z3	融合效度	融合指数
2018	1.24	2.07	1.32	0.49	1.33	1.37	1.14	0.36	1.45	1.42	1.27	0.59	1.44
2019	1.35	2.01	1.57	0.51	1.65	1.83	0.88	0.45	1.60	-0.42	1.87	0.35	1.31
2020	1.46	1.94	1.76	0.53	1.97	2.30	0.63	0.53	1.76	-2.26	2.62	0.14	1.19

注：融合发展指数 = 融合量度指数 + 融合强度指数 + 融合效度指数 = $\sum_{n=1}^{9}$（指标$_n$ × 指标权重$_n$）。

通过表9－7可知，融合指数2002～2018年呈现稳步增长趋势，融合指数由2002年的－1.20增长至2018年的1.44，年均增长幅度为16.5%。从2012年融合指数变为正值以后增长幅度较之前相比更大，总体来说数字经济和实体经济融合呈现稳步增长态势。在2018年以后，融合量度和融合强度一直是增长状态，但是融合效度呈现下降趋势，并且由于在融合指数中，融合效度所占权重最大（0.472），所以融合指数呈现下降趋势。再具体分析，可以看出是受制造业融合效度Z2的影响所致融合效度下降，而制造业的融合效度是由技术密集型数字产业投入/劳动密集型产业投入，体现制造业融合效度有所下降。2020年受新冠疫情影响，各个行业发展受到阻碍，数字经济和实体经济融合也受到影响。总而言之，数字经济和实体经济融合受多种因素影响其发展。

9.3 数实融合发展水平的国际比较

依据数实融合发展指数DEAREIDI的指标体系和权重测算，

本书选取 2020 年 69 个经济体指标数据（依据 OECD 选取的 76 个经济体，其中孟加拉国、白俄罗斯、老挝、缅甸、沙特阿拉伯、越南及中国台湾地区数据缺失），数据来源如下：（1）*X*1 选自世界银行数据库，*X*2 和 *Z*2 依据 OECD 数据库中的国际投入产出表计算得出，*X*3、*Y*1、*Y*2、*Y*3 和 *Z*1、*Z*3 的数据均来源于世界银行数据库。由于数据库的指标与国家统计局指标有所差异，所以 *X*1 采用的是各经济体对外贸易占 GDP 的百分比；（2）*X*2 依旧是采用的投入产出表计算的制造业量度；（3）*X*3 是工薪阶层占全部就业人口比例；（4）*Y*1 是采用的知识产权使用费；（5）*Y*2 替换为信息技术服务出口额；（6）*Y*3 是流动电话用户（每 100 人）国际电信联盟，来自世界电讯/资讯及通信科技发展报告及资料库；（7）*Z*1 依然是人均地区生产总值；（8）*Z*2 还是采用的投入产出表计算的制造业量度；（9）*Z*3 是高科技出口占制成品的百分比。由于单位原因依旧对各个数据进行标准化处理。

将数据代入式（9－1）中，可得 2020 年世界各经济体数实融合发展指数及其排序，如表 9－8 所示。由表 9－8 可知：（1）美国、爱尔兰、卢森堡、中国这 4 个国家的融合指数大于 1，其中美国作为发达国家的融合指数最高，体现出美国的数字经济和实体经济融合效果最好。（2）世界 69 个经济体数实融合发展差异显著，峰值美国比峰谷尼日利亚高出 2.86 倍，可见世界各经济体在数字经济和实体经济融合上呈现较大差异。（3）在世界各经济体融合指数中，每个经济体的融合量度、融合强度和融合效度对总体的融合指数贡献数不同的，例如，美国是融合量度贡献度最为突出，而爱尔兰是融合强度的贡献度最为突出，卢森堡是融合效度的贡献度最为突出。

表 9－8　2020 年世界各经济体数实融合发展指数

序号	国家	*ZX*1	*ZX*2	*ZX*3	融合量度	*ZY*1	*ZY*2	*ZY*3	融合强度	*ZZ*1	*ZZ*2	*ZZ*3	融合效度	融合指数
1	美国	2.51	4.81	0.98	0.93	2.62	1.91	-0.64	0.49	1.51	0.18	0.21	0.20	1.62
2	爱尔兰	-0.17	-0.32	0.56	0.00	6.15	6.18	-0.60	1.41	2.43	-0.90	0.66	0.15	1.56
3	中国	5.03	5.66	-1.07	1.03	2.13	1.19	-0.09	0.37	-0.65	-0.57	1.04	0.00	1.39
4	卢森堡	-0.53	-0.32	0.83	0.00	0.15	-0.26	0.35	-0.01	3.69	5.37	-0.76	1.21	1.20
5	德国	2.42	1.90	0.85	0.50	0.73	1.05	0.20	0.22	0.83	0.75	-0.07	0.20	0.93
6	新加坡	-0.06	-0.27	0.61	0.01	0.56	0.37	0.70	0.13	1.42	0.91	2.72	0.71	0.86
7	中国香港	0.62	-0.29	0.86	0.08	-0.33	-0.31	5.91	0.17	0.80	-0.75	3.73	0.50	0.75
8	日本	0.82	1.68	0.80	0.36	1.49	-0.02	1.15	0.19	0.56	0.22	0.15	0.11	0.67
9	荷兰	0.89	-0.12	0.42	0.08	2.01	0.39	-0.01	0.25	1.05	0.91	0.47	0.33	0.67
10	英国	0.30	0.70	0.50	0.16	0.61	1.13	-0.18	0.20	0.56	0.60	0.46	0.23	0.60
11	斯洛伐克	4.27	-0.34	0.54	0.28	-0.41	-0.38	0.37	-0.08	-0.28	2.15	-0.45	0.31	0.51
12	法国	0.49	0.17	0.67	0.12	0.42	0.42	-0.36	0.08	0.52	0.30	0.47	0.17	0.38
13	以色列	-0.45	-0.26	0.72	0.00	-0.34	0.94	0.60	0.12	0.75	0.34	0.82	0.26	0.37
14	瑞典	-0.23	-0.09	0.80	0.05	0.18	0.20	0.01	0.05	1.08	0.75	-0.09	0.22	0.31

续表

序号	国家	ZX1	ZX2	ZX3	融合量度	ZY1	ZY2	ZY3	融合强度	ZZ1	ZZ2	ZZ3	融合效度	融合指数
15	瑞士	0. 13	-0. 23	0. 58	0. 03	1. 75	0. 10	0. 15	0. 19	2. 43	-0. 47	-0. 25	0. 09	0. 31
16	俄罗斯	0. 16	-0. 01	0. 96	0. 10	0. 01	-0. 20	1. 42	0. 03	-0. 66	1. 63	-0. 51	0. 17	0. 30
17	比利时	0. 35	-0. 22	0. 55	0. 04	-0. 22	0. 19	-0. 82	-0. 03	0. 78	0. 92	-0. 08	0. 23	0. 24
……	……	……	……	……	……	……	……	……	……	……	……	……	……	……
53	巴西	-0. 11	0. 06	-0. 36	-0. 03	-0. 18	-0. 34	-0. 93	-0. 10	-0. 79	-0. 67	-0. 36	-0. 25	-0. 38
54	希腊	-0. 49	-0. 35	-0. 32	-0. 11	-0. 43	-0. 40	-0. 51	-0. 12	-0. 36	-0. 69	-0. 23	-0. 19	-0. 42
55	文莱	-0. 55	-0. 36	0. 82	-0. 01	-0. 45	-0. 45	-0. 06	-0. 11	0. 03	-1. 00	-1. 06	-0. 34	-0. 46
56	阿根廷	-0. 44	-0. 24	-0. 07	-0. 07	-0. 37	-0. 37	-0. 05	-0. 09	-0. 73	-0. 88	-0. 67	-0. 33	-0. 49
57	埃及	-0. 50	-0. 37	-0. 09	-0. 09	-0. 43	-0. 41	-1. 20	-0. 15	-0. 93	-0. 15	-0. 97	-0. 26	-0. 50
58	秘鲁	-0. 56	-0. 36	-1. 57	-0. 23	-0. 42	-0. 45	-0. 17	-0. 11	-0. 83	0. 20	-0. 82	-0. 16	-0. 50
59	突尼斯	-0. 53	-0. 35	-0. 02	-0. 09	-0. 45	-0. 44	-0. 03	-0. 11	-0. 93	-0. 83	-0. 62	-0. 33	-0. 52
60	哥伦比亚	-0. 49	-0. 33	-1. 31	-0. 20	-0. 38	-0. 43	0. 34	-0. 08	-0. 86	-0. 59	-0. 46	-0. 25	-0. 54
61	摩洛哥	-0. 50	-0. 36	-1. 21	-0. 19	-0. 44	-0. 37	0. 38	-0. 08	-0. 94	-0. 38	-0. 85	-0. 28	-0. 55
62	印度尼西亚	-0. 21	-0. 12	-1. 40	-0. 16	-0. 35	-0. 40	0. 27	-0. 08	-0. 92	-0. 96	-0. 56	-0. 34	-0. 58

续表

序号	国家	$ZX1$	$ZX2$	$ZX3$	融合量度	$ZY1$	$ZY2$	$ZY3$	融合强度	$ZZ1$	$ZZ2$	$ZZ3$	融合效度	融合指数
63	约旦	-0.54	-0.36	0.74	-0.02	-0.45	-0.45	-2.07	-0.19	-0.91	-0.79	-1.05	-0.39	-0.60
64	科特迪瓦	-0.53	-0.36	-2.50	-0.32	-0.45	-0.45	0.93	-0.07	-0.98	-0.33	-0.80	-0.27	-0.65
65	柬埔寨	-0.52	-0.37	-1.47	-0.22	-0.45	-0.45	0.19	-0.10	-1.01	-0.74	-0.99	-0.38	-0.70
66	喀麦隆	-0.56	-0.37	-2.56	-0.32	-0.45	-0.45	-1.36	-0.16	-1.01	-0.06	-0.94	-0.24	-0.73
67	塞内加尔	-0.19	-0.37	-2.04	-0.25	-0.45	-0.45	-0.24	-0.11	-1.01	-0.81	-1.10	-0.41	-0.77
68	巴基斯坦	-0.51	-0.34	-1.72	-0.24	-0.44	-0.38	-1.60	-0.16	-1.02	-0.77	-1.02	-0.39	-0.79
69	尼日利亚	-0.48	-0.32	-3.09	-0.36	-0.44	-0.44	-0.88	-0.14	-0.99	-0.95	-0.67	-0.36	-0.87

注：融合发展指数 = 融合量度指数 + 融合强度指数 + 融合效度指数 = $\sum_{n=1}^{9}$（指标$_n$ × 指标权重$_n$）。

通过表 9-8 可得，世界各经济体数实融合发展存在明显的差异。从发达国家及地区和发展中国家及地区的角度来看，发达国家及地区的科技水平较高，数字技术领先且发展快速，数字技术应用到实体产业的领域范围较广，并在数字经济和实体经济融合方面较为深入，所以发达国家及地区的融合指数相对较高。而发展中国家及地区受到经济、技术等条件的限制，数字经济发展速度相对较慢，数字技术在实体产业的应用也存在一定的局限性，导致融合指数相对较低。但是中国作为一个发展中国家，在 2020 年世界融合指数比较中达到 1.39，位列第三，可见中国的数字经济发展迅速，数字经济和实体经济的融合相对较好。分析其原因，首先，近几年我国陆续出台关于数字经济和实体经济相融合的政策，国家大力支持数字经济和实体经济的融合发展；其次，在云计算、物联网、区块链和人工智能等主要竞争领域，中国市场拥有类似于美国的优势，拥有领先的企业，如腾讯和阿里巴巴，稳居全球市值前十的市场主体地位。最后，中国还拥有巨大的国内市场，为这些领域的企业提供了广阔的发展空间和机遇。总之，中国虽然是一个发展中国家，但是数字经济和实体经济的融合程度较好。

9.4　数实融合发展水平的省际比较

依据数实融合发展指数 DEAREIDI 的指标体系和权重测算，

将中国30个省份指标数据（西藏、台湾、澳门和香港地区数据缺失）代入式（9-1）中，可得2017年中国各省份数实融合发展指数及其排序，如表9-9所示。由表9-9可知，中国30个省份数实融合发展差异显著，峰值广东比峰谷青海高出3.13倍，大致可分为四个区间：（1）DEAREIDI>1，涵盖广东、北京和江苏3个省份；（2）0<DEAREIDI<1，涵盖浙江、山东、上海和福建等8个省份；（3）-0.5<DEAREIDI<0，涵盖安徽、重庆和辽宁等11个省份；（4）-1<DEAREIDI<-0.5，涵盖海南、宁夏和青海等8个省份。

由表9-9可知，各区域的融合发展指数相差较大，呈现区域数字经济和实体经济发展不协调趋势。

首先，从城市和省份的角度看，广东、北京和上海等省份经济较发达，而且拥有较强的人力资源储备和较高的技术水平，所以这些城市的数字经济发展迅速，并且与实体经济的融合更为广泛和深远。而云南、甘肃、新疆、青海等省份本身经济发展速度相对较慢，数字经济发展较为迟缓，所以在实体经济和数字经济融合过程中，这些地区的融合指数相对较低。

其次，从地区的角度来看，东部沿海地区对外开放程度大，其经济也相对发达，融合指数能够直观地反映出该地区的数字经济和实体经济的融合程度较高；而中西部地区相对封闭，经济的发展速度较缓，融合指数比较低。这反映出地区间的数实融合发展水平存在明显差异。

表 9-9　2017 年中国 30 个省份数实融合发展指数

省份	X1	X2	X3	融合量度	Y1	Y2	Y3	融合强度	Z1	Z2	Z3	融合效度	融合指数
广东	3.92	1.59	3.17	0.77	2.88	2.68	0.41	0.66	0.62	1.46	0.61	0.42	1.85
北京	0.84	-0.63	1.80	0.13	-0.26	2.70	-0.73	0.31	2.84	1.18	4.90	1.22	1.66
江苏	2.04	-0.01	2.02	0.32	2.81	1.96	0.08	0.54	1.59	1.85	0.42	0.55	1.41
浙江	1.09	-0.22	1.13	0.15	1.24	1.27	-0.09	0.29	0.97	1.08	-0.13	0.27	0.70
山东	0.57	-0.41	1.06	0.08	2.28	0.59	-0.88	0.27	0.13	0.66	0.10	0.15	0.50
上海	1.53	-0.50	1.12	0.13	0.27	1.23	-0.62	0.17	2.74	-0.62	0.46	0.20	0.50
湖北	-0.41	3.28	0.05	0.44	0.13	-0.21	-0.29	-0.03	0.14	-0.99	0.73	-0.06	0.35
四川	-0.31	1.88	0.30	0.27	-0.20	0.45	0.11	0.05	-0.50	-0.29	-0.03	-0.10	0.21
湖南	-0.45	0.23	-0.22	-0.02	0.12	-0.51	1.07	-0.01	-0.31	1.43	-0.27	0.20	0.17
天津	-0.11	-0.52	-0.50	-0.13	-0.31	-0.05	-0.54	-0.06	1.03	0.89	0.15	0.28	0.09
福建	0.15	-0.49	0.03	-0.06	0.09	0.26	0.60	0.07	0.90	-0.12	-0.43	-0.01	0.01
安徽	-0.37	1.25	-0.28	0.12	0.07	-0.59	-0.64	-0.10	-0.38	0.16	-0.22	-0.04	-0.01
重庆	-0.32	-0.33	-0.42	-0.11	-0.24	-0.16	0.49	-0.02	0.18	0.89	-0.46	0.11	-0.02
陕西	-0.44	-0.48	-0.29	-0.12	-0.40	-0.02	0.19	-0.03	-0.15	0.29	0.59	0.13	-0.03
河南	-0.27	-0.18	0.50	0.00	0.14	-0.56	-0.03	-0.06	-0.50	0.36	-0.43	-0.04	-0.10
江西	-0.42	-0.56	-0.43	-0.15	-0.35	-0.65	0.00	-0.12	-0.54	1.10	-0.40	0.09	-0.17

续表

省份	X1	X2	X3	融合量度	Y1	Y2	Y3	融合强度	Z1	Z2	Z3	融合效度	融合指数
广西	-0.36	0.65	-0.52	0.02	-0.60	-0.66	1.95	-0.07	-0.85	-0.03	-0.47	-0.15	-0.20
河北	-0.39	-0.57	-0.27	-0.13	-0.10	-0.57	-0.48	-0.11	-0.66	0.39	-0.41	-0.05	-0.28
吉林	-0.53	-0.64	-0.69	-0.19	-0.64	-0.49	-0.48	-0.15	-0.61	0.49	-0.25	0.00	-0.34
贵州	-0.58	-0.36	-0.59	-0.14	-0.66	-0.63	1.88	-0.07	-0.86	-0.08	-0.42	-0.16	-0.37
山西	-0.54	1.71	-0.50	0.16	-0.57	-0.69	-1.19	-0.20	-0.67	-1.20	-0.41	-0.34	-0.38
辽宁	-0.17	-0.16	-0.32	-0.06	-0.25	0.02	-1.59	-0.09	-0.34	-1.46	-0.05	-0.31	-0.46
海南	-0.57	-0.80	-1.03	-0.24	-0.77	-0.65	1.16	-0.11	-0.47	-0.25	-0.52	-0.17	-0.53
宁夏	-0.59	-0.78	-1.08	-0.25	-0.73	-0.69	1.53	-0.10	-0.50	-0.36	-0.51	-0.19	-0.54
云南	-0.51	0.62	-0.41	0.02	-0.61	-0.66	1.01	-0.11	-0.74	-1.88	-0.42	-0.48	-0.57
甘肃	-0.59	-0.77	-0.76	-0.22	-0.69	-0.68	0.80	-0.13	-1.12	-0.56	-0.32	-0.25	-0.60
内蒙古	-0.55	-0.76	-0.69	-0.21	-0.57	-0.70	-0.69	-0.18	0.07	-0.93	-0.50	-0.24	-0.63
黑龙江	-0.53	-0.69	-0.55	-0.18	-0.62	-0.63	-1.78	-0.22	-0.87	-0.52	-0.34	-0.23	-0.63
新疆	-0.52	-0.61	-0.56	-0.17	-0.71	-0.67	-1.85	-0.24	-0.51	-1.00	-0.51	-0.31	-0.72
青海	-0.61	-0.76	-1.09	-0.25	-0.77	-0.70	0.62	-0.14	-0.63	-1.94	-0.44	-0.48	-0.87

第 10 章

微观视角的数实融合财务绩效评价

10.1 数实融合财务绩效的评价逻辑

在全球数字技术的浪潮下，数字经济与实体经济的深度融合不仅成为国家发展战略的重要一环，更是企业转型升级、实现可持续发展的关键所在。基于此，我国牢牢把握数字经济的发展机遇，并将其视作推动经济增长的新动力。2024 年，我国政府工作报告中提出了制定支持数字经济高质量发展的政策，并积极推进数字产业化、产业数字化，促进数字技术和实体经济深度融合。这一政策导向凸显了数实融合在推动国家产业升级、推进创新模式以及提升产业竞争力方面的战略价值。在探讨数实融合对于国家经济的影响时，本书在宏观层面，通过利用国内和国际的投入产出表，构建了融合三度来量化评估数字经济与实体经济融合的程度，并实证检验了这种数实融合对国家整体经济发展的影响。但是，当把视角转向微观层面，即企业这一经济活动主体时，又该如何准确测量和评估数字经济与实体经济融合对企业经济发展的具体影响?

首先，对于数实融合和企业数字化转型，应该先明确两者的区别。“数实融合”是一个更广泛、更宏观的概念，它强调的是数字经济与实体经济的深度融合。这种融合不仅仅是技术的融合，更是产业、资本、人才、管理等各方面的深度融合。数实融合旨在通过数字技术的赋能，推动实体经济实现高质量发展，提升产业链、供应链的现代化水平。而“企业数字化转型”是一个更具体、更明确的术语，它主要指的是企业利用数字技术（如大数据、云计算、人工智能、物联网等）来改变其业务模式、运营方式、客户服务等方面，以实现更高效、更灵活、更智能的经营。数字化转型是一个系统性的过程，包括数据的收集、存储、处理、分析和应用，以及与之相关的技术、组织、文化和战略的变革。

其次，从某种程度上说，企业数字化转型是数实融合的一个重要组成部分或实现路径。企业通过数字化转型，可以更有效地利用数字技术来推动自身与实体经济的深度融合。同时，数实融合也为数字化转型提供了更广阔的应用场景和更丰富的资源支持。所以数实融合和数字化转型是两个相互关联、相互促进的概念。企业在推动数字化转型的过程中，应积极寻求与实体经济的深度融合，以实现更大的价值创造和更可持续的发展。基于此，本书在探讨数实融合对企业财务绩效的影响时，转变为企业数字化转型对企业财务绩效的影响并对此进行评价分析。

对于企业数字化转型对企业财务绩效的影响已有学者进行了深入的研究。其中，李秀敏等（2024）的研究表明，企业数字化转型能够显著提升其财务绩效，为企业的持续发展提供了有力的支撑。这一发现为深入理解数字经济与实体经济融合在企业层面的效果提供了重要依据。然而，也有学者如梁琳娜等（2022）指出，企业数字化转型与财务绩效之间的关系并非简单的线性关系，而是呈现出一种“U”型曲线。这意味着在数字化转型的初期，技术投入、人才培训等方面的成本增加，可能会对企业的财务绩效产生一定的负面影响。但随着数字化转型的深入，其带来的效率提升、成本降低等优势将逐渐显现，从而推动企业财务绩效的回升。此外，该研究还发现，管理运营成本在这一“U”型关系中起到了显著的门槛效应，即当管理运营成本达到某一临界值时，数字化转型对财务绩效的促进作用将更加明显。此外，尹夏楠等（2022）学者以制造业企业为研究样本，构建企业数字化转型程度衡量指标体系，探究企业数字化转型对企业财务绩效的影响。但是在上述学者的文献中，企业的财务绩效选择大多是净资产收益率等单个指标或者多个指标，并不能全面客观地反映企业的财务绩效。

最后，在构建财务绩效指标体系时，本书利用熵值法来计算各指标的权重。熵值法是一种基于信息熵原理的权重确定方法，它能够根据各指标提供的信息量大小来确定其权重，从而避免了主观赋值可能带来的偏差。对于企业数字化转型指标的选取在下文均有详细描述，最终将通过实证检验企业数字化转型自变量对企业财务绩效因变量的影响，量化分析数字化转型策略如何在实际经济环境中作用于企业财务表现，并揭示数字经济与实体经济融合对上市公司财务绩效的具体影响机制。

综上所述，为了更准确地测量和评估数字经济与实体经济融合对企业经济发展的影响，本章将根据指标选取原则以及国家对于企业的财务指标体系的规定准则，构建一套上市公司的财务绩效指标体系，并且对于企业数字化转型的衡量指标，通过现有文献及现有数据进行构建，全面、客观地评估数字经济与实体经济融合对企业财务绩效的影响。

10.2 数实融合财务绩效的评价体系

10.2.1 指标体系构建

10.2.1.1 财务绩效指标体系的选取

（1）指标选取原则。

代表性原则。在构建财务绩效评价体系时，需特别关注所选指标的代表性。一个理想的财务绩效评价指标应能迅速而准确地反映出企业财务绩效的波动情况。因此，在挑选指标时，我们要确保它们具有高度的代表性。

全面性原则。构建财务绩效评价指标体系时，全面性是不可或缺的考量因素。我们的目标是选取能够全面评价企业财务状况的指标，从而为企业存在的具体问题提供合理的解决方案。这要求我们在选择财务指标时，确保它们能覆盖到企业的各个方面。

可操作性原则。在选择财务绩效评价指标时，要充分考虑到指标的可操作性。一个可行的指标应该便于我们获取和计算相关数据。如果某个指标的数据获取困难或计算复杂，那么它对于构建财务绩效评价模型来说就失去了实际意义。因此，我们必须确保所选指标在操作上的可行性。

（2）指标选取依据。

首先，我国在 2007 年 1 月 1 日实施的《企业财务通则》中明确指出，主管财政机关应当建立健全企业财务评价体系，这一体系的核心在于评估企业内部财务控制的有效性，并具体评价企业的偿债能力、盈利能力、资产营运能力和发展能力。

其次，本书在构建财务绩效评价体系时，以国资委 2021 年编制的《企业绩效评价标准值》为依据，从盈利能力、营运能力、偿债能力、发展能力四个方面选取了相应的财务指标。在盈利能力方面，虽然净资产收益率等指标通常用于反映企业盈利水平，但考虑到数据的来源可获取性以及可操作性，本书选择了经营活动产生的现金流量净额等指标来体现企业的盈利能力。同样地，在营运能力方面，选取了总资产周转率等指标；在偿债能力方面，选取了资产负债率、速动比率等指标；而在发展能力方面，则选取了营业收入增长率等指标。

然而，需要注意的是上市公司的财务活动具有其独特性，与一般企业存在明显差异。因此，完全采用一般企业的财务评价体系来评估上市公司可能会存在片面性。为了更准确地反映上市公司的财务状况，本书在构建财务绩效评价体系时，结合上市公司的具体情况，参考了《企业财务通则》和财政部的相关指标体系，构建了数字化转型企业的财务绩效指标体系。这一体系旨在全面、准确地反映上市公司的盈利能力、偿债能力、营运能力和发展能力，以支持对上市公司财务状况的综合评价。具体构建的数字化转型企业的财务绩效指标体系如表 10－1 所示。

表 10－1　　数字化转型企业的财务绩效指标体系

一级指标	二级指标	三级指标	变量	方向
数字化转型企业的财务绩效	盈利能力	高管薪酬总额	*A*1	+
		经营活动产生的现金流量净额	*A*2	+
		公司规模	*A*3	+
	营运能力	托宾 Q 值	*B*1	－
		总资产周转率	*B*2	+
		管理费用率	*B*3	－
	偿债能力	资产负债率	*C*1	－
		流动比率	*C*2	+
		速动比率	*C*3	+
	发展能力	营业收入增长率	*D*1	+
		月均超额换手率	*D*2	－

10.2.1.2　上市公司数字化转型指标的选取

数字化转型正通过深度整合大数据、人工智能、云计算和物联网等前沿数字智能技术，从企业的底层技术层面催生出一场深远的变革。这场转型不仅为企业塑造了一个与传统业务流程迥异的数字生态，而且极大地提升了组织的价值创造能力，为企业的成功注入了崭新的活力。

在界定企业数字化转型的关键词时，本书参考了学术界的最新研究成果，如吴非、胡慧芷、林慧妍等的《企业数字化转型与资本市场表现——来自股票流动性的经验证据》一文，以及政策文件中与企业数字化转型紧密相关的“底层技术”和“数字技术应用”等词条。同时，我们还结合了国泰安数据库中关于上市公司数字化转型指标的详尽数据，综合归纳出“人工智能技术”“区块链技术”“云计算技术”“大数据技术”以及“数字技术应用”这五个核心类别，作为衡量上市公司数字化转型成效的重要指标。这些指标不仅体现了数字化转型的技术维度，也反映了企业在实际应用这些技术过程中的创新能力和价值创造潜力。

10.2.2　指标评价方法

10.2.2.1　熵值法权重计算步骤

权重计算是构建评价体系过程中的首要内容，权重计算的合理性对评价结果的影响极大。本书通过客观严谨的熵值法计算出指标权重，将客观权重引入决策过程中。并且熵值越大，说明其确定性越强，该组数据权重也越大。本书选择以熵值法构建数字化转型企业的财务绩效指标，具体过程如下：

第一步：对数字化转型企业的财务绩效各指标数据进行标准化。

$$正向指标：x_{hj} = \frac{x_j - x_{\min}}{x_{\max} - x_{\min}} \tag{10-1}$$

$$负向指标：x_{hj} = \frac{x_{\max} - x_j}{x_{\max} - x_{\min}} \tag{10-2}$$

式（10－1）和式（10－2）中，x_{hj}为各系统第j项指标进行标准化后的取值，h为数字化转型企业的财务绩效指标，x_j为第j项指标值，x_{min}为第j项指标的最小值，x_{max}为第j项指标的最大值。

第二步：计算数字化转型企业的财务绩效各指标的比重。

$$p_{hj} = \frac{x_{hj}}{\sum_{i=1}^{m} x_{hj}} \tag{10-3}$$

其中，p_{hj}为数字化转型企业的财务绩效指标比重，m表示样本量。

第三步：计算数字化转型企业的财务绩效指标信息熵。

$$e_{hj} = -\frac{1}{\ln(m)} \sum_{i=1}^{m} p_{hj} \times \ln(p_{hj}),\ 0 < e_{hj} < 1 \tag{10-4}$$

其中，e_{hj}为数字化转型企业的财务绩效指标信息熵。

第四步：计算数字化转型企业的财务绩效指标信息冗余度。

$$d_{hj} = 1 - e_{hj} \tag{10-5}$$

其中，d_{hj}为数字化转型企业的财务绩效指标信息效用值。

第五步：计算数字化转型企业的财务绩效指标权重。

$$w_{hj} = \frac{d_{hj}}{\sum_{j=1}^{n} d_{hj}} \tag{10-6}$$

其中，w_{hj}为数字化转型企业的财务绩效各指标权重，n表示各系统指标的个数。

第六步：计算数字化转型企业的财务绩效的综合评价值。

$$U_{hi} = \sum_{j=1}^{n} w_{hj} \times p_{hj} \tag{10-7}$$

其中，U_{hi}为数字化转型企业的财务绩效的综合评价值。

10.2.2.2　权重结果分析

基于以上熵值法公式通过 Stata 软件处理后得出权重结果，如表 10－2 所示。

表 10－2　　数字化转型企业的财务绩效指标权重

一级指标	二级指标	权重（%）	三级指标	权重（%）
数字化转型企业的财务绩效	盈利能力	22.96	高管薪酬总额	21.78
			经营活动产生的现金流量净额	0.01
			公司规模	1.17
	营运能力	31.82	托宾 Q 值	23.53
			总资产周转率	8.19
			管理费用率	0.10
	偿债能力	17.38	资产负债率	15.46
			流动比率	0.96
			速动比率	0.96
	发展能力	27.84	营业收入增长率	24.37
			月均超额换手率	3.47

注：权重采用百分比并保留两位小数。

分析表 10－2 可得，在数字化转型企业的财务绩效指标体系中，营运能力所占权重较大，可达 31.82%，而偿债能力所占权重较小，仅为 17.38%。除了营运能力和偿债能力之外，其他财务绩效指标也各自扮演着重要的角色。例如，盈利能力所占权重达到了 22.96%，说明企业在数字化转型过程中，提升盈利水平仍然是不可忽视的关键因素。此外，发展能力指标占比为 27.84%，这表明企业在转型过程中不仅要注重当前的经营状况，还需要考虑未来的发展潜力。

10.3 数实融合财务绩效的评价实证

10.3.1 研究假说

党的二十大报告指出："加快发展数字经济，促进数字经济和实体经济深度融合。"而对于企业而言，数字经济和实体经济的深度融合（企业数实融合）过程本质上是一个数字化转型过程。所谓数字化转型（digital transformation），是企业借助数字技术来改造企业的生产经营系统、管理模式和核心业务流程，从而形成一个破坏性创新和变革的过程（Siebel，2019）。

根据资源基础理论，企业所拥有的独特资源和能力能够为其带来持续的竞争优势和卓越的绩效表现。在数字化转型的大背景下，企业所依赖的资源构成发生了显著的变化。信息技术基础设施、数字化技术应用以及数据资产等日益成为战略资源的重要组成部分。这些数字化资源为企业提供了新的资源角度来塑造其竞争地位（李秀敏等，2024）。实质上，数字化转型正是推动了企业对数字化资源的积累和应用，进而为企业带来新的竞争优势来提升绩效表现。一方面，数字技术资源的积累和应用为企业提供了更准确的市场洞察和决策支持。数字化技术的嵌入使企业能够更智能地分析数据，揭示以往难以察觉的市场趋势和消费者需求（GAO D，2023）。这不仅有助于企业优化现有产品和服务，还有助于开发全新的创新性解决方案，推动新产品的推出和市场份额的扩大，从而为企业在市场中获得新的竞争优势、为绩效增长作出贡献（LIU Y B et al.，2023）。另一方面，数字化转型驱使企业对人力资源进行数字化重塑，以适应数字化发展。数字化转型引入更多了智能化的技术和系统，进而导致企业需要培养更多具备数字化技能的人才来应对数字化工作环境中的挑战（MANUEL J et al.，2023）。通过数字化人才招聘和培训，企业能够提升团队的数字化素质和创新能力，促使企业形成独特的数字化人力资源优势（张任之，2023；赵宸宇，2021），从而为绩效提升创造有利条件。

基于此，提出假设：企业数实融合即企业的数字化转型有助于提升财务绩效。

10.3.2　研究设计

（1）样本选取与数据来源。

本章选取中国 A 股上市公司为研究样本，鉴于中国数字技术高速发展及企业数字化转型主要发生在 2010 年之后（刘莉亚等，2015），本书将研究时间范围设定为 2010 ~ 2020 年。相关数据来源于国泰安（CSMAR）数据库。此外，为提高数据有效性，参考现有研究对样本进行如下处理：第一，剔除金融类上市公司；第二，剔除当年被归为 ST 或 PT 类别的上市公司；第三，剔除关键变量缺失的样本。最终得到 11241 个观测样本。

（2）模型设定。

为检验企业数实融合水平对财务绩效的影响，本书建立如下基准模型：

$$\mathrm{Ln}ROE_{it} = \alpha_0 + \alpha_1 \ln Digital_{it} + \alpha_2 Controls_{it} + \gamma_i + \gamma_t + \mu_{it} \tag{10-8}$$

其中，i、t 分别代表企业、年份。被解释变量 $\mathrm{Ln}ROE_{it}$表示企业财务绩效。解释变量 $\ln Digital_{it}$表示 i 企业在第 t 年的数实融合水平。$Controls_{it}$为控制变量集，γ_i表示企业固定效应，γ_t表示年份固定效应，μ_{it}表示随机误差项。

具体变量设定如下所示：

被解释变量：企业财务绩效（ln*ROE*）。企业财务绩效是指企业在某一特定时期内，通过日常生产经营活动，充分利用已有资源进行生产经营活动所获得的经济效益和经营业绩。这个绩效水平可以反映出经营管理者在实施经济战略和管理战略过程中对企业整体所做出的贡献。根据第十章前两个小节对企业财务绩效构建的指标体系及熵值法赋权重，本小节选取上文财务绩效指标体系合成后的指标作为企业财务绩效变量。

解释变量：企业数实融合水平（ln*Digital*）。企业的数字经济和实体经济的融合（企业数实融合）本质上是一个数字化转型过程。选取国泰安数据库中关于上市公司数字化转型指标的数据，综合归纳出“人工智能技术”“区块链技术”“云计算技术”“大数据技术”以及“数字技术应用”这五个核心类别，进行加总作为衡量上市公司数字化转型的指标。

控制变量：为剔除干扰，本书选取的一系列控制变量——研发投入强度（ln*R&D*），研发投入占营业收入比例；股权制衡度（ln*equity*），第二到第五位大股东持股比例的和除以第一大股东持股比例；政府补助（ln*subsidies*），政府对企业的各项补助总和；独立董事比例（ln*director*），独立董事除以董事人数；权益乘数（ln*capital*），资产总计/所有者权益合计。同时，引入年份、企业固定效应，以排除年份和企业不可观测因素的影响。

10.3.3　基准回归

（1）描述性统计。

本章中主要变量的描述性统计信息如表 10－3 所示。由于各变量单位不同，数据差异较为明显，故对文中涉及的数据通过取自然对数的方式进行处理后回归。便于保持口径和量纲上的一致性，从而更好地进行回归分析，提高模型的稳定性和准确性。

表 10－3　　主要变量描述性统计

变量	观测样本数量	均值	p50	标准差	最小值	最大值
ROE	11241	0.083	0.064	0.061	0.011	0.413
Digital	11241	6.165	1.000	16.626	0	448.000
R&D	11241	4.326	3.640	4.320	0	137.450
equity	11241	2.045	1.636	1.601	0.153	92.250
subsidies	11241	4.460007	1.097007	1.492008	－4.795646	4.379009
director	11241	0.374	0.333	0.055	0.182	0.800
capital	11241	1.889	1.658	4.976	－339.171	174.618

（2）基准回归的结果。

表 10－4 报告了数实融合对企业财务绩效影响的回归结果，第（1）列为只加入核心解释变量的回归结果，第（2）列为加入了控制变量后的回归结果。

表 10－4　　基准回归结果

变量	（1）	（2）
ln*Digital*	0. 029260 *** （4. 94）	0. 026507 *** （2. 88）
_*cons*	－2. 701118 *** （－60. 66）	－2. 692972 *** （－22. 71）
ln*R&D*	—	控制
ln*equity*	—	控制
ln*subsidies*	—	控制
ln*director*	—	控制
ln*capital*	—	控制
企业固定效应	—	控制
年份固定效应	—	控制
N	6509	5893
R^2	0. 4349	0. 5220

注：* $p<0.1$，** $p<0.05$，*** $p<0.01$。

从核心解释变量来看，数实融合对企业财务绩效影响为正且结果显著，表明数实融合显著提升了企业的财务绩效。进一步地，加入控制变量后，数实融合对企业财务绩效影响仍为正且结果仍显著。这表明原始回归模型中的自变量与因变量之间的关系是相对独立的，即数实融合提升企业财务绩效的回归结果是稳健的，不受其他控制变量的影响。这进一步表明原始回归模型的结论不是由其他未考虑的变量所引起的，即表 10 - 4 的结果验证了假说，表明企业数实融合即企业的数字化转型有助于提升财务绩效。

10.3.4　稳健性检验

本章采用以下方法进行稳健性检验，主要包括：第一，替换变量；第二，更换样本区间；第三，倾向得分匹配（PSM）。相关结论均未发生实质性改变，表明研究结果不仅在上述特定的数据或模型下成立，而且在其他情境或条件下也能保持稳定，从而确保了研究结果的一致性、可靠性和稳定性。

（1）替换核心解释变量。

替换变量法的基本思想是通过替换或转换数据，来检验统计方法在不同情况下的稳健性。通常来说，是对数据进行一些特殊的变换，例如采用较小或较大或意义相近的指标来替换原始数据中的值，然后运行原始的统计检验，观察其结果是否具有稳健性。

在本章的实证中，为进行稳健性检验，本书将核心解释变量由 ln*Digital* 替换为 ln*digi*。考虑到企业数字化转型信息包含企业生产经营的多个环节，本书参考赵宸宇等（2021），采用文本分析法捕捉这一系统性过程。通过企业年报中企业数字化转型关键词的出现频数刻画企业数字化转型，综合反映企业数字化转型的全貌。由于词频数据具有典型的“右偏性”特征，将其进行对数化处理，使用“企业数字化转型词频数总和 + 1”的自然对数度量企业数字化转型（ln*digi*）。这与原核心解释变量有着相近的经济意义。替换被解释变量后的回归结果如表 10－5 所示。

表 10－5　　　　替换变量后的回归结果

变量	(1)	(2)
ln*Digital*	0.026507*** (2.88)	—
ln*digi*	—	0.016562** (2.00)
_*cons*	－2.692972*** (－22.71)	－2.648782*** (－27.12)
ln*R&D*	控制	控制
ln*equity*	控制	控制
ln*subsidies*	控制	控制
ln*director*	控制	控制
ln*capital*	控制	控制
企业固定效应	控制	控制
年份固定效应	控制	控制
N	5893	10728
R^2	0.5220	0.4293

注：*$p<0.1$，**$p<0.05$，***$p<0.01$。

表 10－5 第（1）列为基准回归结果，第（2）列为替换核心解释变量后的结果。结果显示，ln*digi* 变量依然在 5% 水平下显著，企业数实融合即企业的数字化转型有助于提升财务绩效结论仍成立，模型具有稳健性。

（2）更换样本区间。

2015 年以来，中国数字经济发展迅速，因此，本书进一步将样本范围缩小至 2015～2020 年，表 10－6 第（2）列为更换样本选择区间的检验结果。同时控制企业和年份固定效应，回归结果表明：在更改样本区间后，ln*Digital* 变量依然在 1% 水平下显著，表明企业数实融合即企业的数字化转型有助于提升财务绩效结论仍成立，模型具有稳健性。

表 10－6　　更改样本区间后的回归结果

变量	（1）	（2）
ln*Digital*	0. 026507 *** （2. 88）	0. 032444 *** （2. 90）
_*cons*	－2. 692972 *** （－22. 71）	－2. 648782 *** （－27. 12）
ln*R&D*	控制	控制
ln*equity*	控制	控制
ln*subsidies*	控制	控制
ln*director*	控制	控制
ln*capital*	控制	控制
企业固定效应	控制	控制
年份固定效应	控制	控制
N	5893	4390
R^2	0. 5220	0. 5782

注：* $p<0.1$，** $p<0.05$，*** $p<0.01$。

（3）倾向得分匹配（PSM）。

本书利用 PSM 方法寻找与处理组相邻的对照组。参照已有研究的做法，选择前文控制变量即研发投入强度、股权制衡度、政府补助、独立董事比例、权益乘数作为匹配变量，以 Logit 模型进行倾向评分，采用 1∶3 的最近邻匹配法进行样本匹配，匹配后对获得的8082个有效观测值重新回归。表10－7第（2）列为PSM稳健性检验结果。同时控制企业和年份固定效应检验发现，ln*Digital*的系数约为0.02，在1%的水平上显著，表明企业数实融合即企业的数字化转型有助于提升财务绩效的结论稳健。

表10－7　　PSM稳健性检验的回归结果

变量	(1)	(2)
ln*Digital*	0.026507*** (2.88)	0.023580*** (2.73)
_*cons*	−2.692972*** (−22.71)	−2.717585*** (−196.75)
ln*R&D*	控制	控制
ln*equity*	控制	控制
ln*subsidies*	控制	控制
ln*director*	控制	控制
ln*capital*	控制	控制
企业固定效应	控制	控制
年份固定效应	控制	控制
N	5893	8082
R^2	0.5220	0.4601

注：* $p<0.1$，** $p<0.05$，*** $p<0.01$。

10.3.5　异质性分析

本章选取的数据内部存在差异性和多样性，故进行异质性分析。经检验，存在相关层面的异质作用，且相关结论均未发生实质性改变，从而确保了研究结果的可靠性。

（1）基于不同企业所在地的异质性分析。

本章关注了企业的财务绩效是否会受企业在不同地区影响。为了得到相应的结果，本书将所研究的企业所在地划分为东部、中部、西部地区，并进行分组检验，回归后得到的结果如表10－8所示。（其中，东部地区包括：北京市、天津市、河北省、上海市、江苏省、浙江省、福建省、山东省、广东省、海南省、辽宁省、吉林省、黑龙江省；中部地区包括：山西省、安徽省、江西省、河南省、湖北省、湖南省；西部地区包括：内蒙古自治区、广西壮族自治区、重庆市、四川省、贵州省、云南省、陕西省、甘肃省、青海省、宁夏回族自治区、新疆维吾尔自治区。）

表10－8　　　　不同企业所在地的回归结果

变量	东部地区	中部地区	西部地区
ln*Digital*	0.0275067** (2.26)	0.0032219 (0.16)	0.040962** (1.82)
_*cons*	－2.641329*** (－20.01)	－2.286491*** (－7.87)	－3.171697*** (－17.51)
ln*R&D*	控制	控制	控制
ln*equity*	控制	控制	控制
ln*subsidies*	控制	控制	控制
ln*director*	控制	控制	控制
ln*capital*	控制	控制	控制
企业固定效应	控制	控制	控制
年份固定效应	控制	控制	控制
N	4349	816	563
R^2	0.4777	0.6110	0.7124

注：$*p<0.1$，$**p<0.05$，$***p<0.01$。

表10－8表示东、中、西部地区的回归结果。总体来看，对于中部地区的企业，数实融合的影响不显著；对于东部地区与西部地区的企业，数实融合可以显著提升财务绩效，且总体上数实融合对西部企业财务绩效的提升作用大于东部地区的企业。

数实融合对不同地区企业财务绩效的影响差异主要受到经济发展水平和金融环境差异、企业资源和能力的差异以及政策支持等影响。这些因素共同作用，导致了数实融合在不同地区企业财务绩效中的不同表现。

第一，经济发展水平和金融环境差异。东部地区的经济发展条件更为便利，金融市场更加完善，企业整体发展比较成熟，创新能力较强。这意味着东部地区的企业在金融化、数字化转型和创新方面拥有更多的资源和机会。由于东部地区企业整体创新能力较强，金融化带来的“蓄水池”效应与“挤出”效应相对平衡，因此数实融合对财务绩效的提升作用可能相对较为稳定；西部地区相较于东部地区交通条件欠缺，金融行业整体发展情况较为缓慢。但正因为如此，西部企业在数实融合的过程中，更能够感受到数字化、信息化带来的变革力量，“边际增长”贡献更大，从而更容易实现跨越式发展，使得数实融合能够显著提升西部企业财务绩效的作用更大。

第二，企业资源和能力的差异。尽管中部地区的经济发展整体上领先于西部地区，但由于受到周边发达地区的影响和竞争压力，政策利好于西部地区，中部企业在资源获取、创新能力等方面可能面临一定的挑战。这导致数实融合对中部企业财务绩效的影响不显著。同时，东部企业和西部企业在资源和能力方面各有特点。东部企业拥有更多的市场机会和资源优势，而西部地区的市场竞争相对较弱，使其可能更加注重内部管理和成本控制，加之“西部大开发”等政策扶持，使得数实融合能够帮助这些企业更好地利用自身资源和能力，从而提升财务绩效。

（2）基于企业股权性质的异质性分析。

为了研究企业不同股权性质带来的异质性，本书将所研究的企业划分为国有企业与非国有企业，并进行分组检验，回归后得到的结果如表 10 - 9 所示。

表 10 - 9　　不同股权性质企业的回归结果

变量	国有企业	非国有企业
ln*Digital*	0. 004154 （0. 45）	0. 0392897 *** （2. 69）
_cons	- 3. 100694 （ - 29. 82）	- 2. 555469 *** （ - 13. 44）
ln*R&D*	控制	控制
ln*equity*	控制	控制
ln*subsidies*	控制	控制
ln*director*	控制	控制
ln*capital*	控制	控制
企业固定效应	控制	控制
年份固定效应	控制	控制
N	1384	3547
R^2	0. 7940	0. 4085

注：* $p<0.1$，** $p<0.05$，*** $p<0.01$。

表 10 - 9 表明国有企业与非国有企业的回归结果。总体来看，

对于国有企业，数实融合的影响不显著；对于非国有企业，数实融合可以显著提升财务绩效。

国有企业和非国有企业在数实融合对企业财务绩效影响上的差异，主要受到体制性质与决策机制、内部管理体系与运营效率、数字化转型的推进程度等因素的影响。这些因素共同作用，导致了数实融合在不同类型企业中的不同表现。

第一，体制性质与决策机制。国有企业在所有制和管理结构上具有特殊性，通常受到政府政策的指导和调控。这种体制性质使国有企业在财务管理中常常受到政府政策的影响和干预，导致决策的独立性和灵活性受限。数实融合虽然能够带来技术和管理的创新，但可能在国有企业的复杂决策环境中难以发挥显著作用。非国有企业的决策机制更加灵活，能够快速响应市场变化和技术创新。同时，数实融合能够帮助非国有企业更好地整合内外部资源，优化业务流程，从而提升财务绩效。

第二，内部管理体系与运营效率。国有企业由于历史沿革和体制特点，可能存在产权不清等问题，导致内部管理体系相对复杂，信息流通不畅。这些因素使得数实融合在国有企业中的实施面临更多挑战，难以有效提升财务绩效。而非国有企业内部管理体系相对简单，能够更好地实施数实融合策略，优化资源配置，提升运营效率，从而显著提升财务绩效。

第三，数字化转型的推进程度。国有企业由于规模较大、业务领域广泛，财务数据具有复杂性和多样性。数字化转型需要整合和处理大量的数据，但在国有企业中可能因数据来源分散、数据质量参差不齐等原因面临困难，影响数字化转型的效果。而非国有企业规模相对较小，业务领域相对集中，且员工更加年轻化、知识化，更容易接受和适应新技术、新模式，能够更好地支持数实融合的推进，实现业务数据和财务数据的整合与分析，提升财务绩效。

（3）基于是否为数字经济上市公司的异质性分析。

为了研究业务性质与数字化程度带来的差异，本章还探寻了数实融合对数字经济上市公司和非数字经济上市公司的不同影响。数字经济上市公司是指以数字经济为核心产业范畴的上市公司。其是根据国家统计局发布的《数字经济及其核心产业统计分类（2021）》，由国泰安数据平台公开数据所得。对数字经济上市公司与非数字经济上市公司分组回归后得到的结果如表 10 - 10 所示。

表 10 - 10　　是否为数字经济企业的回归结果

变量	数字经济 上市公司	非数字经济 上市公司
ln*Digital*	0.014706 (0.63)	0.027084 *** (2.95)
_*cons*	-3.449716 *** (-13.44)	-2.721804 *** (23.67)
ln*R&D*	控制	控制
ln*equity*	控制	控制
ln*subsidies*	控制	控制
ln*director*	控制	控制
ln*capital*	控制	控制
企业固定效应	控制	控制

续表

变量	数字经济 上市公司	非数字经济 上市公司
年份固定效应	控制	控制
N	1202	6847
R^2	0.4125	0.4838

注：$*p<0.1$，$**p<0.05$，$***p<0.01$。

表 10－10 报告了数字经济上市公司和非数字经济上市公司的回归结果。总体来看，对于数字经济上市公司，数实融合的影响是不显著的；对于非数字经济上市公司，数实融合可以显著提升财务绩效。造成数字经济上市公司和非数字经济上市公司在数实融合对企业财务绩效影响上差异的原因主要包括技术成熟与投入成本、转型机遇、市场反应等方面。

第一，技术成熟与投入成本。数字经济上市公司通常已经具备较为成熟的数字化技术，这意味着它们为了维持和进一步推动数字化进程，需要不断投入大量的研发、运营和维护成本。由于数字化战略是一个长期性的过程，成本在短期内可能不会对财务绩效产生显著的正面影响。同时，在竞争激烈的数字经济领域，公司需要不断创新和投入以保持其市场地位，由于市场反应和回报需要时间，投入在短期内无法直接转化为财务绩效的显著提升。

第二，非数字经济上市公司的机遇。相较于数字经济上市公司，非数字经济上市公司在数字化方面往往处于较低的水平。因此，当它们开始实施数字化转型时，“边际增长”贡献更大，可以较容易地看到明显的改进和提升，从而带来财务绩效的显著提升。

并且，数实融合使得非数字经济上市公司能够重新配置资源，优化业务流程，提高运营效率，这些改进可以迅速转化为财务绩效的提升。

第三，市场反应。由于数字经济上市公司通常已经具备较高的数字化水平，市场对其数字化转型的期望可能较高。因此，即使公司实现了数字化转型，但如果未能显著超越市场预期，其财务绩效的提升可能不会被市场充分认可。对于非数字经济上市公司来说，它们的数字化转型往往被视为一种创新和突破。这种变化更容易吸引市场的关注和认可，从而转化为财务绩效的显著提升。

第 11 章

数实融合赋能经济的问题和建议

数实融合，即数字经济和实体经济的深度融合，是一种新型的经济形态。数实融合的目的是通过数字技术的应用和发展，提升实体产业的效率、效益和竞争力。这种融合不仅局限于某个环节或单个领域的结合，而且涵盖了从产品设计、生产到销售的全方位、全链条的数字化改造。数实融合能够提高生产效率、降低成本、改善用户体验，并推动企业转型升级。它通过数字技术对实体经济进行数字化改造，帮助企业获得低门槛、低成本的数字化能力，从而降低运营成本并提升运转效率。此外，数实融合还为企业带来新的业务增长点，通过与实体经济的深度合作，可持续地挖掘新业务场景，并提供新增长点，变革管理模式及商业模式。在更广泛的意义上，数实融合是实现碳达峰和碳中和目标的有效手段，通过数字化技术在能源、交通、工业等领域的应用，能有效地利用资源并提高绿色管理效率。立足中国数实融合的评价结果，本章揭示数实融合驱动新质生产力发展的问题，并提出相关对策建议。

11.1　数实融合赋能经济的问题

11.1.1　融合量度的问题和成因

融合量度可以看作用来衡量数字经济与实体经济融合的数量规模的指标，其可以看作通过计算一个国家的产业中数字产业的投入量来反映融合的程度。融合量度越高，说明数字产业在生产中所占比重越大。换言之，融合量度数值高意味着在生产投入中的数字产业的投入更多。中国和美国的融合量度的差距，如图 11－1 所示。

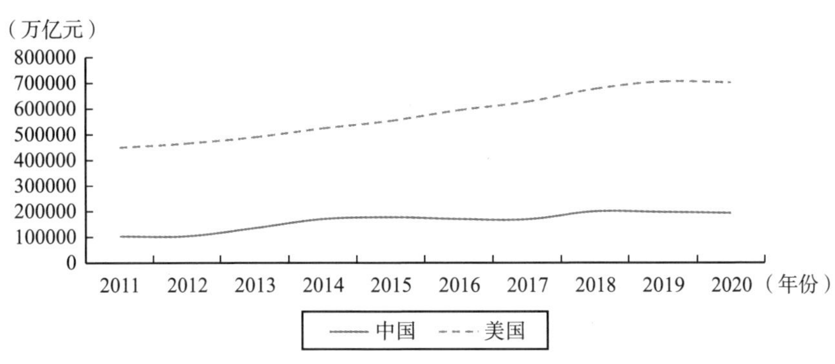

图 11－1　中国与美国融合量度比较

数实融合对新质生产力融合量度的推动作用所面临的挑战，主要归结于以下几个方面：数据要素市场体系不完善增加融合量度的成本和风险、数字经济与传统经济之间缺乏协同作用抑制融合量度拓展，以及数字经济引领作用发挥得不充分阻碍数实融合创新。

11.1.1.1 数据要素市场体系不完善

大数据作为当今时代的重要生产要素，其产权归属、使用权、经营权等核心问题尚未有明确的法律规定，这无疑为数据交易蒙上了一层法律风险的阴影。在缺乏明确法律框架的情况下，数据交易的合法性、正当性和安全性均面临质疑，为交易双方带来了极大的不确定性。由于缺乏统一的数据交易规则和标准，数据交易过程中的定价、交易方式、交易流程等存在很大的差异和不确定性。这种混乱的状态不仅影响了数据交易的效率和公平性，也阻碍了数据市场的健康发展。例如，在某些情况下，数据交易可能因缺乏明确的定价机制而导致价格扭曲，使得数据资源的价值无法得到合理体现。

数据质量的参差不齐也是数据交易面临的一大挑战。由于数据来源的多样性、数据处理的复杂性等因素，数据质量往往参差不齐，存在大量的错误、重复、无效甚至虚假数据。这不仅影响了数据交易的顺利进行，也给数据使用者带来了极大的风险。因此，如何确保数据质量成为数据交易中亟待解决的问题。数据交易涉及大量的个人隐私和企业商业秘密。然而，目前的数据安全保障措施还不够完善，无法有效保障交易双方的隐私和商业秘密安全。这种状况不仅限制了数据交易的发展和普及，也对数据安全和隐私保护提出了更高的要求。因此，加强数据安全保护、完善相关法律法规和数据交易规则已成为推动数据交易健康发展的当务之急。大数据交易在法律、规则、质量、安全等方面面临着诸多挑战和问题。为了推动数据交易的健康发展，需要加强法律法规建设、完善数据交易规则和标准、提高数据质量、加强数据安全保护等方面的工作。只有这样，才能充分发挥大数据作为新生产要素的巨大潜力，为经济社会发展注入新的活力。

11.1.1.2　数字经济与传统经济之间缺乏协同作用

数字经济与传统经济之间的协同作用问题，是一个复杂而重要的议题。这种协同作用的缺失可能体现在多个方面，对整体经济发展产生深远影响。

首先，技术应用与融合难题是数字经济与传统经济协同发展的一个主要障碍。随着科技的飞速发展，数字经济带来了大数据、人工智能、云计算等一系列创新技术。然而，这些先进技术在传统经济中的应用并不总是那么顺利。许多传统行业和企业可能因为技术门槛高、投资成本高、人才短缺等原因，难以充分应用这些新技术，或者面临技术融合难题。例如，一些传统制造业企业可能缺乏足够的技术人才和资金，难以实现数字化转型。这种技术应用与融合的难题，限制了数字经济与传统经济的协同发展。其次，产业结构与资源配置问题也是影响两者协同发展的一个重要因素。数字经济主要依赖于数据、信息技术等新型生产要素，而传统经济则主要依赖于物质资本、劳动力等传统生产要素。这种差异可能导致两者在协同发展中出现资源配置不合理、产业结构失衡等问题。例如，一些传统行业可能因为缺乏数字技术支持，而面临市场份额减少、竞争力下降等问题。同时，一些数字经济企业也可能因为缺乏传统经济资源，如生产设施、销售渠道等，而难以发展壮大。这种产业结构与资源配置的问题，需要双方加强合作与协调，实现资源共享和优势互补。再次，监管政策与法律法规的滞后也是影响数字经济与传统经济协同发展的一个重要因素。随着数字经济的快速发展，监管政策和法律法规可能无法及时跟上，导致两者在协同发展中出现监管空白或法律冲突。例如，一些新兴的数字经济业态可能缺乏明确的法律法规支持，导致市场乱象频发。同时，一些传统经济领域的监管政策也可能与数字经济领域存在冲突，给双方协同发展带来障碍。因此，需要加强对数字经济与传统经济的监管政策和法律法规的研究与制定，确保两者在协同发展中能够遵循统一的规则和标准。最后，市场竞争与合作难题也是影响数字经济与传统经济协同发展的一个重要因素。在市场竞争中，数字经济与传统经济存在一些难题，如市场份额争夺、技术标准不统一等。同时，两者在合作中也可能面临一些挑战，如合作意愿不足、合作机制不健全等。这些难题和挑战可能会影响两者的协同发展。因此，需要加强数字经济与传统经济之间的合作与交流，建立有效的合作机制，推动双方在市场竞争中实现共赢。

11.1.1.3 数字经济引领作用发挥不充分

数字经济，作为21世纪的新兴经济形态，已经在全球范围内展示出其无与伦比的活力和巨大的发展潜力。特别是在中国，数字经济的迅速崛起不仅推动了国家经济的飞速发展，而且在全球数字经济格局中占据了举足轻重的地位。

首先，从规模上看，中国数字经济规模持续扩大，已经稳坐全球第二大数字经济体的宝座。根据数字中国建设发展报告（2017 年）显示，中国的网民数量已经连续 13 年位居世界第一，网络零售市场规模更是连续 8 年领跑全球。这些耀眼的成绩不仅彰显了中国在数字经济领域的雄厚实力，也充分证明了数字经济对中国新质生产力的巨大推动作用。其次，在数字基础设施建设方面，中国同样取得了举世瞩目的成就。如今，中国已经建成了全球最大的光纤和移动宽带网络，这些新型基础设施为数字经济的蓬勃发展提供了坚实的物质基础。此外，中国在移动通信技术领域也实现了从“4G 并跑”到“5G 引领”的跨越式发展。据 2022 年中国国际大数据产业博览会的开幕式报告统计，2021 年中国 5G 标准必要专利数量占全球比例超过了 38%，这一数字充分展示了中国在全球 5G 技术领域的领先地位。这些基础设施的完善不仅为新质生产力拓展了巨大的空间，也为数字经济的进一步发展提供了强有力的支撑。然而，尽管中国数字经济取得了如此显著的发展成就，但仍面临着一些问题和挑战。其中，数字经济缺乏领航作用就是一个值得关注的问题。数字经济作为一个新兴领域，其发展方向、路径和模式都需要政府、企业和社会各方的共同努力和合作来推动。

政府应加强对数字经济的政策引导和扶持，通过制定相关政策和规划，为数字经济的健康发展提供有力的保障。同时，政府还应加大对数字技术研发和应用的投入，鼓励企业加大技术创新力度，提高数字经济的质量和效益。此外，加强对数字经济的监管和规范也是必不可少的，这有助于保障数据安全和个人隐私，促进数字经济的可持续发展。企业在数字经济发展中也扮演着至关重要的角色。企业应积极拥抱数字经济，加强技术创新和数字化转型，通过提高生产效率和竞争力来适应数字经济的发展趋势。同时，企业还应加强与其他企业和机构的合作，共同推动数字经济的繁荣和发展。社会各方也应加强对数字经济的关注和支持，提高公众对数字经济的认识和理解。通过普及数字经济知识、推广数字经济应用等方式，推动数字经济的普及和发展。

数字经济缺乏领航作用是一个需要引起关注的问题。政府、企业和社会各方应共同努力、加强合作，推动数字经济的持续健康发展。只有这样，才能充分发挥数字经济在经济发展中的重要作用，为中国的经济发展注入新的活力和动力。

11.1.2 数实融合强度的问题成因

融合强度是指衡量数字经济与实体经济融合效果强度的指标，其可以评价和度量一个国家的产业结构中数字产业的数量。融合强度反映了数字产业在一个国家中产业的整合程度。研究表明，融合强度与数字产业的贡献度呈正相关的关系。数字产业越多地参与到一个国家的产业中，此国家的融合强度的数值就越高。中国和美国的融合强度的差距，如图 11 - 2 所示。

我国数字经济与实体经济的融合虽然已经取得了一些成就，但融合强度还有待提升。融合强度的发展问题，主要是数字鸿沟犹存导致融合强度不均衡、数字技术融入实体经济缺乏层次性限制数实融合潜力、数字经济产业存在结构瓶颈制约数实融合协同效应。

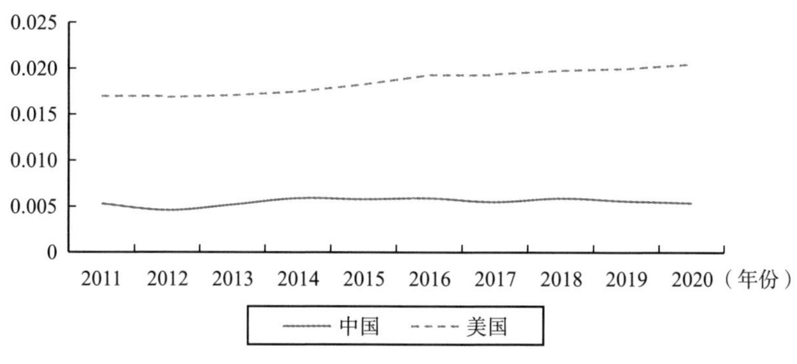

图 11－2　中国与美国融合强度比较

11.1.2.1　数字鸿沟犹存

数字经济中的数字鸿沟主要体现在数字化的基础设施鸿沟。全球范围内，仍有大量人口无法接入互联网，从而无法享受数字经济带来的红利。据中国国际发展知识中心发布的《全球发展报告》可知，截至 2021 年底全球仍有约 29 亿人不能上网，他们因此无法充分利用数字技术和资源，无法参与数字经济的各种活动。数据质量较低、数据采集标准不统一，导致地区之间、政府之间、企业之间有效的数字互通互联率不高。数据的质量对于数字经济的运行至关重要，如果数据不准确、不完整，那么基于这些数据的决策和判断就可能出现偏差，从而影响数字经济的健康发展。

数字资本，类似于人力资本，具有可积累、可投资的特征。数字资本存量的水平可以从数字接入能力和数字处理能力两个维度来定义。在数字经济时代，每个人作为数据的生产者或消费者，其信息的获取、输出、整合、交流等能力因人而异，这就造成了数字的资本鸿沟。一些人可能由于教育、技能、经验等方面的限制，无法充分利用数字技术来提升自己的生产力和竞争力，从而在数字经济中处于不利地位。如果要去缩小数字鸿沟，要提高数据质量和互通互联率，同时也需要加强关于数字技术的教育和培训，提升人们的数字素养和数字技能。还要弥合地区间、产业间、企业间的数字鸿沟，并深化数字技术对实体经济的融入。

11.1.2.2 数字技术融入实体经济缺乏层次性

数字技术与实体经济的融合程度不深且缺乏层次性主要是由于技术应用水平有限、虽然数字技术得到了快速发展，但其在实体经济中的应用仍处于初级阶段。许多企业对数字技术的理解不深，缺乏对其全面应用的能力，导致数字技术未能深入渗透到实体经济的各个层面。

首先，数字化转型成本较高，实体经济的数字化转型需要大量的资金投入，包括技术研发、设备更新、人才培训等。对于一些中小企业而言，由于缺乏足够的资金支持，难以实现数字化转型。其次，数字化人才短缺，随着数字技术的不断发展，对掌握数字技术的人才需求越来越大。然而，目前市场上数字化人才短缺，尤其是在一些传统行业中，缺乏具备数字化技能和经验的人才。再次，数字化基础设施建设不足，数字技术与实体经济的融合需要完善的数字化基础设施支持，如网络、数据中心等。在一些地区，数字化基础设施建设滞后，无法满足实体经济数字化转型的需求。最后，政策支持力度不够，政府在推动数字技术与实体经济融合方面，政策支持力度不够，缺乏具体、有效的政策措施，导致一些企业在数字化转型过程中面临困难和挑战。

11.1.2.3　数字经济产业结构化瓶颈

数字经济产业结构面临的主要瓶颈包括：（1）数字经济在产业关键领域发展不成熟，在引领性的产业领域中，数字经济尚未形成自己的新型竞争优势。例如，尽管 5G 覆盖率几乎达到全省 2/3，但 5G 产业链的中游企业较弱，显示出关键技术瓶颈和产业链衔接不畅的问题。（2）数字产业创新链与数字产业链衔接不畅，科技服务中介存在着规模小、分散、实力弱等问题，导致创新链与产业链之间的衔接不够顺畅。实体企业发展融合数字经济处于困境，面临资金不足、技术缺乏、人才匮乏等瓶颈。数字经济需要大量的资本投入，包括设备、基础设施建设和人员培训等方面，而中小企业的资金有限，这制约了它们的发展。（3）许多中小企业缺乏对数字化技术的了解和认识，缺乏数字化战略和规划，同时也面临人才匮乏的问题。

11.1.3　数实融合效度的问题成因

融合效度可以看作衡量一个国家进行产业生产的投入结构中，高级要素部门和低级要素部门的相对重要性。一个国家的融合效度越高，意味着在该国家的数字产业的生产中，应用型数字产业的投入占比越高，而基础型产业的投入占比越低。故此，融合效度可看作应用型数字产业与基础型数字产业投资的使用量之比。中国和美国的融合效度的差距，如图 11－3 所示。

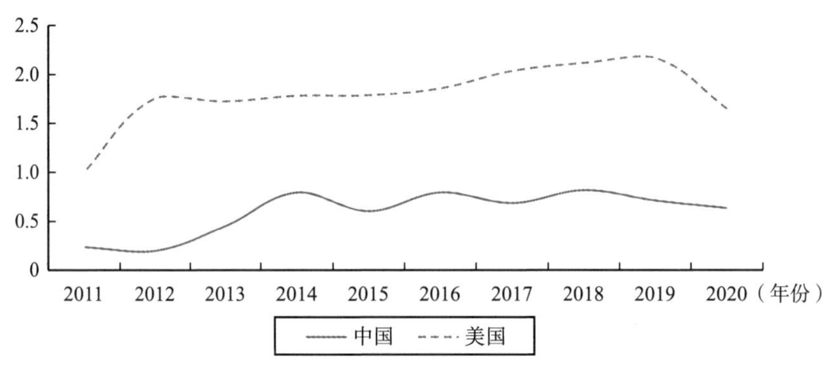

图 11－3　中国与美国融合效度比较

数实融合效度在助推新质生产力上出现的问题，体现为数实融合效度呈现“三二一”倒置的特点。数字技术使生产效率较高的产业不断替代生产效率低的产业。然而，相比于服务业，工业和农业的数字化需要更有针对性、更复杂的技术，推进难度更大。此外，各地区产业合理度也有待提升。在双循环发展的要求下，推动全产业链途径的数实融合是必然要求，经济发展不能跛腿走路。数实融合效度问题的原因主要包括应用型数字核心技术难突破、应用型数字化人才供给不足、应用型数字市场保障机制不完善等。

11.1.3.1　应用型数字核心技术难突破

应用型数字核心技术难以突破的原因包括以下几点：

（1）随着技术的不断发展，创新难度也在不断增加。在已有的技术基础上进行改进和优化可能相对容易，但要实现颠覆性的创新则非常困难。此外，新技术的出现和应用也需要时间来被市场接受和认可。应用型数字核心技术通常涉及多个领域的知识和技术，如计算机科学、数学、物理、通信等。这些技术的复杂性使得研发过程充满挑战，需要高度专业化的团队和大量的研发投入。

（2）市场需求是影响技术突破的重要因素。如果市场需求不足或者不明确，那么技术研发的方向和重点就可能不明确，导致技术研发难以取得突破。应用型数字核心技术的研发，在面临市场需求不足或不明确的情况下，面临的挑战更为严峻。这种不确定性不仅会影响研发初期的项目规划与策略制定，更会在研发过程中不断引发方向性的困惑与调整，从而拖慢研发进度。

（3）政府对于技术创新的支持不够或者政策环境不利，技术研发受到阻碍，难以取得突破。应用型数字核心技术的突破需要克服多种因素，包括技术复杂性、创新难度、市场需求、资金投入和政策支持等，最终实现技术突破并推动相关产业的发展。

11. 1. 3. 2　应用型数字化人才供给不足

在数字化时代的浪潮下，教育体系对数字化变革的适应显现出滞后性。众多学校，包括大学所提供的课程内容未能与时俱进，紧跟科技发展的步伐。此状况导致毕业生在实际应用技能方面的匮乏，难以满足市场对数字化人才的迫切需求。技术进步日新月异，诸如人工智能、大数据、云计算等新兴技术的涌现，迅速重塑了工作环境与需求格局。然而，教育与培训体系的调整步伐却显得相对迟缓，致使现有人才难以同步于技术的飞速发展，进而加剧了数字人才供需之间的不平衡状态。

具体而言，高校在数字人才培养体系的构建上尚存诸多不足，其专业与课程设置、师资力量配置、招生规模等方面均未能充分满足数字人才培养的实际需求，这在一定程度上降低了数字人才培养的效率与质量。同时，当前产学研合作模式下数字人才的培养机制尚待完善，特别是在培育兼具深厚理论功底与卓越实践能力的高素质数字人才方面，仍存在显著短板，这无疑限制了数字人才队伍的多样性与创新性发展。此外，针对数字技能的职业培训也显滞后，无法有效匹配市场对数字人才的迫切需求，致使众多在职人员因缺乏必要的数字技能而难以适应数字化时代的发展要求。

11. 1. 3. 3　应用型数字市场保障机制不完善

在经济学的数实融合分析中，诸因素间相互作用与影响，遵循一定规律，并在市场运行过程中发挥调节与规范作用。

首先，市场运行需以明确的法规和政策为基石，若相关法规政策不健全，将导致市场参与者行为无法得到有效约束，进而引发市场秩序混乱。若市场监管机构设置不当、监管手段滞后，或监管人员能力不足，均会致使市场监管失效，影响市场的正常运作。

其次，信息不对称现象，即市场中某些参与者掌握的信息优于其他参与者，可能诱发不公平交易与市场失灵。市场保障机制的不完善及信息披露的不充分，将进一步加剧信息不对称问题。

市场准入与退出机制作为市场机制的关键构成，其门槛设置过高或过低，以及退出机制的不顺畅，均可能对市场竞争性与效率产生不利影响。同时，市场保障机制的缺陷与消费者权益保护的不足，将导致消费者权益受损，进而影响市场的公平性与稳定性。

11.2　数实融合赋能经济的建议

11.2.1　数实融合量度的发展路径

11.2.1.1　完善数据要素治理体系

推进数据要素市场体系的建构与完善数据要素治理架构，是一项复杂且重要的任务，涵盖多方面内容：

第一，需精确界定数据要素的定义与范畴，这包括数据类型、来源及使用方式等具体细节。明确的界定可为数据要素市场体系的建设提供清晰的指导框架。同时，应强化数据要素市场的基础设施构建，打造高效且安全的数据交易平台，以促进数据交易的便捷性。此外，还需加强数据存储与处理能力的建设，确保数据的可用性和可靠性，并提升数据安全与隐私保护水平，以保障数据交易过程中的信息安全。

第二，应完善数据要素市场的法律法规体系，制定并健全涵盖数据保护、数据交易、数据安全等方面的法律法规，为数据要素市场提供坚实的法律保障。同时，需明确数据所有权、使用权、收益权等权益关系，保护数据主体的合法权益，并建立数据纠纷解决机制，以有效应对数据交易过程中可能出现的纠纷。

第三，应优化数据要素市场的政策环境，鼓励创新和数据驱动的产业发展，为数据要素市场提供有力的政策支持。同时，需加强数据要素市场的监管力度，确保市场的公平、公正和透明，并推动数据要素市场的国际合作，以促进全球数据资源的共享与利用。

第四，还需加强数据要素治理体系的建设，建立完善的数据治理机制，涵盖数据采集、存储、处理、交易等各环节的管理与规范。同时，应强化数据质量管理，确保数据的准确性和可信度，并推动数据的开放与共享，以促进数据资源的充分利用和价值发挥。

第五，应注重培养数据要素市场的人才队伍，加强数据科学、数据分析、数据工程等领域的人才培养力度，为数据要素市场提供充足的人才资源。同时，需提升数据从业人员的专业素养和职业道德水平，以确保数据要素市场的健康发展。还应加强数据要素市场的宣传与推广力度，提高公众对数据要素市场的认识和了解程度，并增强市场信心。可举办数据要素市场的相关活动，如论坛、研讨会等，以加强交流与合作，并通过媒体宣传提高数据要素市场的知名度和影响力。

11.2.1.2 深入并协调数字和实体全产业链

数字技术向实体经济全产业链的深入渗透，并推进数实融合的协调发展，构成了当前经济发展的一个重要趋势。此趋势的兴起，主要归因于数字技术的迅猛发展与广泛应用，这为实体经济与数字技术的融合提供了坚实的基础与广阔的空间。

从层次性角度审视，数字技术能够全面渗透到实体经济的各个环节。在生产层面，数字技术助力实现供应链的智能化管理与优化；在销售层面，通过电子商务与移动支付等技术的应用，销售渠道的效率与便捷性得到显著提升；在服务层面，智能客服与人工智能技术的运用，则进一步增强了客户服务的质量与效率。

进一步而言，推进数实融合的协调发展具有至关重要的意义。产业数字化，即数字技术在传统产业中的应用，是实现实体经济与数字经济良性互动与共同发展的关键路径。为促进两者的协同发展，需采取多维度措施：一是加强技术应用与融合，推动传统行业与企业的数字化转型；二是优化产业结构与资源配置，实现资源共享与优势互补；三是完善监管政策与法律法规，确保数实融合在统一的规则与标准下进行；四是强化市场竞争与合作，促进双方在市场竞争中实现共赢。

值得注意的是，数字经济与传统经济之间的协同作用问题复杂且重要，需双方加强合作与交流，共同推动协同发展。唯有如此，方能充分发挥各自优势，实现整体经济的持续健康发展。

最后，实现数字技术深入实体经济全产业链与数实融合的协调发展，需要政府、企业与社会各方面的共同努力。政府应出台相关政策，鼓励与支持企业的数字化改造与升级，同时加强数字技术的研发与应用。企业应积极拥抱数字技术，提升自身数字化水平与竞争力。社会各方面则应加强合作，共同推动数字技术与实体经济的深度融合，以实现经济的高质量发展。综上所述，数字技术深入实体经济全产业链并推进数实融合协调，不仅仅是经济发展的重要趋势，更是推动经济高质量发展的关键所在。

11.2.1.3 发挥数字经济引领作用促进转型升级

首先，通过转型升级，传统产业能够开发出更加契合市场需求的产品与服务，进而增强其市场竞争力。传统产业在经济发展中占据核心地位，但随时间推移，部分产业可能面临竞争力下滑的困境。转型升级为传统产业提供了向高端、高附加值方向发展的契机，不仅仅促进了产业升级与结构调整，还推动了经济的高质量发展。同时，转型升级还促使传统产业引入环保、高效的生产技术，实现资源的高效配置与精准对接，这既提升了资源利用效率，又降低了企业运营成本，为市场的有效拓展奠定了坚实基础。

其次，数实融合推动了实体经济的数字化转型，进一步促进了产业的升级与转型。数字技术在此过程中发挥了关键作用，它促进了产业链上下游企业的协同合作，实现了产业链的整合与优化，为整个产业的升级与发展注入了新的活力。

再次，数实融合为经济发展开辟了更加广阔的创新空间。数字技术的融入，使企业得以实现技术创新、模式创新、业态创新等多重创新，从而推动了经济的创新发展。

最后，数实融合显著提高了经济运行的效率与质量。数字技术使得信息能够快速传递与处理，同时助力企业实现精准决策与风险管理，进而提升了企业的管理水平与经济效益。数实融合作为推动经济融合量度提升的重要途径，通过优化资源配置、促进产业升级、激发创新活力、提升经济效率等多重方式，为经济的高效、可持续发展提供了有力支撑，实现了经济的深度融合与量度提升。

11.2.2　数实融合强度的发展路径

11.2.2.1　大力弥合地区间与产业间数字鸿沟

加速弥合地区间、产业间乃至企业间的数字鸿沟，是推动数字经济实现高质量发展的核心策略。数字鸿沟，定义为不同地区、产业及企业在数字技术应用与发展水平上的显著差异，已成为制约经济社会全面发展的重要瓶颈。

为有效缩小这一鸿沟，需要采取以下策略：

（1）强化数字基础设施建设：加快信息通信网络的全面覆盖与升级换代，提升网络速度与稳定性，确保所有地区、产业与企业均能享受高速、稳定的网络服务。同时，推动数字化设备的广泛普及，降低使用门槛，促进数字技术的便捷应用。

（2）促进数字技术研发与应用：鼓励企业与科研机构加大在数字技术领域的研发投入，加速创新成果的转化与应用。通过政策引导与市场机制，激励企业深化数字技术的应用与推广，提升数字技术的普及度与应用水平。

（3）加强数字人才培养与引进：加大对数字人才的培养力度，通过教育、培训等多种途径提升全民的数字素养与技能水平。同时，积极引进国内外顶尖的数字人才，为地区、产业与企业的持续发展提供坚实的人才基础。

（4）推动数字化转型与升级：鼓励企业积极拥抱数字化转型与升级，利用数字技术提升生产效率、降低成本、拓展市场份额。通过政策引导与市场机制，推动传统产业向数字化、智能化方向转型，提升整体产业的数字化水平。

（5）加强国际合作与交流：深化与其他国家和地区的合作与交流，共同推动数字技术的研发与应用。通过国际合作，引进先进的技术与管理经验，提升我国数字技术的整体实力与国际竞争力。

11.2.2.2　深化数字技术对实体经济融入的层次型

深化数字技术并强化其对实体经济的融入，是一个多维度、多层次的过程，需从技术创新、政策支持、人才培养、产业融合及国际合作等多个方面综合施策。

首先，技术创新是推动数字技术融入实体经济的关键。应持续加大在数字技术领域的研发投入，加速新技术、新产品、新业态的研发与应用，以促进数字经济与实体经济的深度融合。同时，鼓励企业开展跨界创新合作，整合产业链上下游资源，形成协同创新、联合发展的良好生态。

其次，政策支持在数字技术融入实体经济过程中发挥着重要作用。政府应出台更多针对性政策，支持数字技术与实体经济的融合，并推动产学研用相结合，促进人才培养与实际应用的有机衔接。

再次，产业融合是数字技术与实体经济深度融合的必然要求。

应鼓励不同产业之间的跨界合作与融合，推动数字技术在制造业、服务业、农业等各个领域的广泛应用，促进产业数字化、智能化发展。

最后，国际合作对于深化数字技术与实体经济的融合同样至关重要。应加强与国际社会的合作与交流，积极参与国际数字经济合作，加强在技术、标准、政策等方面的对接与协调，共同推动全球数字经济的健康发展。

由此可见，深化数字技术与实体经济的融合需要全社会的共同努力和支持。通过加强技术创新、政策支持、人才培养、产业融合及国际合作等方面的工作，可以有力推动数字技术与实体经济的深度融合，为经济的持续健康发展注入新的动力。

11.2.2.3　构建层次化数字基础设施体系

构建并层层深化数字基础设施体系，被视为当前全球经济与社会发展的核心要素之一。数字基础设施，作为数字经济与社会发展的基石，对于提升经济效率、驱动产业升级、增进民生福祉等方面均展现出深远的意义。

首先，是着重推进信息通信网络的升级与完善。这涵盖加速5G、物联网、云计算、大数据、人工智能等新一代信息技术的研发与应用，旨在提高网络覆盖率与传输速度，同时降低信息通信成本，为各类产业与社会领域提供高效、可靠的信息通信服务。

其次，在坚实的数字基础设施体系之上，需进一步深化各产业的数字化转型进程。这包括积极推动工业互联网、智能制造、智能农业、智慧物流、智慧金融等领域的蓬勃发展，利用数字技术与数据资源优化生产流程、提升产品质量、降低运营成本，从而实现产业的全面升级与转型。

再次，必须注重数字基础设施与实体经济、社会领域的深度融合。通过实施数字化改造与智能化升级策略，有力促进实体经济与社会领域的数字化、网络化、智能化发展步伐。

最后，层层深化产业的发展还需辅以强有力的政策引导与监管。政府应出台相关政策，以支持数字基础设施的建设与产业的蓬勃发展，同时加强监管与风险防范机制，确保信息安全与公平竞争，为数字经济的健康、持续发展提供坚实的保障。

11.2.3　数实融合效度的发展路径

11.2.3.1　突破应用型核心技术难关

在当今社会，数字技术的创新与完善以及核心技术难题的攻克，承载着至关重要的意义。信息技术的迅猛发展，使得数字技术广泛渗透到社会的各个领域，并逐渐成为推动社会进步的主导力量。然而，在数字技术的创新征途中，我们仍面临着诸多挑战与难题，尤其是在核心技术的突破上。为了推动数字技术的创新与完善，并攻克核心技术难题，以下策略与路径值得深思。

首先，需增强基础研究。基础研究作为技术创新的基石，其深度与广度直接决定了技术创新的潜力与后劲。因此，我们需加大对数字技术基本原理与规律的探索力度，为技术创新提供源源不断的动力。这要求我们增加对基础研究的投入，鼓励科研机构与高校积极参与相关研究，并着重培养科研人才。

其次，应强化产学研结合。产学研结合是技术创新的重要途径，它能够实现企业、高校与科研机构之间的资源共享与优势互补，从而加速技术创新的步伐。在数字技术领域，我们更应深化产学研结合，推动技术成果的转化与应用，使创新成果更快地服务于社会与经济发展。

再次，拓展国际合作与交流也是关键。数字技术作为全球性的技术，其发展与完善需要国际间的合作与交流。通过加强向国际先进经验和技术的学习与借鉴，我们能够提升自身的技术创新水平。因此，我们应积极参与国际技术交流与合作项目，与国外的科研机构和企业建立紧密的合作关系，共同推动数字技术的创新与发展。

最后，政府在数字技术创新中应发挥更大的作用。政府应加大对数字技术创新的支持力度，制定更加优惠的政策措施，为创新提供良好的法治保障和市场环境。同时，加强知识产权保护工作也是必不可少的，它为创新成果提供了坚实的法律保障，激发了创新主体的积极性与创造性。

11.2.3.2　完善复合型人才发展机制

在当今社会经济发展的背景下，加强数实融合复合型人才的培育，并构建一套完善的人才发展机制，已成为一项至关重要的任务。数字经济与实体经济的深度融合，亟须一批既精通数字技术又深入了解实体经济的专业人才来推动。然而，当前这类复合型人才的匮乏，已成为制约两者融合发展的主要瓶颈。

为应对这一挑战，需从以下几个方面入手：

首先，必须探索并确立复合型数字人才的培养模式。这要求我们摒弃以往关键岗位人才偶然性自我成长的模式，通过优化培训体系、人事制度和用工激励机制，形成一套系统的复合型数字人才培养机制。具体而言，应建立多元化的培训体系，提供丰富的课程资源和实践机会，以促进人才在实践中不断学习和成长。同时，优化人事制度和用工激励机制，为人才提供广阔的发展空间和优质的工作环境，从而激发其创新潜力和工作热情。

其次，精心策划高层次数字人才的引进策略也是至关重要的。我们需要全面规划人才引进、安置和调配等各个环节，并制定相应的制度，以确保“引得进、用得好、留得住”。这要求我们建立健全的人才引进机制，利用优惠政策、优厚待遇等手段吸引高层次数字人才。同时，做好人才的安置和调配工作，使其能在最适合的岗位上发挥最大作用。此外，还需建立稳定的人才留用机制，为人才提供稳定的工作环境和发展空间，以增强其长期服务于企业和社会的意愿。

最后，构建并完善数字人才培养体系是实现数实融合人才保障的基础。我们应以提高全民数字素养和专业人员数字技能为目标，全面优化和调整课程设置及教育培训模式，形成涵盖基础教育、高等教育、职业教育和技能培训等各个阶段的数字人才培养体系。这要求我们加强数字教育的普及和推广，提升全民数字素养；同时，加强专业人员的数字技能培训，提升其数字技能水平；此外，还需强化数字教育与实体经济的结合，培养一批既懂数字技术又懂实体经济的复合型人才。

11.2.3.3　强化建设应用型市场保障机制

一是构建并强化市场的保障机制和监管体系，对于维护市场的公正性、公开性和高效运作具有至关重要的意义。首先，应构建健全的市场保障机制，并完善与之紧密相关的法律法规体系。这要求建立全面且详尽的法律法规，明确界定市场主体的权利与义务，规范市场行为，并有效保护消费者权益。其次，需致力于优化市场环境，通过降低市场准入门槛来促进公平竞争，进一步激发市场活力。同时，应强化信息披露制度，提高市场信息的透明度，确保市场主体能够及时、准确地获取市场信息，为投资决策提供有力支撑。

二是建立风险防控机制以应对潜在的市场风险同样重要。一方面，需强化市场监管，加大执法力度，加强对市场主体的监管，依法查处违法违规行为，坚决维护市场秩序。另一方面，应借助现代科技手段提升监管效率，实现监管的智能化、精准化，降低监管成本。加强政府部门之间的沟通与协作，形成监管合力，共同维护市场稳定，也是不可或缺的一环。应积极鼓励公众参与市场监督，充分发挥舆论监督作用，形成全社会共同参与的市场监管格局。

三是知识产权保障机制建设对于推动创新、保障创新成果、促进经济发展具有不可或缺的作用。应确立并持续优化与应用型市场知识产权紧密相关的法律法规，清晰界定知识产权的定义、边界及保护措施，为知识产权的有效保护提供坚实的法律支撑。同时，加大法律法规的宣传力度，普及知识产权知识，提升市场主体对知识产权重要性的认识，并增强其保护意识。

四是构建科学、完善的知识产权管理体系。需明确知识产权的申请、审查、维护、管理等各环节的具体职责和操作流程。严格执法，坚决打击侵犯知识产权的违法行为，以维护市场秩序和保障公平竞争。建立健全知识产权转化和运用机制，鼓励市场主体将知识产权转化为实际生产力，推动知识产权与产业的深度融合。同时，应加强知识产权交易平台的建设，促进知识产权的流转和交易，实现知识产权价值的最大化。

五是提高资源配置效率成为关键。数实融合借助大数据、云计算等数字技术，实现了信息的实时共享和分析，有助于企业精准把握市场需求和趋势，从而更加合理地配置资源。这不仅提升了企业的竞争力，也有效减少了资源浪费。例如，智能制造、智慧农业等新型产业模式的出现，不仅提高了生产效率，也带动了相关产业的发展。因此，强化应用型市场保障机制的构建与优化，对于推动数字经济与实体经济的深度融合，实现经济的持续健康发展具有重要意义。

附　　录

附表 1　　　　国家人均 GDP　　　　单位：美元

国家名称	缩写	2011 年	2012 年	2013 年	2014 年	2015 年	2016 年	2017 年	2018 年	2019 年	2020 年
阿根廷	ARG	12848. 74	13082. 66	13080. 25	12334. 80	13789. 06	12790. 26	14613. 04	11795. 16	9963. 67	8500. 84
澳大利亚	AUS	62609. 66	68078. 04	68198. 42	62558. 24	56758. 87	49918. 79	53954. 55	57273. 52	55049. 57	51868. 25
奥地利	AUT	51442. 28	48564. 92	50731. 13	51786. 38	44195. 82	45307. 59	47429. 16	51466. 56	50067. 59	48789. 50
比利时	BEL	47410. 57	44670. 56	46757. 95	47764. 07	41008. 30	42012. 62	44198. 48	47544. 98	46641. 72	45609. 00
孟加拉国	BGD	856. 38	876. 82	973. 77	1108. 51	1236. 00	1659. 96	1815. 61	1963. 41	2122. 08	2233. 31
保加利亚	BGR	7857. 17	7430. 74	7687. 71	7912. 27	7078. 86	7570. 93	8381. 88	9447. 66	9874. 34	10148. 34
巴西	BRA	13200. 56	12327. 51	12258. 57	12071. 40	8783. 22	8680. 74	9896. 72	9121. 02	8845. 32	6923. 70
文莱	BRN	46139. 11	46844. 20	43950. 05	41035. 78	30681. 43	26762. 04	28186. 99	31240. 50	30748. 31	27179. 35
加拿大	CAN	52223. 70	52669. 09	52635. 17	50956. 00	43596. 14	42315. 60	45129. 43	46548. 64	46374. 15	43349. 68
瑞士	CHE	90476. 76	85836. 21	87304. 33	88724. 99	83806. 45	82153. 07	82254. 38	85217. 37	84121. 93	85897. 78
智利	CHL	14637. 76	15397. 78	15842. 16	14675. 15	13567. 36	13788. 24	15034. 06	15820. 03	14632. 69	13173. 78

续表

国家名称	缩写	2011 年	2012 年	2013 年	2014 年	2015 年	2016 年	2017 年	2018 年	2019 年	2020 年
中国	CHN	5614. 39	6300. 58	7020. 39	7636. 07	8016. 45	8094. 39	8817. 05	9905. 41	10143. 86	10408. 72
科特迪瓦	CIV	1701. 70	1649. 30	1903. 05	2124. 02	1941. 58	1999. 20	2113. 34	2295. 54	2290. 79	2349. 07
喀麦隆	CMR	1497. 93	1433. 72	1559. 14	1631. 71	1399. 68	1426. 07	1479. 86	1594. 06	1538. 69	1539. 13
哥伦比亚	COL	7392. 94	8096. 80	8263. 64	8167. 47	6228. 65	5936. 26	6449. 97	6782. 04	6436. 51	5304. 29
哥斯达黎加	CRI	9137. 46	9971. 65	10633. 27	10737. 68	11529. 96	11899. 81	12118. 13	12383. 15	12669. 34	12179. 26
塞浦路斯	CYP	32395. 75	28910. 75	27727. 54	27162. 32	23408. 44	24605. 35	26608. 70	29335. 05	29420. 00	28281. 43
捷克	CZE	21871. 27	19870. 80	20133. 17	19890. 92	17829. 70	18575. 23	20636. 20	23424. 48	23664. 85	22992. 88
德国	DEU	46705. 90	43855. 85	46298. 92	48023. 87	41103. 26	42136. 12	44652. 59	47939. 28	46805. 14	46749. 48
丹麦	DNK	61753. 65	58507. 51	61191. 19	62548. 98	53254. 86	54664. 00	57610. 10	61591. 93	59592. 98	60836. 59
埃及	EGY	2645. 62	3059. 14	3088. 89	3196. 86	3370. 38	3331. 61	2439. 97	2531. 20	3017. 26	3571. 56
西班牙	ESP	31677. 90	28322. 95	29077. 18	29513. 65	25754. 36	26537. 16	28185. 32	30379. 72	29581. 52	26984. 30
爱沙尼亚	EST	17487. 80	17403. 21	19056. 00	20261. 07	17402. 04	18295. 34	20437. 77	23165. 85	23424. 48	23595. 24
芬兰	FIN	51148. 93	47708. 06	49892. 22	50327. 24	42801. 91	43814. 03	46412. 14	49987. 63	48629. 86	49169. 72
法国	FRA	43846. 47	40870. 85	42602. 72	43068. 55	36652. 92	37062. 53	38781. 05	41557. 85	40494. 90	39179. 74
英国	GBR	42109. 64	42497. 34	43426. 30	47439. 62	44964. 39	40985. 24	40572. 12	43203. 81	42662. 54	40217. 01
希腊	GRC	25483. 88	21913. 00	21787. 79	21616. 71	18083. 88	17923. 97	18582. 09	19756. 99	19143. 89	17617. 29

续表

国家名称	缩写	2011 年	2012 年	2013 年	2014 年	2015 年	2016 年	2017 年	2018 年	2019 年	2020 年
克罗地亚	HRV	14655.87	13439.66	13979.19	14001.16	12098.51	12579.92	13592.25	15040.04	15120.90	14269.91
匈牙利	HUN	14234.47	12984.84	13715.07	14294.26	12717.04	13104.70	14621.24	16425.21	16786.21	16125.61
印度尼西亚	IDN	3613.80	3668.21	3602.89	3476.62	3322.58	3558.82	3839.79	3902.66	4151.23	3895.62
印度	IND	1449.60	1434.02	1438.06	1559.86	1590.17	1714.28	1957.97	1974.38	2050.16	1913.22
爱尔兰	IRL	52219.71	48943.82	51496.96	55752.76	62179.26	62784.07	70150.74	79446.94	80848.30	85973.09
冰岛	ISL	47714.59	45995.55	49804.98	54576.74	52951.68	61987.93	72010.15	74452.19	68452.24	58848.42
以色列	ISR	34354.72	33156.23	36941.84	38259.68	36206.52	37690.47	41114.78	42406.85	44452.23	44846.79
意大利	ITA	38649.64	35051.52	35560.08	35565.72	30242.39	30960.73	32406.72	34622.17	33673.75	31922.92
约旦	JOR	4152.49	4386.46	4477.62	4255.89	4064.25	4003.40	4073.12	4146.41	4159.65	3998.67
日本	JPN	48760.08	49145.28	40898.65	38475.40	34960.64	39375.47	38834.05	39751.13	40415.96	39986.93
哈萨克斯坦	KAZ	11634.00	12386.70	13890.63	12807.26	10510.77	7714.84	9247.58	9812.63	9812.60	9121.64
柬埔寨	KHM	880.31	950.48	1015.22	1098.07	1170.74	1281.11	1400.90	1533.32	1671.39	1577.91
韩国	KOR	25097.60	25459.17	27179.52	29252.93	28737.44	29280.44	31600.74	33447.16	31902.42	31721.30
老挝	LAO	1363.73	1566.01	1815.44	1984.51	2125.46	2309.05	2439.46	2553.36	2598.51	2593.36
立陶宛	LTU	14376.95	14367.71	15729.65	16551.02	14263.96	15008.31	16885.41	19186.36	19615.55	20381.86
卢森堡	LUX	119025.06	112584.68	120000.14	123678.70	105462.01	106899.29	110193.21	116786.51	112726.44	116905.37

续表

国家名称	缩写	2011 年	2012 年	2013 年	2014 年	2015 年	2016 年	2017 年	2018 年	2019 年	2020 年
拉脱维亚	LVA	13338. 96	13847. 34	15007. 49	15742. 39	13786. 46	14331. 75	15695. 12	17865. 03	17883. 35	18096. 20
摩洛哥	MAR	3302. 45	3164. 00	3377. 64	3430. 53	3139. 23	3132. 95	3288. 50	3492. 67	3498. 58	3258. 27
墨西哥	MEX	10766. 61	10842. 73	11317. 49	11490. 02	10098. 17	9152. 74	9693. 33	10130. 32	10434. 58	8894. 89
马耳他	MLT	23155. 10	22526. 54	24769. 60	26753. 27	24921. 71	25623. 94	28813. 19	31785. 88	31727. 01	29597. 64
缅甸	MMR	1204. 50	1193. 55	1189. 96	1281. 44	1159. 34	1218. 22	1263. 29	1288. 42	1415. 38	1479. 61
马来西亚	MYS	10209. 37	10601. 51	10727. 67	11045. 58	9699. 60	9555. 67	9979. 70	11073. 98	11132. 10	10164. 34
尼日利亚	NGA	2504. 88	2728. 02	2976. 76	3200. 95	2679. 55	2144. 78	1941. 88	2125. 83	2334. 02	2074. 61
荷兰	NLD	54230. 31	50070. 14	52198. 90	52900. 54	45193. 40	46039. 11	48675. 22	53044. 53	52476. 27	52162. 57
挪威	NOR	101221. 81	102175. 92	103553. 84	97666. 70	74809. 97	70867. 36	76131. 84	82792. 84	76430. 59	68340. 02
新西兰	NZL	38387. 63	39973. 38	42976. 65	44572. 90	38630. 73	40058. 20	42910. 97	43236. 89	42796. 43	41760. 59
巴基斯坦	PAK	1161. 04	1236. 89	1259. 67	1303. 19	1421. 84	1468. 82	1567. 64	1620. 74	1437. 17	1322. 31
秘鲁	PER	5826. 83	6475. 72	6697. 19	6614. 83	6180. 12	6163. 86	6676. 31	6912. 10	6955. 88	6063. 63
菲律宾	PHL	2431. 20	2671. 78	2847. 57	2935. 93	2974. 30	3038. 15	3077. 43	3194. 67	3413. 85	3224. 42
波兰	POL	13776. 39	13010. 76	13558. 34	14181. 95	12560. 05	12378. 81	13815. 50	15504. 51	15700. 01	15816. 82
葡萄牙	PRT	23217. 30	20563. 71	21653. 20	22103. 70	19250. 11	19991. 97	21490. 43	23562. 55	23330. 82	22242. 41
罗马尼亚	ROU	9560. 16	8930. 73	9497. 21	10031. 34	8976. 95	9404. 38	10727. 97	12494. 42	12958. 00	13047. 46

续表

国家名称	缩写	2011 年	2012 年	2013 年	2014 年	2015 年	2016 年	2017 年	2018 年	2019 年	2020 年
俄罗斯	RUS	14311. 06	15420. 86	15974. 62	14095. 65	9313. 02	8704. 89	10720. 33	11287. 35	11536. 26	10194. 44
沙特阿拉伯	SAU	22441. 57	24069. 20	23945. 51	23862. 80	20442. 37	19930. 41	20910. 48	24175. 58	23405. 71	20398. 06
塞内加尔	SEN	1383. 54	1334. 73	1391. 53	1417. 09	1238. 13	1290. 75	1385. 20	1484. 23	1462. 68	1492. 48
新加坡	SGP	53891. 46	55547. 56	56967. 43	57564. 80	55645. 61	56895. 66	61164. 90	66836. 52	66070. 49	61273. 99
斯洛伐克	SVK	18509. 74	17498. 35	18276. 01	18719. 99	16390. 88	16563. 44	17585. 20	19486. 39	19381. 89	19552. 09
斯洛文尼亚	SVN	25128. 02	22641. 81	23503. 28	24247. 17	20890. 17	21678. 36	23514. 03	26123. 75	26042. 45	25558. 43
瑞典	SWE	60755. 76	58037. 82	61126. 94	60020. 36	51545. 48	51965. 16	53791. 51	54589. 06	51939. 43	52837. 90
泰国	THA	5396. 64	5748. 63	6041. 13	5822. 38	5708. 79	5854. 46	6436. 79	7124. 56	7628. 58	7001. 79
突尼斯	TUN	4361. 95	4233. 92	4308. 34	4398. 64	3960. 92	3796. 11	3569. 72	3577. 18	3477. 84	3497. 72
土耳其	TUR	11300. 79	11713. 28	12578. 19	12165. 22	11050. 00	10970. 05	10695. 55	9568. 84	9215. 44	8638. 74
乌克兰	UKR	3704. 84	4004. 79	4187. 74	3104. 65	2124. 66	2187. 73	2638. 33	3096. 56	3661. 46	3751. 74
美国	USA	50065. 97	51784. 42	53291. 13	55123. 85	56762. 73	57866. 74	59907. 75	62823. 31	65120. 39	63528. 63
越南	VNM	1953. 56	2190. 23	2367. 50	2558. 78	2595. 23	2760. 72	2992. 07	3267. 23	3491. 09	3586. 35
南非	ZAF	8737. 04	8173. 87	7441. 23	6965. 14	6204. 93	5735. 07	6734. 48	7067. 72	6702. 53	5753. 07

附表 2　　**国家数实融合量度**　　单位：美元

国家名称	缩写	2011 年	2012 年	2013 年	2014 年	2015 年	2016 年	2017 年	2018 年	2019 年	2020 年
阿根廷	ARG	13412. 74	15558. 99	16131. 91	14656. 94	18275. 56	15991. 22	19793. 27	16578. 15	12913. 53	14007. 91
澳大利亚	AUS	54846. 33	58854. 24	56225. 35	54713. 11	46887. 22	48344. 13	53236. 09	54864. 58	55225. 14	56938. 95
奥地利	AUT	5951. 62	5210. 70	5554. 72	5570. 99	4928. 14	5011. 97	5649. 61	5450. 44	5921. 88	6269. 73
比利时	BEL	9958. 02	9216. 61	8814. 44	9050. 67	7877. 10	8808. 72	9177. 83	10699. 88	11269. 61	12030. 68
孟加拉国	BGD	603. 08	639. 39	788. 34	954. 81	1121. 49	1426. 90	1647. 51	1837. 06	2129. 80	2286. 62
保加利亚	BGR	1303. 67	1000. 93	1246. 77	1475. 90	1336. 82	1523. 70	1784. 72	2332. 09	2598. 26	3202. 26
巴西	BRA	52647. 89	48331. 98	47233. 85	45105. 72	32808. 61	32191. 42	37502. 50	35504. 18	35906. 74	27725. 78
文莱	BRN	340. 55	344. 76	333. 50	282. 91	224. 28	227. 91	242. 33	266. 08	259. 42	235. 24
加拿大	CAN	37062. 44	38199. 47	39696. 15	38358. 00	35892. 29	35677. 97	38484. 08	34717. 38	35812. 16	37980. 04
瑞士	CHE	11969. 33	11917. 15	11616. 23	10841. 74	10496. 16	9786. 37	10055. 97	9711. 79	9959. 22	10759. 88
智利	CHL	4098. 91	4438. 49	4121. 05	4403. 36	4093. 30	4082. 40	4422. 33	4635. 06	3998. 93	4011. 92
中国	CHN	103250. 23	103640. 34	135040. 03	159825. 23	177100. 68	170022. 82	168943. 74	199455. 46	197027. 96	193358. 73
科特迪瓦	CIV	369. 43	407. 12	519. 03	605. 04	499. 63	540. 30	587. 86	656. 62	652. 47	677. 38
喀麦隆	CMR	124. 28	120. 56	125. 12	149. 10	117. 81	125. 30	133. 85	124. 88	132. 10	137. 92
哥伦比亚	COL	6002. 69	6464. 89	6772. 32	4948. 60	3789. 81	3605. 53	3495. 12	3605. 44	3563. 48	2866. 84
哥斯达黎加	CRI	631. 85	710. 90	764. 35	878. 62	860. 02	908. 19	1042. 23	1021. 37	1090. 96	1074. 88

续表

国家名称	缩写	2011 年	2012 年	2013 年	2014 年	2015 年	2016 年	2017 年	2018 年	2019 年	2020 年
塞浦路斯	CYP	445. 17	415. 19	457. 21	465. 84	436. 15	354. 58	351. 92	509. 97	386. 87	288. 99
捷克	CZE	5443. 50	4391. 98	4324. 24	4411. 54	3737. 13	3987. 91	4353. 01	5038. 64	5422. 62	5232. 98
德国	DEU	84497. 52	81131. 38	89102. 65	93780. 32	87428. 94	90542. 40	97845. 61	112207. 20	113314. 60	118988. 58
丹麦	DNK	10956. 46	9637. 80	10070. 64	10417. 72	8865. 62	8952. 40	9309. 65	9583. 55	9315. 82	9029. 34
埃及	EGY	711. 87	795. 45	717. 20	520. 17	438. 21	274. 31	256. 79	294. 64	352. 10	366. 90
西班牙	ESP	23372. 70	19541. 65	19798. 55	18660. 98	15305. 83	16082. 12	15635. 44	16853. 12	16717. 92	17806. 62
爱沙尼亚	EST	425. 45	388. 96	410. 14	393. 45	338. 26	371. 79	468. 05	532. 38	717. 74	767. 42
芬兰	FIN	6502. 54	5851. 44	6292. 96	6163. 13	5429. 56	6134. 36	6758. 31	7385. 66	6703. 95	7095. 23
法国	FRA	58979. 84	55592. 77	54064. 57	52887. 80	45645. 95	47329. 26	50740. 73	53419. 17	53450. 84	60794. 21
英国	GBR	77652. 39	74917. 87	78545. 63	86820. 61	80518. 61	79791. 83	75945. 18	82655. 91	81121. 24	79549. 19
希腊	GRC	3411. 78	3061. 99	3117. 43	2896. 71	2292. 90	2207. 38	2358. 90	2581. 35	2605. 56	2306. 25
克罗地亚	HRV	1198. 16	1011. 79	944. 39	861. 37	677. 98	574. 23	628. 86	599. 33	607. 76	675. 40
匈牙利	HUN	3017. 93	2492. 83	2623. 71	2624. 69	2041. 15	2454. 87	2477. 75	2841. 33	2991. 06	2934. 27
印度尼西亚	IDN	15730. 01	15085. 21	14822. 65	14562. 69	14543. 05	15681. 36	17398. 64	17760. 21	19801. 45	20713. 03
印度	IND	24601. 68	21028. 36	22209. 87	25289. 95	26436. 58	25592. 64	24125. 05	24206. 31	26258. 15	24514. 07
爱尔兰	IRL	4175. 51	11666. 28	8322. 30	8871. 77	6251. 91	7548. 93	2973. 61	7310. 89	2447. 98	3426. 22

续表

国家名称	缩写	2011 年	2012 年	2013 年	2014 年	2015 年	2016 年	2017 年	2018 年	2019 年	2020 年
冰岛	ISL	402. 76	419. 94	492. 26	542. 59	516. 17	619. 17	744. 54	855. 17	900. 43	850. 76
以色列	ISR	4535. 45	4099. 92	4560. 38	4520. 72	4359. 60	4273. 53	4642. 66	4549. 78	4572. 98	4751. 11
意大利	ITA	68275. 05	54817. 46	55372. 96	54121. 57	44837. 74	44138. 39	43791. 48	47397. 71	47968. 86	48057. 43
约旦	JOR	361. 87	405. 84	510. 74	551. 25	529. 07	585. 34	571. 74	607. 11	676. 62	639. 25
日本	JPN	139697. 57	141032. 93	116380. 05	110514. 50	102022. 33	114032. 39	111400. 03	117218. 54	121248. 13	129324. 79
哈萨克斯坦	KAZ	8147. 49	5021. 58	10947. 16	9492. 77	7482. 56	4435. 00	6322. 85	5781. 35	5457. 01	4938. 25
柬埔寨	KHM	134. 73	154. 22	163. 08	181. 08	202. 72	235. 25	264. 70	288. 44	310. 59	265. 50
韩国	KOR	28899. 10	28560. 76	30150. 20	32088. 82	31512. 73	32530. 07	34641. 71	34946. 48	36626. 47	35824. 42
老挝	LAO	33. 75	39. 97	59. 31	71. 92	78. 23	93. 05	99. 97	104. 78	113. 98	113. 95
立陶宛	LTU	345. 17	304. 93	350. 61	445. 88	459. 06	497. 02	454. 89	524. 89	608. 35	827. 37
卢森堡	LUX	830. 65	1072. 76	1477. 60	1556. 44	1163. 17	1848. 83	2743. 54	3654. 78	4042. 49	5768. 50
拉脱维亚	LVA	634. 60	575. 13	548. 87	529. 71	476. 22	481. 36	525. 59	620. 26	541. 77	612. 80
摩洛哥	MAR	523. 59	495. 42	508. 35	1056. 77	916. 65	908. 58	929. 58	1018. 96	1005. 30	846. 06
墨西哥	MEX	8586. 80	8066. 03	11673. 35	11938. 36	10270. 64	9174. 96	9315. 56	9688. 51	9974. 23	9233. 82
马耳他	MLT	694. 34	734. 86	819. 57	982. 34	1114. 19	990. 58	919. 22	1081. 64	1134. 93	285. 31
缅甸	MMR	511. 80	493. 09	473. 78	489. 39	398. 76	557. 35	646. 06	705. 59	703. 58	755. 73

续表

国家名称	缩写	2011 年	2012 年	2013 年	2014 年	2015 年	2016 年	2017 年	2018 年	2019 年	2020 年
马来西亚	MYS	7214.54	6353.28	5595.57	4415.40	4287.74	4351.57	4522.70	4871.43	4804.57	4610.03
尼日利亚	NGA	26734.72	32261.00	33068.36	36376.48	33916.66	27086.32	23909.67	29876.10	35674.40	30811.34
荷兰	NLD	19335.16	17545.08	18091.68	18687.24	15906.39	17558.87	18922.91	21434.42	19719.82	20570.34
挪威	NOR	9937.03	10346.52	10528.91	11209.49	9222.84	8518.07	9217.05	9426.12	9368.87	9094.13
新西兰	NZL	1966.70	1948.28	2022.15	2107.45	1871.06	1765.26	1812.08	1858.14	1933.95	2061.01
巴基斯坦	PAK	2084.13	1937.13	1859.68	1953.56	2021.58	2580.62	2728.98	2621.61	2374.31	2418.73
秘鲁	PER	1347.10	1464.92	1552.62	1572.80	1330.81	1222.53	1270.34	1334.06	1376.07	915.38
菲律宾	PHL	1412.65	1536.63	1884.61	2150.49	2284.93	2584.52	2863.07	3159.70	3412.80	3154.95
波兰	POL	8833.46	8570.04	9118.56	9118.58	8650.09	8458.50	8906.95	10196.21	10972.27	12320.84
葡萄牙	PRT	4708.80	4001.81	3957.55	4065.87	3354.17	3598.29	3727.93	3904.85	3882.55	4656.47
罗马尼亚	ROU	4423.76	4552.53	6878.30	7147.65	6179.77	5752.41	6490.91	6956.58	7690.91	10160.31
俄罗斯	RUS	18705.55	21874.91	20788.52	19381.49	14877.63	14077.73	17910.46	17693.59	21223.54	21845.86
沙特阿拉伯	SAU	15980.82	15146.92	14419.54	13771.15	10185.52	8445.44	7367.71	6882.06	6922.16	8037.49
塞内加尔	SEN	257.63	237.41	242.98	271.61	233.87	238.69	253.67	277.20	323.37	334.97
新加坡	SGP	10608.94	11385.87	10365.85	8101.75	6142.56	8230.83	9157.12	11608.12	10563.61	9313.77
斯洛伐克	SVK	1436.64	1829.52	1649.25	1680.39	1470.81	2000.52	1901.78	1947.06	2193.15	2253.27

续表

国家名称	缩写	2011 年	2012 年	2013 年	2014 年	2015 年	2016 年	2017 年	2018 年	2019 年	2020 年
斯洛文尼亚	SVN	910. 76	850. 39	853. 15	838. 25	691. 69	705. 99	804. 86	880. 41	880. 78	944. 74
瑞典	SWE	16951. 91	17825. 55	18787. 14	19259. 29	15475. 37	14163. 11	14470. 78	16419. 09	15305. 49	17500. 41
泰国	THA	4980. 13	5145. 57	5207. 49	4923. 56	4260. 38	3960. 03	4448. 97	4960. 96	5155. 89	5322. 22
突尼斯	TUN	858. 97	856. 46	909. 71	837. 60	696. 26	643. 35	568. 60	546. 90	527. 33	565. 79
土耳其	TUR	7622. 25	8174. 02	8643. 04	8680. 64	8225. 87	8872. 40	9272. 86	8021. 30	8873. 15	8903. 74
乌克兰	UKR	2691. 52	1443. 01	1369. 73	702. 03	365. 34	451. 06	589. 08	746. 79	1273. 24	1768. 80
美国	USA	449890. 46	465473. 00	489468. 37	523570. 35	552956. 36	594380. 31	626826. 86	676678. 11	705266. 23	701726. 87
越南	VNM	455. 80	508. 07	666. 41	896. 79	1100. 44	1209. 53	1325. 51	1390. 85	1311. 56	1509. 17
南非	ZAF	27156. 50	21727. 47	20356. 46	19830. 37	18014. 48	16308. 29	15520. 39	13171. 85	12817. 19	11356. 03

附表 3 国家数实融合强度

国家名称	缩写	2011	2012	2013	2014	2015	2016	2017	2018	2019	2020
阿根廷	ARG	1.60	1.71	1.69	1.66	1.84	1.86	2.01	2.06	1.85	2.33
澳大利亚	AUS	1.97	2.04	2.04	2.09	2.12	2.12	2.15	2.15	2.25	2.26
奥地利	AUT	0.75	0.69	0.70	0.69	0.72	0.72	0.76	0.66	0.74	0.81
比利时	BEL	0.91	0.90	0.83	0.84	0.86	0.95	0.93	0.99	1.07	1.18
孟加拉国	BGD	0.29	0.29	0.30	0.31	0.32	0.36	0.37	0.37	0.39	0.41
保加利亚	BGR	1.11	0.90	1.12	1.24	1.29	1.49	1.56	1.79	1.98	2.45
巴西	BRA	1.22	1.18	1.15	1.10	1.10	1.10	1.12	1.11	1.14	1.13
文莱	BRN	1.01	0.98	0.98	0.89	0.92	1.09	1.07	1.05	1.02	1.04
加拿大	CAN	1.20	1.21	1.25	1.24	1.34	1.37	1.37	1.18	1.20	1.35
瑞士	CHE	0.84	0.87	0.83	0.75	0.77	0.73	0.72	0.66	0.68	0.71
智利	CHL	0.77	0.81	0.73	0.84	0.87	0.87	0.84	0.81	0.74	0.82
中国	CHN	0.53	0.46	0.52	0.56	0.58	0.59	0.55	0.59	0.56	0.54
科特迪瓦	CIV	0.84	0.85	0.88	0.87	0.73	0.74	0.76	0.75	0.73	0.73
喀麦隆	CMR	0.28	0.28	0.26	0.29	0.26	0.27	0.27	0.23	0.24	0.24
哥伦比亚	COL	1.05	1.02	1.04	0.75	0.74	0.73	0.65	0.63	0.64	0.61
哥斯达黎加	CRI	0.91	0.93	0.95	1.08	1.00	1.02	1.14	1.09	1.13	1.16

续表

国家名称	缩写	2011	2012	2013	2014	2015	2016	2017	2018	2019	2020
塞浦路斯	CYP	0.92	0.96	1.10	1.15	1.24	0.96	0.86	1.11	0.86	0.67
捷克	CZE	1.02	0.92	0.90	0.92	0.89	0.93	0.90	0.92	1.00	1.03
德国	DEU	1.21	1.25	1.32	1.34	1.46	1.47	1.49	1.58	1.64	1.73
丹麦	DNK	1.87	1.71	1.73	1.75	1.74	1.71	1.66	1.58	1.58	1.52
埃及	EGY	0.18	0.18	0.16	0.10	0.09	0.06	0.07	0.07	0.07	0.07
西班牙	ESP	0.89	0.83	0.84	0.77	0.74	0.77	0.69	0.68	0.69	0.79
爱沙尼亚	EST	0.91	0.84	0.81	0.75	0.77	0.81	0.91	0.91	1.22	1.35
芬兰	FIN	1.27	1.22	1.27	1.24	1.31	1.45	1.49	1.49	1.38	1.49
法国	FRA	1.19	1.20	1.12	1.08	1.11	1.14	1.15	1.12	1.16	1.37
英国	GBR	1.74	1.66	1.68	1.71	1.67	1.81	1.73	1.74	1.73	1.81
希腊	GRC	0.78	0.80	0.81	0.76	0.74	0.74	0.75	0.76	0.80	0.80
克罗地亚	HRV	1.13	1.06	0.98	0.91	0.84	0.68	0.69	0.59	0.59	0.71
匈牙利	HUN	1.06	0.99	0.99	0.95	0.84	0.99	0.90	0.92	0.95	1.00
印度尼西亚	IDN	0.95	0.88	0.88	0.89	0.93	0.93	0.95	0.95	0.99	1.09
印度	IND	0.67	0.60	0.62	0.67	0.71	0.66	0.55	0.51	0.54	0.53
爱尔兰	IRL	0.98	2.69	1.81	1.80	1.23	1.39	0.51	1.12	0.37	0.50

续表

国家名称	缩写	2011	2012	2013	2014	2015	2016	2017	2018	2019	2020
冰岛	ISL	1. 43	1. 52	1. 65	1. 66	1. 64	1. 69	1. 70	1. 84	2. 04	2. 22
以色列	ISR	1. 10	1. 00	0. 99	0. 95	0. 97	0. 90	0. 88	0. 81	0. 77	0. 78
意大利	ITA	1. 56	1. 39	1. 38	1. 35	1. 32	1. 30	1. 22	1. 23	1. 30	1. 39
约旦	JOR	0. 69	0. 72	0. 81	0. 83	0. 82	0. 90	0. 79	0. 81	0. 86	0. 83
日本	JPN	1. 31	1. 31	1. 29	1. 31	1. 37	1. 40	1. 36	1. 38	1. 42	1. 54
哈萨克斯坦	KAZ	1. 34	0. 77	1. 52	1. 40	1. 32	1. 03	1. 10	0. 98	0. 95	0. 91
柬埔寨	KHM	0. 62	0. 65	0. 63	0. 64	0. 66	0. 69	0. 71	0. 69	0. 68	0. 62
韩国	KOR	0. 96	0. 93	0. 93	0. 94	0. 98	1. 01	0. 99	0. 93	1. 03	1. 02
老挝	LAO	0. 26	0. 25	0. 32	0. 35	0. 36	0. 39	0. 40	0. 39	0. 40	0. 40
立陶宛	LTU	0. 45	0. 40	0. 43	0. 53	0. 65	0. 69	0. 57	0. 57	0. 64	0. 85
卢森堡	LUX	0. 50	0. 66	0. 81	0. 77	0. 61	0. 97	1. 34	1. 62	1. 77	2. 44
拉脱维亚	LVA	1. 10	1. 00	0. 90	0. 87	0. 94	0. 97	0. 97	1. 01	0. 90	1. 05
摩洛哥	MAR	0. 31	0. 30	0. 29	0. 51	0. 51	0. 50	0. 49	0. 49	0. 48	0. 44
墨西哥	MEX	0. 43	0. 40	0. 55	0. 55	0. 53	0. 52	0. 48	0. 47	0. 48	0. 52
马耳他	MLT	2. 50	2. 69	2. 75	3. 06	3. 57	2. 95	2. 43	2. 53	2. 55	0. 62
缅甸	MMR	0. 40	0. 36	0. 34	0. 33	0. 29	0. 38	0. 43	0. 43	0. 42	0. 45

续表

国家名称	缩写	2011	2012	2013	2014	2015	2016	2017	2018	2019	2020
马来西亚	MYS	1.01	0.87	0.76	0.61	0.61	0.61	0.60	0.57	0.55	0.58
尼日利亚	NGA	4.17	4.55	4.12	4.09	4.38	4.27	4.06	4.47	4.64	4.39
荷兰	NLD	1.14	1.10	1.10	1.12	1.11	1.21	1.22	1.25	1.17	1.25
挪威	NOR	1.25	1.27	1.26	1.39	1.46	1.42	1.43	1.33	1.40	1.52
新西兰	NZL	0.63	0.58	0.56	0.56	0.54	0.51	0.48	0.47	0.48	0.51
巴基斯坦	PAK	0.52	0.47	0.45	0.44	0.42	0.49	0.47	0.46	0.47	0.46
秘鲁	PER	0.45	0.44	0.45	0.46	0.42	0.38	0.36	0.36	0.37	0.28
菲律宾	PHL	0.32	0.31	0.37	0.40	0.42	0.45	0.49	0.51	0.51	0.49
波兰	POL	0.84	0.86	0.88	0.86	0.93	0.92	0.86	0.88	0.93	1.07
葡萄牙	PRT	1.07	1.04	1.00	1.02	0.98	1.03	0.98	0.93	0.94	1.18
罗马尼亚	ROU	1.22	1.34	1.86	1.85	1.85	1.67	1.69	1.59	1.70	2.26
俄罗斯	RUS	0.56	0.61	0.55	0.57	0.63	0.63	0.64	0.61	0.71	0.83
沙特阿拉伯	SAU	1.71	1.46	1.36	1.27	1.09	0.92	0.75	0.61	0.61	0.83
塞内加尔	SEN	0.91	0.84	0.82	0.89	0.86	0.83	0.79	0.77	0.90	0.88
新加坡	SGP	1.50	1.50	1.32	1.00	0.81	1.09	1.14	1.33	1.22	1.17
斯洛伐克	SVK	0.68	0.91	0.79	0.78	0.76	1.01	0.90	0.82	0.95	1.02

续表

国家名称	缩写	2011	2012	2013	2014	2015	2016	2017	2018	2019	2020
斯洛文尼亚	SVN	0. 94	0. 98	0. 96	0. 92	0. 88	0. 88	0. 90	0. 88	0. 89	0. 98
瑞典	SWE	1. 66	1. 81	1. 83	1. 90	1. 79	1. 61	1. 56	1. 69	1. 67	1. 90
泰国	THA	0. 56	0. 54	0. 52	0. 51	0. 47	0. 44	0. 45	0. 45	0. 44	0. 50
突尼斯	TUN	1. 08	1. 07	1. 12	1. 03	0. 96	0. 93	0. 85	0. 80	0. 79	0. 84
土耳其	TUR	0. 50	0. 50	0. 49	0. 50	0. 53	0. 57	0. 58	0. 54	0. 61	0. 66
乌克兰	UKR	0. 76	0. 37	0. 35	0. 26	0. 20	0. 23	0. 26	0. 28	0. 41	0. 56
美国	USA	1. 70	1. 69	1. 71	1. 75	1. 83	1. 93	1. 94	1. 98	2. 00	2. 05
越南	VNM	0. 14	0. 13	0. 15	0. 17	0. 19	0. 19	0. 19	0. 18	0. 16	0. 17
南非	ZAF	3. 10	2. 57	2. 61	2. 66	2. 70	2. 64	2. 14	1. 74	1. 77	1. 84

附表 4 国家数实融合效度

国家名称	缩写	2011	2012	2013	2014	2015	2016	2017	2018	2019	2020
阿根廷	ARG	0. 78	0. 76	0. 82	0. 79	0. 76	0. 72	0. 68	0. 65	0. 44	0. 40
澳大利亚	AUS	1. 14	1. 25	1. 30	1. 37	1. 44	1. 50	1. 60	1. 77	1. 96	1. 96
奥地利	AUT	1. 15	1. 20	1. 25	1. 26	1. 30	1. 46	1. 56	1. 04	1. 55	1. 57
比利时	BEL	1. 24	1. 16	1. 21	1. 28	1. 95	1. 95	2. 09	2. 42	2. 53	2. 87
孟加拉国	BGD	0. 24	0. 40	0. 41	0. 38	0. 35	0. 26	0. 27	0. 27	0. 27	0. 26
保加利亚	BGR	0. 87	1. 45	1. 68	1. 65	2. 00	2. 72	3. 32	3. 88	4. 32	5. 06
巴西	BRA	0. 77	0. 77	0. 89	0. 99	1. 12	1. 20	1. 27	1. 40	1. 58	1. 64
文莱	BRN	0. 04	0. 04	0. 03	0. 03	0. 02	0. 02	0. 03	0. 03	0. 03	0. 04
加拿大	CAN	0. 93	0. 95	1. 22	1. 30	1. 41	1. 49	1. 54	1. 58	1. 74	1. 83
瑞士	CHE	0. 81	0. 85	0. 82	0. 72	0. 72	0. 66	0. 77	0. 67	0. 81	0. 87
智利	CHL	1. 08	1. 12	1. 38	0. 80	0. 80	1. 03	1. 11	1. 27	1. 03	1. 03
中国	CHN	0. 23	0. 20	0. 45	0. 52	0. 60	0. 66	0. 69	0. 83	0. 72	0. 63
科特迪瓦	CIV	1. 77	1. 60	1. 38	1. 24	1. 51	1. 57	1. 69	1. 66	1. 62	1. 59
喀麦隆	CMR	1. 76	1. 99	2. 27	2. 53	2. 61	1. 86	2. 04	2. 00	2. 32	2. 16
哥伦比亚	COL	0. 65	0. 66	0. 65	0. 60	0. 62	0. 61	0. 73	0. 75	0. 80	0. 82
哥斯达黎加	CRI	1. 31	1. 41	1. 36	1. 64	1. 52	1. 72	2. 60	2. 14	2. 23	2. 49

续表

国家名称	缩写	2011	2012	2013	2014	2015	2016	2017	2018	2019	2020
塞浦路斯	CYP	0.45	0.58	0.54	0.59	0.91	0.79	0.66	1.10	0.87	0.26
捷克	CZE	1.46	1.52	1.72	1.81	1.73	1.59	1.70	1.82	1.89	2.49
德国	DEU	1.61	2.35	2.74	2.72	2.21	2.31	2.48	2.83	2.86	2.90
丹麦	DNK	1.72	1.91	2.05	2.15	2.34	2.59	2.89	3.15	3.19	3.36
埃及	EGY	0.73	1.17	0.77	0.56	1.12	1.45	1.93	1.88	1.86	1.99
西班牙	ESP	0.32	0.31	0.36	0.40	0.52	0.29	0.32	0.34	0.40	0.41
爱沙尼亚	EST	0.75	0.80	0.89	0.95	1.14	1.28	1.66	1.77	2.59	2.44
芬兰	FIN	1.43	1.49	1.50	1.41	1.67	2.09	2.29	2.35	2.45	2.22
法国	FRA	0.86	0.82	0.91	0.96	0.99	1.01	1.01	1.12	1.15	1.13
英国	GBR	1.54	1.51	1.49	1.53	1.59	1.64	1.72	1.76	2.01	2.05
希腊	GRC	0.34	0.36	0.50	0.55	0.52	0.41	0.44	0.51	0.59	0.56
克罗地亚	HRV	0.59	0.61	0.69	0.68	0.61	0.82	0.95	0.92	0.98	0.98
匈牙利	HUN	1.32	1.52	1.45	1.44	1.63	1.54	1.59	1.62	1.70	2.46
印度尼西亚	IDN	0.46	0.47	0.45	0.42	0.40	0.38	0.37	0.37	0.35	0.31
印度	IND	0.04	0.02	0.00	0.00	0.08	0.11	0.07	0.09	0.11	0.10
爱尔兰	IRL	1.93	5.95	4.77	7.89	5.21	3.52	1.14	3.39	0.56	0.79

续表

国家名称	缩写	2011	2012	2013	2014	2015	2016	2017	2018	2019	2020
冰岛	ISL	0.58	0.75	0.85	0.91	0.96	1.10	1.15	1.19	1.42	1.44
以色列	ISR	1.89	1.87	2.31	2.93	3.02	2.89	2.79	2.42	2.34	1.97
意大利	ITA	1.21	1.38	1.41	1.53	1.67	2.28	2.22	2.41	2.22	2.37
约旦	JOR	0.92	0.69	0.58	0.49	0.42	0.34	0.41	0.41	0.39	0.43
日本	JPN	1.42	1.41	1.41	1.51	1.50	1.46	1.51	1.48	1.52	1.48
哈萨克斯坦	KAZ	0.15	0.32	0.11	0.11	0.17	0.23	0.26	0.30	0.30	0.31
柬埔寨	KHM	0.37	0.48	0.53	0.53	0.51	0.49	0.49	0.50	0.51	0.56
韩国	KOR	0.78	0.73	0.61	0.69	0.59	0.60	0.61	0.59	0.71	0.68
老挝	LAO	0.34	0.25	0.29	0.17	0.28	0.32	0.31	0.34	0.34	0.33
立陶宛	LTU	0.35	0.44	1.83	1.63	2.27	2.43	2.34	2.66	3.46	4.42
卢森堡	LUX	2.59	4.52	5.33	5.42	4.08	5.77	12.81	10.38	13.62	22.26
拉脱维亚	LVA	1.12	1.32	2.09	2.41	2.22	2.81	2.96	3.42	2.70	3.11
摩洛哥	MAR	0.64	0.65	0.86	0.83	0.87	0.76	0.78	0.79	0.78	0.95
墨西哥	MEX	0.09	0.09	0.09	0.09	0.09	0.10	0.12	0.12	0.12	0.12
马耳他	MLT	3.38	3.06	2.55	2.67	3.12	3.27	2.25	2.30	2.36	0.58
缅甸	MMR	0.25	0.24	0.26	0.24	0.18	0.11	0.16	0.15	0.14	0.13

续表

国家名称	缩写	2011	2012	2013	2014	2015	2016	2017	2018	2019	2020
马来西亚	MYS	0. 24	0. 20	0. 17	0. 14	0. 11	0. 11	0. 11	0. 11	0. 13	0. 16
尼日利亚	NGA	0. 10	0. 11	0. 11	0. 10	0. 10	0. 09	0. 09	0. 08	0. 06	0. 03
荷兰	NLD	1. 34	1. 36	1. 34	1. 43	2. 13	2. 20	2. 36	2. 52	2. 68	2. 86
挪威	NOR	1. 90	1. 96	1. 94	1. 99	2. 04	2. 03	2. 26	2. 25	2. 54	2. 86
新西兰	NZL	0. 88	0. 84	0. 88	0. 93	0. 98	1. 08	1. 17	1. 35	1. 32	1. 27
巴基斯坦	PAK	0. 47	0. 56	0. 54	0. 50	0. 49	0. 39	0. 39	0. 41	0. 40	0. 38
秘鲁	PER	0. 31	0. 33	0. 33	0. 33	0. 37	0. 42	0. 46	0. 45	0. 59	0. 61
菲律宾	PHL	0. 26	0. 26	0. 19	0. 15	0. 13	0. 13	0. 14	0. 13	0. 13	0. 11
波兰	POL	0. 77	1. 02	1. 22	1. 43	1. 89	1. 79	1. 62	2. 01	2. 27	2. 62
葡萄牙	PRT	0. 69	0. 66	0. 71	0. 76	0. 78	0. 73	0. 75	0. 83	0. 93	0. 86
罗马尼亚	ROU	1. 25	2. 80	3. 40	1. 73	1. 76	2. 49	2. 55	2. 53	3. 18	4. 49
俄罗斯	RUS	1. 48	1. 46	1. 38	1. 58	1. 95	2. 02	2. 39	2. 67	3. 21	3. 24
沙特阿拉伯	SAU	0. 34	0. 40	0. 42	0. 46	0. 60	0. 72	0. 75	0. 61	0. 66	0. 76
塞内加尔	SEN	0. 24	0. 25	0. 23	0. 23	0. 23	0. 23	0. 26	0. 26	0. 26	0. 27
新加坡	SGP	2. 36	2. 55	2. 61	1. 97	2. 01	2. 22	2. 96	4. 74	4. 80	4. 19
斯洛伐克	SVK	1. 02	2. 22	2. 28	3. 08	3. 84	4. 22	3. 87	4. 40	5. 45	6. 26

续表

国家名称	缩写	2011	2012	2013	2014	2015	2016	2017	2018	2019	2020
斯洛文尼亚	SVN	1. 57	1. 73	1. 91	2. 67	2. 64	3. 02	2. 89	3. 12	3. 42	3. 68
瑞典	SWE	2. 15	2. 10	2. 31	2. 37	2. 25	1. 93	2. 04	2. 38	2. 41	2. 96
泰国	THA	1. 01	1. 02	1. 08	1. 09	1. 20	1. 28	1. 28	1. 27	1. 29	1. 00
突尼斯	TUN	0. 19	0. 20	0. 19	0. 20	0. 23	0. 24	0. 26	0. 30	0. 30	0. 29
土耳其	TUR	1. 07	1. 17	1. 26	1. 34	1. 41	1. 46	1. 60	1. 97	2. 23	2. 17
乌克兰	UKR	0. 43	0. 64	0. 47	0. 27	0. 03	0. 15	0. 17	0. 44	1. 34	2. 19
美国	USA	1. 29	1. 49	1. 48	1. 53	1. 52	1. 58	1. 74	1. 81	1. 85	1. 90
越南	VNM	0. 17	0. 23	0. 34	0. 32	0. 31	0. 27	0. 26	0. 26	0. 24	0. 30
南非	ZAF	0. 36	0. 36	0. 37	0. 38	0. 40	0. 42	0. 64	1. 05	1. 03	1. 00

参考文献

[1] 宾厚，马全成，王欢芳．产业融合、技术转移与协同创新绩效［J］．统计与决策，2020，38（1）：113－117.

[2] 杜庆昊．数字产业化和产业数字化的生成逻辑及主要路径［J］．经济体制改革，2021（5）：85－91.

[3] 冯苑，聂长飞．数字经济促进共同富裕的机制及异质性研究：来自电子商务示范城市建设的经验证据［J］．首都经济贸易大学学报，2023，25（4）：3－17.

[4] 高培培．数字经济与实体经济融合协调发展水平统计测度［J］．统计与决策，2024，40（5）：28－32.

[5] 何德旭，张昊，刘蕴霆．新型实体企业促进数实融合提升发展质量［J］．中国工业经济，2024（2）：5－21.

[6] 贺远望．数字技术要素投入对行业利润率影响研究：基于2017年投入产出表的分析［J］．价格理论与实践，2020（4）：148－151.

[7] 黄先海，高亚兴．数实产业技术融合与企业全要素生产率：基于中国企业专利信息的研究［J］．中国工业经济，2023（11）：118－136.

[8] 黄赜琳，秦淑悦，张雨朦．数字经济如何驱动制造业升级［J］．经济管理，2022，44（4）：80－97.

［9］江小涓．网络空间服务业：效率、约束及发展前景：以体育和文化产业为例［J］．经济研究，2018，53（4）：4－17.

［10］金飞，陈晓峰．长三角数字一体化水平测度及其影响因素分析—数字经济驱动视角［J］．科技管理研究，2022，42（24）：78－84.

［11］荆文君，孙宝文．数字经济促进经济高质量发展：一个理论分析框架［J］．经济学家，2019（2）：66－73.

［12］李林汉，袁野，田卫民．中国省域数字经济与实体经济耦合测度：基于灰色关联、耦合协调与空间关联网络的角度［J］．工业技术经济，2022，41（8）：27－35.

［13］李秀敏，陈梓烁，陈雅琪．企业数字化转型与财务绩效：来自上市公司数字专利数据的证据［J］．技术经济，2024，43（1）：73－87.

［14］梁琳娜，张国强，李浩，等．企业数字化转型经济效果研究：基于市场绩效和财务绩效的分析［J］．现代管理科学，2022（5）：146－155.

［15］梁小甜，文宗瑜．数字经济对制造业高质量发展的影响［J］．统计与决策，2022，38（11）：109－113.

［16］刘川．产业转型中现代服务业与先进制造业融合度研究：基于珠三角地区的实证分析［J］．江西社会科学，2014，34（5）：59－65.

［17］刘佳，石慕凡，陈小翔．研发服务业驱动先进制造业的创新共生效应：基于京、沪、苏、浙、粤投入产出表的动态比较［J］．经济问题，2021（10）：77－86.

[18] 刘莉亚，何彦林，王照飞，等．融资约束会影响中国有企业对外直接投资吗?：基于微观视角的理论和实证分析［J］．金融研究，2015（8）：124－140.

[19] 刘淑春，闫津臣，张思雪．企业管理数字化变革能提升投入产出效率吗［J］．管理世界，2021，37（5）：170－190，13.

[20] 刘维林，程倩．数字产业渗透、全球生产网络与非对称技术溢出［J］．中国工业经济，2023（3）：96－114.

[21] 潘鹏．浙江省数字产业规模测度及其效应研究［D］．杭州：浙江财经大学，2020.

[22] 潘雅茹，龙理敏．数字经济驱动实体经济质量提升的效应及机制分析［J］．江汉论坛，2023（8），40－49.

[23] 彭徽，匡贤明．从中国钢材供需悖论看钢材去产能的现实路径：基于内部消费和间接出口的视角［J］．南京社会科学，2018（1）：21－27.

[24] 彭徽，匡贤明．中国制造业与生产性服务业融合到何程度?：基于2010—2014年国际投入产出表的分析与国际比较［J］．国际贸易问题，2019（10）：100－116.

[25] 任保平．以数实融合协同发展推进新型工业化［J］．改革，2023（11）：28－37.

[26] 任文龙．投入产出关联视角下文化产业与数字经济产业融合效应测度研究［J］．现代经济探讨，2024（3）：87－97.

[27] 石博涵．数字经济与制造业融合测度研究［D］．北京：中国社会科学院大学，2023.

[28] 史碧林．数字产业对我国区域经济增长的贡献研究

[D]. 兰州：兰州财经大学，2022.

[29] 史丹，孙光林. 数字经济和实体经济融合对绿色创新的影响 [J]. 改革，2023 (2)：1-13.

[30] 孙湘湘，陈章旺. 数字经济对劳动生产率的影响研究：基于马克思主义政治经济学的视角 [J]. 中北大学学报（社会科学版），2024，40 (1)：13-21.

[31] 孙正，岳文浩，霍富迎. 我国生产性服务业与制造业协同集聚程度测算研究：基于产业与城市群的视角 [J]. 统计研究，2022 (3)：1-13.

[32] 唐欣，许永斌. 数字产业化与产业数字化耦合赋能城市高质量发展的实证检验 [J]. 统计与决策，2023，39 (20)：104-108.

[33] 田秀娟，李睿. 数字技术赋能实体经济转型发展：基于熊彼特内生增长理论的分析框架 [J]. 管理世界，2022 (5)：56-74.

[34] 王长明，赵景峰. 新发展格局下出口效率升级的产业战略选择：产业融合视角 [J]. 中国软科学，2021 (10)：43-52.

[35] 王定祥，彭政钦，李伶俐. 中国数字经济与农业融合发展水平测度与评价 [J]. 中国农村经济，2023 (6)：48-71.

[36] 王卫，李雨晴. 数字经济、两业融合与中国制造业全要素生产率 [J]. 上海对外经贸大学学报，2024，31 (1)：5-22.

[37] 吴敬伟，江静. 生产性服务业集聚、产业融合与技术创新 [J]. 上海经济研究，2021，39 (7)：69-80.

[38] 徐盈之，孙剑. 信息产业与制造业的融合：基于绩效分

析的研究 [J]. 中国工业经济，2009 (7)：56－66.

[39] 尹夏楠，詹细明，唐少清. 制造企业数字化转型对财务绩效的影响机理 [J]. 中国流通经济，2022 (7)：96－106.

[40] 于泽. 文化与科技产业融合度测算分析 [J]. 科技管理研究，2020，40 (4)：88－97.

[41] 袁淳，肖土盛，耿春晓，等. 数字化转型与企业分工：专业化还是纵向一体化 [J]. 中国工业经济，2021 (9)：137－155.

[42] 张任之. 企业数字化转型能否提升智力资本价值创造效率？[J]. 财经问题研究，2023 (5)：89－100.

[43] 张帅，吴珍玮，陆朝阳. 中国省域数字经济与实体经济融合的演变特征及驱动因素 [J]. 经济地理，42 (7)：22－32.

[44] 赵宸宇. 数字化发展与服务化转型：来自制造业上市公司的经验证据 [J]. 南开管理评论，2021，24 (2)：149－163.

[45] 赵振，彭毫. "互联网＋"跨界经营：基于价值创造的理论构建 [J]. 科研管理，2018 (9)：124－136.

[46] 郑江淮，杨洁茹. 产业数字化发展路径：互补性、动态性与战略性 [J]. 产业经济评论，2024 (2)：60－71.

[47] 中共二十届三中全会在京举行 [N]. 人民日报，2024－07－19.

[48] 祝合良，王明雁. 基于投入产出表的流通业产业关联与波及效应的演化分析 [J]. 中国流通经济，2018，32 (1)：75－84.

[49] 左鹏飞，陈静. 高质量发展视角下的数字经济与经济增长 [J]. 财经问题研究，2021 (9)：19－27.

[50] Calvino，F.，Fontanelli，L. A portrait of AI adopters across

countries: Firm characteristics, assets' complementarities and productivity [R]. OECD Science, Technology and Industry Working Papers, 2023.

[51] Cerqueira, C., Alexandre, F., Portela, M. Digitalization: the edge of first movers [R]. NIPE Working Papers, 2023.

[52] Curran, C. S., and J. Leker. Patent Indicators for Monitoring Convergence: Examples from NFF and ICT [J]. Technological Forecasting and Social Change, 2011, 78 (2): 256 - 273.

[53] Dietz. Rosa E. A. Rethinking the Environmental lmpacts of Population, Affluence and Technology [J]. Human Ecology Review, 1994, 1: 277 - 300.

[54] Gao D., Yan Z., Zhou X., et al. Smarter and prosperous: Digital transformation and enterprise performance [J]. Systems, 2023 (7): 1 - 15.

[55] Liu Y. B., Deng W. F., Luo K., et al. lmpact of environmental taxation on financial performance of energy-intensive firms: The role of digital transformation [J]. Emerging Markets Finance and Trade, 2023 (7): 1 - 20.

[56] Lucas, Robert E. Jr. On the Mechanics of Economic Development [J]. Journal of Monetary Economics, 1988, 1: 3 - 42.

[57] Manuel J., Ianacio D., Marlano S. The impact of digital transformation on talent management [J]. Technological Forecasting & Social Change, 2023 (1): 1 - 10.

[58] Nambisan S., K. Lyytinen, A. Majchrzak, and M. Song.

Digital Innovation Management: Reinventing InnovationManagement Research in a Digital World [J]. MIS Quarterly, 2017, 41 (1): 223 - 238.

[59] Paunov C., Rollo V. Has the Internet Fostered Inclusive Innovation in the Developing World? [J]. World Development, 2016, 78, 587 - 609.

[60] Prajogo D., Olhager J. Supply Chain Integration and Performance: The Effects of Long - Term Relationships, Information Technology and Sharing, and Logistics Integration [J]. International Journal of Production Economics, 2012, 135 (1), 514 - 522.

[61] Schultz, T. W. Investment in Human Capital: Reply [J]. The American Economic Review, 1961, 5: 1035 - 1039.

[62] Siebel, T. M. Digital Transformation: Survive and Thrive in an Era of Mass Extinction [M]. New York: Rodin Books, 2019.

[63] Szalavetz, A. Tertiarization of Manufactur-ing Industry in the New Economy: Experiences in Hun-garian Companies [R]. Hungarian Academy of Sciences Working Papers, 2003.

[64] United Nations Conference on Trade and Development (UNCTAD). Diital Economy Report 2019 Value Creation and Capture: lmplications for Developing Countries [R]. 2019.

[65] Uzawa H. Optimum Technical Change in An Aggregative Model of Economic Growthinternational Economic Reviewl, 1965: 18 - 31.